Handboek academisch schrijven

Handboek academisch schrijven
In stappen naar een essay, paper of scriptie

Joy de Jong

uitgeverij coutinho c

bussum 2013

Webondersteuning

Bij dit boek hoort een website met extra materiaal. Deze website is te vinden via **www.coutinho.nl/academischschrijven**.

© 2010 Uitgeverij Coutinho b.v.
Alle rechten voorbehouden.

Behoudens de in of krachtens de Auteurswet van 1912 gestelde uitzonderingen mag niets uit deze uitgave worden verveelvoudigd, opgeslagen in een geautomatiseerd gegevensbestand, of openbaar gemaakt, in enige vorm of op enige wijze, hetzij elektronisch, mechanisch, door fotokopieën, opnamen, of op enige andere manier, zonder voorafgaande schriftelijke toestemming van de uitgever.
Voor zover het maken van reprografische verveelvoudigingen uit deze uitgave is toegestaan op grond van artikel 16 h Auteurswet 1912 dient men de daarvoor wettelijk verschuldigde vergoedingen te voldoen aan Stichting Reprorecht (Postbus 3051, 2130 KB Hoofddorp, www.reprorecht.nl). Voor het overnemen van (een) gedeelte(n) uit deze uitgave in bloemlezingen, readers en andere compilatiewerken (artikel 16 Auteurswet 1912) kan men zich wenden tot Stichting PRO (Stichting Publicatie- en Reproductierechten Organisatie, Postbus 3060, 2130 KB Hoofddorp, www.stichting-pro.nl).

Eerste druk 2011, tweede oplage 2013

Uitgeverij Coutinho
Postbus 333
1400 AH Bussum
info@coutinho.nl
www.coutinho.nl

Omslag: Ontwerpbureau NEO, Velp

Noot van de uitgever
Wij hebben alle moeite gedaan om rechthebbenden van copyright te achterhalen. Personen of instanties die aanspraak maken op bepaalde rechten, wordt vriendelijk verzocht contact op te nemen met de uitgever.

ISBN   978 90 469 0242 4
NUR   624

Voorwoord

Jaarlijks komen zo'n 750 studenten langs bij het Academisch Schrijfcentrum (ASN) van de Radboud Universiteit Nijmegen omdat ze extra begeleiding willen bij hun academische schrijfopdrachten. Ook bij het IVLOS (Universiteit Utrecht) volgen honderden studenten cursussen of workshops over het maken van een scriptieplan en over wetenschappelijk schrijven. Zowel in Utrecht als in Nijmegen zag ik hoe studenten van verschillende vakgebieden kunnen worstelen met hun essays, papers en scripties. Ook sprak ik er met docenten die daarbij de begeleiding verzorgen. Die kennis en ervaring vormen de basis voor dit boek. Ik hoop dat dit boek daardoor een nuttig hulpmiddel is voor alle universitaire studenten die werken aan academische schrijfopdrachten en hun docenten, coaches en begeleiders.

In mijn tijd in Utrecht (1986-2007), eerst bij de afdeling Taalbeheersing en later bij het IVLOS, heb ik geleerd dat het overgrote deel van de schrijfproblemen terug te voeren is op een onvoldoende uitgewerkt scriptieplan: onderwerpen zijn onvoldoende afgebakend, hoofdvragen niet precies genoeg geformuleerd en deelvragen passen niet goed bij de hoofdvraag. Hierdoor ontstaan grote problemen bij de 'compositie' van een samenhangend verhaal. Een belangrijk deel van dit boek, met name de uitgebreide beschrijving van de oriëntatie- en planfase, is gebaseerd op die probleemanalyse. Het boek is daarom ook te beschouwen als een hommage aan mijn grote Utrechtse leermeester: Heinze Oost. Hij heeft met zijn structuurmodel voor de probleemstelling een belangrijk instrument ontworpen om de problematiek van een scriptieplan het hoofd te bieden. Ik ben blij dat Heinze mij ingewijd heeft in de wereld van de probleemstelling als cruciale factor voor succesvol academisch schrijven.

Werkend aan dit boek heb ik mij ondersteund en geholpen geweten door een grote hoeveelheid mensen. José Bakx van Radboud In'to Languages (Radboud Universiteit) bracht mij in contact met Coutinho. De collega's van het Netwerk Academische Communicatieve Vaardigheden reageerden enthousiast op de plannen voor dit boek. En Lenneke Schouw, die de eerste versies van dit boek grondig heeft doorgenomen, was door zowel haar kritische kanttekeningen als haar positieve opmerkingen van groot belang voor mij.

De tutoren (schrijfcoaches) van het ASN hebben ook op verschillende manieren bijgedragen aan dit boek: Bas en Chantal gaven zeer nuttige feedback op een hoofdstuk en iedereen leefde van harte mee. Speciale vermelding verdient Elske van Lonkhuyzen die na haar vertrek bij het ASN bleef meelezen en mij ongelooflijk goed heeft geholpen om de stap te zetten van de tweede naar de definitieve versie. Het was een luxe om meelezers te hebben die bijna de primaire doelgroep vormen en zich dus goed kunnen inleven in de beoogde lezers: universitaire studenten die bezig zijn met academische schrijfopdrachten. Allemaal heel erg bedankt!

Tot slot: ik hoop dat dit boek een aangename en nuttige steun in de rug is voor academische schrijvers. Alle opmerkingen en suggesties die dat doel dichterbij brengen, zijn van harte welkom.

Joy de Jong
Utrecht, november 2010

Inhoudsopgave

	Inleiding	13
FASE 1	**Oriënteren op de opdracht**	19
1	**Oriëntatie op de opdracht: wat verwachten ze van me?**	21
1.1	**Inleiding**	21
	1.1.1 Een essay is een essay?	21
	1.1.2 En toch: kenmerken van academisch schrijven	23
1.2	**Oriëntatie op de procedure: hoe zijn de dingen geregeld?**	25
	1.2.1 Waarom oriënteren op de procedure?	25
	1.2.2 Waar vind je informatie over de procedure?	25
	1.2.3 Oriëntatievragen over de procedure	26
1.3	**Oriëntatie op het proces: wat moet ik wel en niet doen?**	27
	1.3.1 Waarom oriënteren op het proces?	27
	1.3.2 Laten zien waartoe je in staat bent	27
	1.3.3 Waar vind je informatie over het proces?	29
	1.3.4 Oriëntatievragen over het proces	29
1.4	**Oriëntatie op het product: wat moet ik wel en niet maken?**	31
	1.4.1 Waarom oriënteren op het product?	31
	1.4.2 Waar vind je informatie over het product?	32
	1.4.3 Oriëntatievragen over het product	33
1.5	**Tot slot**	34
	Ter afsluiting van fase 1	36
FASE 2	**Een plan maken**	37
2	**Het scriptieplan: wat ga je onderzoeken en waarom?**	41
2.1	**Inleiding**	41
2.2	**Een geschikt onderwerp vinden**	42
2.3	**Het onderwerp uitwerken tot een onderzoeksplan**	45
2.4	**Wat: het onderwerp afbakenen**	47
	2.4.1 Inleiding	47
	2.4.2 De stappen	47

2.5	**Wat: het onderwerp plaatsen in het vakgebied**	50
	2.5.1 Inleiding	50
	2.5.2 De stappen	51
2.6	**Wat: de vraag formuleren**	53
	2.6.1 Inleiding	53
	2.6.2 De stappen	54
2.7	**Wat: het antwoord formuleren**	59
	2.7.1 Inleiding	59
	2.7.2 De stappen	60
2.8	**Ter afsluiting van de watvraag**	65
2.9	**Waarom: reden, relevantie, doelstelling**	66
	2.9.1 Inleiding	66
	2.9.2 De stappen	67

3	**Het scriptieplan: hoe ga je antwoord vinden op de vraag?**	**71**
3.1	**Hoe: logische deelvragen bepalen**	71
	3.1.1 Inleiding	71
	3.1.2 De stappen	72
3.2	**Hoe: deelvragen concretiseren voor het onderwerp**	85
	3.2.1 Inleiding	85
	3.2.2 De stappen	86
3.3	**Hoe: onderzoeksmethodes bepalen**	90
	3.3.1 Inleiding	90
	3.3.2 De stappen	90
3.4	**Ter afsluiting van de hoevraag**	93

4	**Het scriptieplan: hoofdstukindeling, tijdsplan en plan uitschrijven**	**95**
4.1	**Een voorlopige hoofdstukindeling maken voor de scriptie**	95
	4.1.1 Inleiding	95
	4.1.2 De stappen	96
4.2	**Een tijdsplan maken voor de scriptie**	98
	4.2.1 Inleiding	98
	4.2.2 De stappen	99
4.3	**Het plan uitschrijven in een tekst**	101
	4.3.1 Inleiding	101
	4.3.2 Waarom het plan uitschrijven?	101

5	**Een plan maken voor een kleine schrijfopdracht**	**105**
5.1	Inleiding	105
5.2	Wat: het onderwerp afbakenen	107
	5.2.1 Inleiding	107
	5.2.2 De stappen	107
5.3	Wat: een hoofdvraag formuleren	112
	5.3.1 Inleiding	112
	5.3.2 De stappen	113
5.4	Hoe: logische deelvragen bepalen	116
	5.4.1 Inleiding	116
	5.4.2 De stappen	116
5.5	Ter afsluiting	124
	Ter afsluiting van fase 2	125

FASE 3 Het onderzoek uitvoeren 127

6	**Het onderzoek uitvoeren**	**131**
6.1	Literatuuronderzoek bij kleine schrijfopdrachten	131
	6.1.1 Informatie verzamelen, ordenen en vastleggen	131
	6.1.2 Informatie analyseren en interpreteren	133
	6.1.3 Laatste invulling	136
	6.1.4 Wat levert het op?	136
6.2	Onderzoek uitvoeren bij een scriptie	137
	6.2.1 Voor- en hoofdonderzoek	137
	6.2.2 Literatuuronderzoek als onderdeel van een scriptie	138
	6.2.3 Empirisch onderzoek	141
	6.2.4 Onverwachte wendingen	143
	Ter afsluiting van fase 3	145

FASE 4 De tekst schrijven — 147

7 De eerste versie voorbereiden en schrijven — 151

7.1 Oriënteren op het schrijfwerk — 151
- 7.1.1 Inleiding — 151
- 7.1.2 De stappen — 151

7.2 Een tekstplan maken — 161
- 7.2.1 Inleiding — 161
- 7.2.2 De stappen — 162

7.3 De eerste versie: doorschrijven — 168
- 7.3.1 Inleiding — 168
- 7.3.2 De stappen — 170

8 De eerste revisie: inhoud, structuur en uiterlijke structuur — 173

8.1 Over het reviseren van de eerste versie — 173
- 8.1.1 Inleiding op de procedures — 173
- 8.1.2 Voorbereiding van de revisie — 176

8.2 Inhoud reviseren — 177
- 8.2.1 Informatie reviseren — 177
- 8.2.2 Argumentatie reviseren — 180

8.3 Structuur reviseren — 184
- 8.3.1 De samenhang reviseren — 184
- 8.3.2 De rangorde reviseren — 187
- 8.3.3 De volgorde reviseren — 187
- 8.3.4 Samengevat — 188

8.4 Uiterlijke structuur reviseren: tussen structuur en stijl — 188
- 8.4.1 Inleiding — 188
- 8.4.2 Hoe maak je de structuur zichtbaar? — 190
- 8.4.3 Indeling, titels en inleidingen — 190
- 8.4.4 Toelichting op de structuur, overkoepelende zinnen, kernen op voorkeursplaatsen — 192
- 8.4.5 Signaalwoorden en verwijzingen — 195
- 8.4.6 Puntsgewijze opsommingen, typografische ondersteuning en schema's — 199
- 8.4.7 Samengevat — 199

8.5 Laten lezen — 200

9	**De tweede revisie: stijl en afwerking**	**203**
9.1	**Wat is stijl?**	**203**
	9.1.1 Inleiding	203
	9.1.2 Exactheid	205
	9.1.3 Moeilijkheid	206
	9.1.4 Informatiedichtheid	207
	9.1.5 Aantrekkelijkheid/levendigheid	208
	9.1.6 Afstandelijkheid	209
9.2	**De norm stellen voor je eigen tekst**	**210**
9.3	**De stijl beoordelen en verbeteren**	**212**
	9.3.1 Inleiding	212
	9.3.2 Exactheid	213
	9.3.3 Moeilijkheid	216
	9.3.4 Informatiedichtheid	219
	9.3.5 Aantrekkelijkheid/levendigheid	221
	9.3.6 Afstandelijkheid	224
	9.3.7 En soms komt alles samen	225
9.4	**Algemene herschrijftips**	**226**
9.5	**Afwerking van de tekst**	**227**
	9.5.1 Taalgebruik	227
	9.5.2 Lay-out	228
	9.5.3 Literatuurverwijzingen en titelbeschrijvingen	228
	9.5.4 Laatste onderdelen	229

Ter afsluiting van fase 4 — 230

Verder lezen — 235

Literatuur — 238

Register — 239

Over de auteur — 244

Verklaring van de pictogrammen

 Bij dit pictogram vind je de lijstjes met stappen.

 Bij dit pictogram vind je verwijzingen naar de website die bij dit boek hoort: www.coutinho.nl/academischschrijven.

Inleiding

Inhoud en doel van dit boek

Dit boek gaat over academisch schrijven en is bedoeld als hulpmiddel bij het maken van schrijfopdrachten binnen universitaire studies. Voorbeelden hiervan zijn: een paper, werkstuk, essay, *review* (literatuuroverzicht), onderzoeksplan, scriptie of thesis. In essentie is het doel van academische teksten om andere wetenschappers te informeren over wetenschappelijk onderzoek. Daarom gaat dit boek over academische schrijfopdrachten waarbij:
1 de **inhoud** is gebaseerd op wetenschappelijk onderzoek;
2 de tekst is bedoeld voor een **publiek** van wetenschappers.

Professionele teksten zoals beleidsrapporten, diagnoses of handleidingen vallen dus buiten het kader van dit boek. Die teksten zijn soms gebaseerd op wetenschappelijk onderzoek en worden misschien ook wel gelezen door wetenschappers, maar de vertaling naar specifieke doelen en doelgroepen maakt dergelijke teksten tot een ander genre waaraan ook andere eisen gesteld worden. Voor tips en strategieën voor het schrijven van beroepsteksten zijn al handboeken beschikbaar.

Zelfs als we het alleen hebben over academische schrijfopdrachten zoals hierboven beschreven, dan gaat het nog om een zeer diverse verzameling. Er zijn grote verschillen in omvang (uren, pagina's), begeleiding, soort onderzoek, onderwerpen, tekstkenmerken (structuur, stijl), enzovoort. In dit boek wordt rekening gehouden met deze diversiteit, zodat de handreikingen nuttig zijn door je hele studie heen, voor verschillende soorten schrijfopdrachten en verschillende vakgebieden.

Er is nog iets waar we rekening mee moeten houden: het is helemaal niet zo duidelijk welke eisen er gesteld worden aan een academische tekst. Was iedereen in de academische gemeenschap het eens over wat een goede academische tekst is, dan zou dit boek een stuk dunner uitgevallen zijn. Een opsomming van de eisen en tips over hoe je daaraan kunt voldoen, was dan voldoende geweest. De academische praktijk is echter onvoorspelbaar en weerbarstig. Een belangrijk doel van dit boek is dan ook om je instrumenten te verschaffen om zelf te achterhalen en te beredeneren wat een schrijfopdracht inhoudt en hoe je die het beste kunt uitvoeren.

In verschillende hoofdstukken is een onderverdeling te vinden in 'kleine' en 'grote' schrijfopdrachten. Een **kleine schrijfopdracht** lijkt op onderstaande beschrijving:
- Het is een opdracht in het kader van een cursus.
- Het belangrijkste doel van het schrijven is het je eigen maken van (vak)kennis.
- De vraagstelling is (deels) gegeven.
- Het onderzoek hoeft niet noodzakelijk tot nieuwe kennis of inzichten te leiden.
- Je hoeft niet zelf empirisch onderzoek te doen, literatuuronderzoek volstaat.
- De literatuur is (deels) gegeven.
- De tekst heeft een omvang van twee tot tien pagina's.
- Er mag/moet soms met een groepje aan gewerkt worden.

Zulke teksten kunnen bijvoorbeeld **essays** genoemd worden, **papers**, **reviews**, **betogen**, **werkstukken** of **nota's**.

Een **grote schrijfopdracht** heeft van alles wat meer dan een kleine. Eigenlijk verwijst dit vooral naar een **bachelor-** of **masterscriptie**, waarbij de masterscriptie weer groter is en meer zelfstandigheid en kwaliteit vraagt dan het bachelorwerkstuk. In een grote schrijfopdracht zul je (een aantal van) onderstaande kenmerken herkennen:
- De opdracht is niet direct verbonden aan één cursus, maar is een opzichzelfstaand studieonderdeel.
- Het belangrijkste doel is om te laten zien dat je redelijk zelfstandig een onderzoek(je) kunt opzetten, uitvoeren en rapporteren.
- De vraagstelling moet je zelf afleiden.
- Het onderzoek leidt bij voorkeur tot nieuwe kennis of inzichten.
- De onderzoeksmethode is vaak een combinatie van literatuuronderzoek en empirisch onderzoek.
- De literatuur moet je grotendeels zelf zoeken.
- De tekst heeft een omvang van meer dan tien pagina's.
- De opdracht wordt individueel uitgevoerd of er moet een herkenbare individuele inbreng zijn.

Opzet van het boek

Het doel van het boek is om handreikingen te bieden voor het uitvoeren van academische schrijfopdrachten. In de hoofdstukindeling volgen we de stappen die uitgevoerd moeten worden om dit tot een goed einde te brengen. Hoewel je, zeker bij grotere opdrachten, waarschijnlijk heen en weer pendelt tussen de verschillende fases, is het voor de opzet van het boek wel gemakkelijk om de fases apart te beschrijven.

In hoofdstuk 1 gaat het om de vraag wat je allemaal zou moeten weten voor je kunt beginnen met de planning en uitvoering van de opdracht. Voorbeelden van en over academisch schrijven laten zien dat de eisen niet altijd in een oogopslag duidelijk zijn. Ook komt aan de orde hoe je informatie kunt vinden over de criteria en randvoorwaarden die gelden voor je schrijfopdracht.

Als je een goed beeld hebt van de schrijfopdracht kun je overstappen naar de **planfase**. In die fase baken je het onderwerp af tot een geschikte centrale vraag (probleemstelling) en bepaal je hoe die vraag beantwoord gaat worden. Dit is een cruciale fase voor academisch schrijven. De meeste problemen met academisch schrijven zijn namelijk terug te voeren op een gebrekkige hoofdstructuur voor het onderzoek. Hoofdstuk 2 tot en met 5 gaan over het ontwerpen van een goede structuur en verschaffen je daarvoor stapsgewijze procedures, achtergrondinformatie en voorbeelden.

In de planfase maak je in ieder geval een schema met een centrale vraag en deelvragen. De volgende stap is om antwoorden te zoeken op de vragen die in het plan zijn geformuleerd: dit is de **uitvoeringsfase**. Deze is beschreven in hoofdstuk 6.

De laatste fase van een academisch schrijfproces is de **schrijffase**: het rapporteren van het onderzoek. Hierover gaan de hoofdstukken 7 tot en met 9. Het gaat hierbij expliciet om het schrijven van een tekst die bedoeld is voor iemand anders. In de fases hiervoor schrijf je ook al van alles op; maar dat doe je vooral voor jezelf en eventueel voor overleg met je docent of begeleider. In hoofdstuk 7 gaan we ervan uit dat je de overstap kunt maken naar schrijven voor een andere lezer. Dat schrijven wordt ook in stappen verdeeld: oriënteren, een tekstplan maken, een eerste versie schrijven (hoofdstuk 7), de tekst reviseren op inhoud en structuur (hoofdstuk 8) en de stijl reviseren en de tekst afwerken (hoofdstuk 9).

Op bladzijde 16 zijn de vier fases op een rijtje gezet. De verschillende activiteiten die daarbij horen, gelden voor wat grotere opdrachten zoals een bachelor- of masterscriptie. Bij kleinere opdrachten zijn wel de vier hoofdfases nodig, maar niet altijd alle deelstappen.

1 **Oriënteren** op de taak: hoofdstuk 1
- op de procedures;
- op het proces;
- op de eisen voor het product (de tekst).

2 **Plannen** hoe je het doel kunt bereiken: hoofdstuk 2 tot en met 5
- van de inhoud van je onderzoek: ingeperkte onderwerp, probleemstelling (centrale vraag), doelstelling (relevantie), onderzoeksvragen (deelvragen), onderzoeksmethodes;
- van de tekst (inhoudsopgave);
- van de werkzaamheden in de tijd (tijdsplan).

3 **Uitvoeren** van het plan: hoofdstuk 6
- antwoorden (data, informatie) verzamelen, ordenen en vastleggen;
- antwoorden (data, informatie) analyseren en interpreteren;
- deelvragen beantwoorden, voorlopige conclusies trekken.

4 **Schrijven** van de tekst: hoofdstuk 7 tot en met 9
- oriënteren;
- plannen van de tekst;
- schrijven van de tekst;
- reviseren van de tekst (inhoud, structuur en stijl);
- afwerken van de tekst.

Hoe kun je dit boek gebruiken?

Dit boek is eerder een werkboek dan een leesboek. Als je toch het hele boek van begin tot eind doorleest, raak je waarschijnlijk een beetje vermoeid of gedesoriënteerd. Als je daarentegen de stappen tussentijds uitvoert, aan het werk gaat dus met je opdracht, houd je beter overzicht over het hele proces. Wel is het aan te raden om bij iedere stap steeds eerst het hele hoofdstuk door te nemen voordat je die stap uitvoert.

Omdat een ingewikkeld schrijfproces als het maken van een academische schrijfopdracht zelden via een strak en perfect te voorspellen schema verloopt, is het helemaal niet gek als je af en toe terug moet bladeren. Het kan bijvoorbeeld best zijn dat je tijdens het maken van een tekstplan (hoofdstuk 7) nog eens terug moet naar de onderdelen van het onderzoeksplan (hoofdstuk 2 tot en met 5).

Het is de bedoeling dat het boek voor verschillende schrijfopdrachten bruikbaar is. Als je met dit boek gaat werken aan een kleine schrijfopdracht, zul je waarschijnlijk niet alles bestuderen. Dat kun je doen als je aan een grotere opdracht begint, bijvoorbeeld je bachelor- of masterscriptie. Je kunt het dus meerdere keren gebruiken tijdens je studie. En misschien ook daarna.

Van elke fase wordt steeds eerst kort het wat, hoe en waarom beschreven. Deze samenvattingen zijn te herkennen aan de blauwe band.

Bij dit boek hoort een website: **www.coutinho.nl/academischschrijven**. Op deze site vind je formulieren voor de uitvoering van de verschillende stappen. Ze zijn voor elke schrijfopdracht opnieuw te gebruiken. Ook vind je er de planschema's die bij de verschillende fases horen. Verder staan op de site extra voorbeelden, extra theorie en verwijzingen naar handige websites en boeken. In het boek vind je regelmatig verwijzingen naar de site.

FASE 1
Oriënteren op de opdracht

Het wat, waarom en hoe van de oriëntatie

Wat?

Als je een schrijfopdracht krijgt, is het de moeite waard om goed uit te zoeken wat de opdracht precies inhoudt. We noemen dat de 'oriëntatiefase': je oriënteert je op wat je te doen staat. Doel van deze fase is je een beeld te vormen van de opdracht:
- van de procedure: hoe zijn de zaken geregeld?
- van het proces: wat moet/mag je wel en niet doen?
- van het product: aan welke eisen moet de tekst voldoen?

Waarom?

Is zo'n oriëntatie wel nodig? Kun je niet gewoon beginnen? Niet als je efficiënt wilt werken. Zou je gewoon maar beginnen, dan loop je namelijk het risico dat je de opdracht niet goed zult uitvoeren. Je zou niet de eerste student zijn die helemaal opnieuw moet beginnen omdat de docent of begeleider iets heel anders blijkt te verwachten dan jij gedaan hebt. Met een goede oriëntatie kun je beter inschatten wat je moet aanleveren, hoe en wanneer.

Hoe?

Informatie over een academische schrijfopdracht moet verschaft worden door de docent of de opleiding. Zoek dus actief naar handleidingen en instructies en in cursusboeken en syllabi. De docent zelf kan nog aanvullende informatie geven. Voor een beeld van het product (de tekst) zijn voorbeeldteksten zeer informatief.

1 Oriëntatie op de opdracht: wat verwachten ze van me?

1.1 Inleiding
    1.1.1 Een essay is een essay?
    1.1.2 En toch: kenmerken van academisch schrijven

1.2 Oriëntatie op de procedure: hoe zijn de dingen geregeld?
    1.2.1 Waarom oriënteren op de procedure?
    1.2.2 Waar vind je informatie over de procedure?
    1.2.3 Oriëntatievragen over de procedure

1.3 Oriëntatie op het proces: wat moet ik wel en niet doen?
    1.3.1 Waarom oriënteren op het proces?
    1.3.2 Laten zien waartoe je in staat bent
    1.3.3 Waar vind je informatie over het proces?
    1.3.4 Oriëntatievragen over het proces

1.4 Oriëntatie op het product: wat moet ik wel en niet maken?
    1.4.1 Waarom oriënteren op het product?
    1.4.2 Waar vind je informatie over het product?
    1.4.3 Oriëntatievragen over het product

1.5 Tot slot

1 Oriëntatie op de opdracht:
wat verwachten ze van me?

1.1 Inleiding

1.1.1 Een essay is een essay?

In deze paragraaf nemen we het essay als voorbeeld om te laten zien dat er achter veelgebruikte woorden verschillende ideeën kunnen schuilgaan. In de universitaire praktijk blijkt het woord essay gebruikt te worden voor zeer verschillende soorten teksten. Het is dus belangrijk om te achterhalen wat jouw docent of begeleider ermee bedoelt.

Regelmatig wordt de opdracht gegeven: 'schrijf een essay'. Niet alleen gedurende de universitaire opleiding maar soms ook als toelatingseis. Stel, je hebt een hbo-opleiding afgerond en wilt je inschrijven voor een masteropleiding aan een van de technische universiteiten. Je leest op de website dat je daarvoor een schrijfopdracht moet inleveren:

> De opdracht bestaat uit het schrijven van een essay van maximaal 2000 woorden, over een technologische ontwikkeling naar keuze, waarin u gebruikmaakt van concepten die worden besproken in een van de drie geselecteerde artikelen.

Wat zouden ze precies bedoelen met een essay? Je gaat op onderzoek uit. Op internet vind je natuurlijk een Wikipediadefinitie:

> Een **essay** is een beschouwende prozatekst of een artikel voor krant en tijdschrift, waarin de schrijver op een wetenschappelijk verantwoorde wijze zijn persoonlijke visie geeft op hedendaagse verschijnselen, problemen of ontwikkelingen. (…) Het essay (…) is veelal een literaire tekst, die in dienst staat van het leveren van een overtuigend betoog, zij het zonder dat er sprake is van een expliciet gegeven wetenschappelijke verantwoording. De essayist legt graag dwarsverbanden die binnen een gespecialiseerd wetenschapsvak in de regel uit den boze zijn. (…) Een essay kan een korte tekst zijn of de lengte hebben van een volledig boek.

Dit is een verrassende omschrijving: geen expliciete wetenschappelijke verantwoording, maar wel op een wetenschappelijk verantwoorde wijze? Persoonlijke visie? Literaire tekst? Overtuigend betoog? Je had voor een technische master een wat 'zakelijker' schrijfopdracht verwacht.

Zijn er nog andere definities? Al googelend tref je een essayhandleiding aan met de volgende omschrijving:

> Een essay is een relatief korte, voor een breder publiek bedoelde, stilistisch verfijnde, het oerwoud dat denken heet aftastende, vaak wetenschappelijk geïnspireerde verhandeling waarin de auteur vrij subjectief schakelt tussen verschillende invalshoeken, informatie- en inspiratiebronnen (Welters, 2005, p. 2).

Dat valt ook niet mee. Stilistisch verfijnd? Zo'n type essay lijkt meer iets voor een beroepsschrijver dan voor een doorsneestudent (met een technische achtergrond).

Een definitie van Louis Stiller, schrijver van een handboek voor essays, lijkt op de voorgaande. Hij heeft het over een *beschouwing*, over *persoonlijke invalshoeken en elementen gebruiken, een persoonlijke stijl hanteren en een eigen idee weergeven* (www.schrijvenonline.org). Zou je echt een persoonlijke, semiliteraire verhandeling moeten schrijven voor de toelating?

Gelukkig stuit je tijdig op de volgende waarschuwing op de website 'Noordster' van de Rijksuniversiteit Groningen (www.rug.nl/noordster):

> De term 'essay' wordt op allerlei soorten teksten geplakt. Soms worden hiermee essayistische teksten bedoeld, soms ook meer wetenschappelijke teksten als onderzoeks- of literatuurverslagen. Naast 'essay' worden ook wel de vage aanduidingen 'paper', 'werkstuk' of 'referaat' gebruikt. Ga altijd na wat je docent precies van je verwacht.

Wat ben je nu te weten gekomen? Hoewel je misschien niet precies weet wat *essayistische teksten* zijn en wat kenmerkend is voor *meer wetenschappelijke teksten*, is wel duidelijk dat een essay in de universitaire praktijk van alles kan zijn en dat je op zoek moet gaan naar concretere richtlijnen.

Nog een praktijkvoorbeeld waaraan te zien is dat een essay op een Nederlandse universiteit een heel ander soort tekst kan zijn dan wat Wikipedia, Welters en Stiller beschrijven. De opdracht komt uit een studiegids en in de eerste zin wordt al duidelijk dat men hier het woord essay gebruikt als benaming voor een onderzoeksverslag en dat er verder weinig 'persoonlijks' en 'literairs' verwacht wordt van de studenten:

Van het onderzoek in blok 3 wordt verslag gedaan in een onderzoeksverslag, het essay. Het essay dient ingedeeld te worden in een inleiding, twee of drie paragrafen, een conclusie en een reflectie op het onderzoek. In het essay dient een relatie te worden gelegd tussen bestaande literatuur over het thema en het eigen verzameld empirisch materiaal. Dit empirisch materiaal bestaat uit zes interviews, en eventuele observaties en berichten in de media. (…) Je legt verantwoording af over de gevolgde werkwijze en over de gebruikte literatuur. Er is sprake van een nauwkeurige bronvermelding. Je maakt een scherp onderscheid tussen eigen ideeën en beweringen en die welke zijn ontleend aan anderen. Citaten en parafrases zijn precies.

1.1.2 En toch: kenmerken van academisch schrijven

Er gaat dus een grote diversiteit aan teksten schuil achter de term 'essay'. Als dergelijke variatie typerend is voor academische teksten, kunnen we dan wel iets zeggen over wat kenmerkend is voor academisch schrijven? Dat is inderdaad riskant gezien de verschillende ideeën hierover. Toch is het een poging waard. Al was het maar om iets meer duidelijk te maken over het soort teksten waar dit boek over gaat: schrijfopdrachten die gaan over wetenschappelijk onderzoek en die bedoeld zijn voor een publiek van wetenschappers. Het doel van academische teksten is dan ook in de regel: andere wetenschappers overtuigend informeren over wetenschappelijk onderzoek. Uit deze definitie zijn verschillende kenmerken af te leiden.

Ten eerste is er de **inhoud** van academische teksten: wetenschappelijk onderzoek, wat is dat? Algemeen gezegd zijn wetenschappers op zoek naar kennis van de wereld. Elke discipline (elk vak) bestudeert een bepaald deel van die wereld; iedere tak van wetenschap heeft zijn eigen onderzoeksdomein. Zo bestuderen psychologen de menselijke geest, letterkundigen de literatuur en biologen 'het leven'. Wetenschappers willen de wetmatigheden ontdekken van objecten en processen in hun domein: ze willen weten en begrijpen hoe dat deel van de wereld in elkaar zit en hoe het werkt. Die wetmatigheden beschrijven ze in theorieën. Die theorieën worden voortdurend getoetst, bijgesteld en verfijnd en dat is het wezen van wetenschappelijk onderzoek.

Kenmerkend voor wetenschap is ook dat mensen moeten samenwerken aan de ontwikkeling en verbetering van theorieën. Verschillende onderzoekers zijn bezig met allerlei stukjes (deelobjecten en/of deelaspecten) uit één onderzoeksdomein. Willen wetenschappers komen tot theorieën die meer beschrijven van hun onderzoeksdomein dan alleen dat ene stukje dat ze zelf onderzocht hebben, dan moeten de resultaten van onderzoek gedeeld worden. Zo kunnen ze de verschillende resultaten met elkaar vergelijken en ontstaat er een beter beeld van en beter inzicht in het onderzochte verschijnsel. Dat communiceren gebeurt onder andere mondeling, op bijvoorbeeld congressen en symposia. Schriftelijke communicatie in de wetenschap vindt plaats via boeken, papers en artikelen. Deze academische teksten hebben dus een essentiële **functie** voor de theorievorming.

Behalve door inhoud en functie, worden academische teksten ook bepaald door het specifieke **publiek**: andere wetenschappers. Zij hebben onderzoeksinformatie van elkaar nodig om de gezamenlijke kennis en theorieën uit te breiden en te verfijnen. Maar wetenschappers hebben vaak weinig tijd en er is veel aanbod van teksten. Ook daaruit zijn een aantal tekstkenmerken af te leiden.

Als voorschot op wat in de volgende hoofdstukken uitgebreider aan de orde komt, volgt hier vast een lijstje met **tekstkenmerken** die uit het voorgaande zijn af te leiden:
- Academische teksten gaan over onderzoek.
- Er wordt meestal beschreven hoe het onderwerp past binnen de theorieën van het vakgebied, zodat de lezers weten welk deel van die theorie onderzocht is en welke vragen beantwoord worden.
- Het belang van het onderzoek wordt in de regel goed beschreven, want wetenschappers willen alleen leestijd besteden aan onderzoek dat relevant is.
- De betrouwbaarheid komt aan de orde omdat wetenschappers alleen leestijd willen besteden aan onderzoek dat betrouwbaar is.
- Heel precies is beschreven wat onderzocht is en hoe dat is gebeurd, zodat lezers kunnen inschatten of ze voort kunnen borduren op de resultaten.
- Belangrijke uitspraken worden onderbouwd zodat de lezers weten of ze voldoende gefundeerd zijn om op voort te bouwen.
- Belangrijke informatie in de tekst is gemakkelijk te vinden, zodat de lezers snel kunnen zien of de informatie voor hen van belang is.
- Teksten zijn in de regel bondig zodat er geen leestijd verloren gaat.

De woorden 'meestal' en 'in de regel' staan hier niet voor niets. Ook bij academische teksten kunnen er allerlei redenen zijn om af te wijken van de 'regels'. In de volgende paragrafen vind je handvatten om te achterhalen welke regels gelden voor de opdracht die jij moet maken.

1.2 Oriëntatie op de procedure: hoe zijn de dingen geregeld?

1.2.1 Waarom oriënteren op de procedure?

Het lijkt misschien wat triviaal om serieuze aandacht te besteden aan de procedures bij een schrijfopdracht, maar onduidelijkheid erover kan je plannen ernstig in gevaar brengen. Er zijn al heel wat diploma-uitreikingen uitgesteld omdat studenten de precieze deadline voor het inleveren van de scriptie niet tijdig achterhaald hadden. Er zijn heel wat studenten in paniek geraakt als hun begeleider op vakantie bleek te zijn, precies in de periode dat zij gehoopt hadden dat hij de conceptversie van de scriptie zou kunnen beoordelen. Er zijn al heel wat studenten wanhopig geworden omdat ze dachten dat ze sowieso konden herkansen, terwijl daarvoor wel een eerste versie nodig was. Kortom: neem even de tijd om te achterhalen hoe het zit met deadlines, met inleveren, laten lezen, ondersteuning, enzovoort.

1.2.2 Waar vind je informatie over de procedure?

Informatie over de procedure zou verschaft moeten worden door je opleiding. Bij kleinere schrijfopdrachten die bij een college horen, zijn deze proceszaken vaak gemakkelijker te vinden en beter omschreven dan bij grote schrijfopdrachten. Je vindt ze in een syllabus, cursushandleiding of in een elektronische leeromgeving als Blackboard, Nestor of WebCT. Ga er actief naar op zoek want docenten leggen het niet altijd uit tijdens de colleges. Ga er ook tijdig naar op zoek en noteer belangrijke data meteen in je agenda.

Ook voor informatie over bachelor- en masterscripties moet je in eerste instantie bij je opleiding zijn. Er zullen in ieder geval reglementen zijn, mogelijk ook handleidingen. Ook hiervoor geldt: ga er actief naar op zoek. Sommige vakgroepen organiseren informatiebijeenkomsten voor scriptieschrijvers. Maak daar gebruik van: er worden nuttige tips gegeven en er is iemand aan wie je je vragen kunt stellen. Houd er wel rekening mee dat de gang van zaken bij scripties mede bepaald wordt door de agenda en de voorkeuren van de individuele begeleider. Bespreek je vragen over de procedure dus zeker ook met je eigen begeleider.

Mocht dit alles onvoldoende informatie opleveren, steek dan je licht eens op bij een studiegenoot. Misschien hebben je groepsgenoten meer ontdekt. Ook kun je ouderejaars raadplegen: zij weten meestal uit ervaring waar je rekening mee moet houden.

1.2.3 Oriëntatievragen over de procedure

Hieronder vind je een aantal vragen die je helpen om een goed beeld te krijgen van de procedure die geldt voor jouw schrijfopdracht. Op de website vind je onder de knop 'Formulieren' een uitgebreidere versie waar je ook antwoorden kunt invullen en eigen vragen kunt toevoegen. Dit formulier is bij elke nieuwe schrijfopdracht opnieuw te gebruiken. Wat je hieronder ziet, is die lijst in telegramstijl.

Algemeen
- Waar vind ik informatie over de opdracht?
- Ergens aanmelden?
- Individueel of in een groepje?
- Groepje: gezamenlijk product?
- Individuele inbreng herkenbaar?

Tijdsplanning
- Hoeveel tijd (uren, studiepunten of ec's)? Wanneer inleveren?
- Bij bachelor- of masterscriptie: wanneer de eindversie?
- Wanneer de laatste conceptversie?
- Afwezigheid begeleider (vakantie, congressen)?

Onderwerp
- Vrije onderwerpskeuze?
- Inhoud koppelen aan cursus?

Begeleiding
- Vaste momenten voor begeleiding en afronding?
- Waar vind ik een begeleider?
- Hoe vaak overleg?
- Wat overleggen?
- Schriftelijk of mondeling overleg?
- Vaste tijden?
- Zelf initiatief nemen?
- Vooraf iets inleveren?
- Verslagje gemaakt van het gesprek? Door wie?
- Andere mogelijkheden voor overleg (medestudenten)?
- Extra begeleiding of cursussen mogelijk, bijvoorbeeld schrijfcentrum, talencentrum, studentendecaan, studieadviseur, studentenbegeleiding?

Aanlevering en beoordeling
- Hoe teksten aanleveren?
- Waar?

- Hoe beoordeeld: schriftelijk of mondeling, cijfer of anders?
- Voorwaarden herkansing?
- Krijg ik daarvoor feedback van de docent?
- Overleg mogelijk?

Heb je deze vragen beantwoord, dan kun je gaan achterhalen wat je eigenlijk wel en niet geacht wordt te doen voor de opdacht.

1.3 Oriëntatie op het proces: wat moet ik wel en niet doen?

1.3.1 Waarom oriënteren op het proces?

Als je een schrijfopdracht krijgt of op het punt staat te beginnen met een bachelor- of masterscriptie, zul je nog veel vragen hebben. Bijvoorbeeld: welke stappen moet ik doorlopen? Wat verwachten ze van me? Hoe ziet zo'n onderzoek eruit? Hoe moet ik dat schrijven aanpakken? Het is niet gek als je de antwoorden op die vragen niet zomaar weet. Het kwam al eerder aan de orde: er kan veel onduidelijkheid zijn over academische schrijfopdrachten. Dat was te zien aan de opdracht 'Schrijf een essay'. Daarom is het belangrijk de eisen te verhelderen die gesteld worden aan het proces. Omdat proces en product sterk met elkaar verweven zijn bij academisch schrijven, zal in deze paragraaf over het proces af en toe ook het product om de hoek meekijken. Dat je bepaalde activiteiten hebt uitgevoerd (= het proces), is namelijk voor een deel te zien in de tekst (= het product).

1.3.2 Laten zien waartoe je in staat bent

De eisen voor een academische schrijfopdracht zijn nogal verschillend en soms onduidelijk, maar één ding staat vast: je moet altijd iets laten zien. Een paper, essay of scriptie is altijd een **demonstratie van je competentie**. De grote vraag is vervolgens: wat moet je laten zien aan kennis en vaardigheden? In de volgende paragrafen krijg je handreikingen om die vraag te beantwoorden.

Proceseisen bij kleine schrijfopdrachten
Over het algemeen nemen de eisen toe in de loop van je studie. In de eerste jaren, waarin vooral kleine schrijfopdrachten gegeven worden, hoef je bijvoorbeeld nog niet zelf een onderzoeksplan te maken of nog niet alle literatuur zelf te zoeken. Ook worden er mogelijk iets minder strenge eisen gesteld aan de theoretische onderbouwing van standpunten dan verderop in je studie. Daarnaast is het goed je te realiseren dat schrijfopdrachten die gekoppeld zijn aan een cursus, meestal als doel hebben dat je laat zien dat je bepaalde artikelen hebt gelezen en begrepen. Zo'n schrijfopdracht is een soort openboektenta-

men met een vraag in de trant van: 'wat kun je in een samenhangend verhaal vertellen over de artikelen?' Kennisdemonstratie is dan belangrijker dan het ontwikkelen van nieuwe kennis of schrijfkunst.

Proceseisen bij grote schrijfopdrachten
Ook bij grote schrijfopdrachten komt deze kennistoetsing voor. In de regel moet je in hoofdstukken met titels als 'Theorie', 'Theoretisch Kader', 'Achtergrond' of 'Context' laten zien dat je de relevante literatuur over jouw onderwerp hebt gelezen en begrepen. In het algemeen is een verschil met kleine opdrachten dat je voor grote opdrachten ingewikkeldere dingen moet doen en daarvoor complexere vaardigheden moet beheersen. Dat demonstreer je in de scriptie. Wat je moet laten zien aan kennis en vaardigheden wordt vaak expliciet aangegeven door de opleiding. Hieronder staan twee voorbeelden uit handleidingen voor bachelor- en masterscripties:

> Bij het zogenoemde bachelorwerkstuk **laat je zien dat je in staat bent** om:
> - wetenschappelijke literatuur kritisch te verwerken;
> - zelfstandig naar relevante wetenschappelijke literatuur te zoeken;
> - op basis van de literatuur een onderzoeksvraag af te leiden;
> - een geschikte onderzoeksopzet te ontwerpen om die vraag te beantwoorden;
> - de benodigde data te verzamelen, te analyseren en te interpreteren;
> - er volgens de regels van de academische verslaglegging over te rapporteren.

In bovenstaande opsomming vind je vanaf het derde punt de deelactiviteiten die in dit boek te vinden zijn vanaf hoofdstuk 2. Ook kun je zien dat in de demonstratie zowel het proces als het product een rol speelt. Dat is ook terug te vinden in de volgende omschrijving van een masterscriptie:

> De algemene norm voor een masterscriptie is dat deze **laat zien dat de student in staat is** tot *een interpretatie van het wetenschappelijk debat op het betreffende vakgebied*. Dat betekent dat studenten het gekozen onderwerp en de vraagstelling weten in te passen in de actuele stand van kennis en discussie in het vakgebied. De scriptie laat zien dat de student onder begeleiding in staat is tot het opzetten en uitvoeren van een historisch betoog. Daarin toont de student, naast beheersing van algemene wetenschappelijke vaardigheden, inzicht in het specifieke karakter van de (afstudeerrichtingen binnen de) historische discipline.

1.3.3 Waar vind je informatie over het proces?

De voorbeelden uit de vorige paragraaf geven al aan dat scriptiehandleidingen, scriptieregelingen en syllabi de belangrijkste informatiebronnen zijn. Daarnaast kun je informatie over het proces achterhalen via de eerder genoemde scriptiecolleges, de docent/begeleider en medestudenten. Verder is er nog een heel specifieke informatiebron: de zogenoemde Dublin-descriptoren. Hierin is vastgelegd aan welke eisen Europese universitaire opleidingen moeten voldoen. Omdat in de bachelor- en masterscriptie de leerdoelen van de opleiding samenkomen, worden deze descriptoren door veel Nederlandse opleidingen gebruikt als inspiratie voor het beschrijven van de eisen van de bachelor- en masterscripties. Je kunt de Dublin-descriptoren vinden op internet, maar ze zijn ook opgenomen op de website die bij dit boek hoort, onder de knop 'Theorie'.

1.3.4 Oriëntatievragen over het proces

Omdat een academisch schrijfproces naast deze oriëntatie drie grote deelactiviteiten kent (vergelijk de drie fases in de kantlijn van dit boek), zijn de oriëntatievragen voor het proces ook verdeeld over die deelactiviteiten:
- een plan maken;
- het onderzoek uitvoeren;
- de tekst schrijven.

Hieronder vind je de oriëntatievragen voor het proces in telegramstijl. De uitgebreidere versies staan op de website onder de knop 'Formulieren'.

Wat moet ik wel en niet doen in de planfase?

Procedure
- Welke begeleiding mogelijk?
- Hoe zelfstandig?
- Hoeveel tijd voor het plan?

Plan maken
- Onderwerp scherp afbakenen?
- Vraag (probleemstelling) formuleren?
- Vraag afleiden uit literatuur?
- Andere aanleiding mogelijk?
- Theoretisch/wetenschappelijk nut bedenken?
- Praktisch nut bedenken?
- Deelvragen formuleren?
- Hypotheses formuleren?

- Inhoudsopgave maken?
- Tijdsplan maken?

Wat moet ik wel en niet doen in de uitvoeringsfase?

Procedure
- Welke begeleiding mogelijk?
- Hoe zelfstandig?
- Hoeveel tijd voor het onderzoek?

Onderzoek uitvoeren: literatuuronderzoek
- Doel van het literatuuronderzoek: bijvoorbeeld vraag uit afleiden, hypotheses afleiden, analysemodel afleiden, vraag beantwoorden?
- Zelf literatuur zoeken?
- Hoeveel?
- Volgens welke methode?
- Wat voor soort literatuur?
- Wat zijn goede bronnen?
- Welke theorieën in ieder geval?
- Hoe informatie analyseren?
- Meer doen dan samenvatten?
- Zo ja, wat dan?
- Representatief samenvatten of selecteren wat ik nodig heb?

Onderzoek uitvoeren: empirisch onderzoek (indien van toepassing)
- Bepaalde onderzoeksmethode: bijvoorbeeld interviews, documentanalyses, observaties, vragenlijsten?
- Zelf materiaal zoeken?
- Hoe data (informatie) analyseren?

Wat moet ik wel en niet doen in de schrijffase?

Procedure
- Welke begeleiding mogelijk?
- Hoe zelfstandig?
- Hoeveel tijd voor het schrijven?

De tekst schrijven
- Tekst- of bouwplan maken?
- Concepthoofdstukken inleveren?
- Feedback vragen op mijn producten?
- Wat voor soort feedback mag ik verwachten, bijvoorbeeld gedetailleerd en/of algemeen, mondeling en/of schriftelijk?

- Welke aspecten van mijn proces en/of product?
- Zelfevaluatie (zelfreflectie) schrijven?

Zoals aangekondigd komt een deel van de procesvragen in de buurt van vragen over het product. Maar over dat product zou je nog een paar dingen meer moeten weten.

1.4 Oriëntatie op het product: wat moet ik wel en niet maken?

1.4.1 Waarom oriënteren op het product?

De oriëntatie op het product heeft dezelfde achtergrond als de oriëntatie op het proces: het is niet zonder meer duidelijk wat voor soort tekst(en) je moet produceren. Moet je bijvoorbeeld de artikelen stuk voor stuk bespreken of thematisch? Hoe zit een theoretisch kader in elkaar? Wat is een academische stijl? Verschillende wetenschappers zullen op deze vragen verschillende antwoorden geven: jullie docenten en begeleiders dus ook.

Meestal wordt aan die verschillen niet veel ruchtbaarheid gegeven, maar soms komen ze in de landelijke pers naar buiten. Zo ontspint zich eind 2009 een discussie in *NRC Handelsblad* over wat een adequate schrijfstijl is voor wetenschappelijk proza. De *NRC* drukt op 18 september 2009 de Jan Hanlo-lezing van Marita Mathijsen af. Mathijsen is hoogleraar moderne Nederlandse Letterkunde en geeft in haar lezing kritiek op de stijladviezen die Ad Lagendijk, hoogleraar Natuurkunde, geeft in zijn *Survival guide for scientists*. Ze schrijft:

> Laten we Lagendijk aan onze laars lappen, en emotie, retoriek, mooischrijverij, metaforen en hyperbolen, hersenspinsels en uitweidingen toelaten in de wetenschappelijke tekst.

Lagendijk reageert daar weer op in de *NRC* van 17 oktober 2009 (bijlage Wetenschap). Hij stelt er tegenover dat in zijn wetenschapsgebied in een taal wordt geschreven (Engels) die maar voor hooguit 20 procent van de onderzoekers de moedertaal is:

> Indien de aanbevelingen van Marita Mathijsen worden opgevolgd, zou dit inhouden dat voor zo'n 80 procent van de beoefenaren van natuurwetenschap extra belemmeringen worden opgeworpen. Zij zouden minder begrijpen van gepubliceerde wetenschappelijke artikelen en ze zouden ze zelf niet meer kunnen schrijven.

Kortom: laten we er maar niet van uitgaan dat er één echte academische stijl is waarmee je het iedere wetenschapper naar de zin maakt. Dat is eens te meer reden om nauwkeurig na te gaan wat jouw docent bij een bepaalde opdracht voor product wil zien.

1.4.2 Waar vind je informatie over het product?

In de meeste handleidingen en instructies staan ook eisen geformuleerd voor de tekst, maar wees voorzichtig: deze zijn soms tamelijk vaag en duister. Een voorbeeld:

> Bij succesvolle afronding van de bachelorscriptie heeft de student getoond: (…) in staat te zijn om de bevindingen van het eigen onderzoek op relatief zelfstandige wijze te vertalen in een betoog dat een bijdrage biedt aan de stand van het wetenschappelijk onderzoek en wat structuur, taalgebruik en vormgeving betreft voldoet aan de eisen die daaraan in het vakgebied worden gesteld.

Hier word je nog niet veel wijzer van. Het komt vaker voor dat teksteisen in heel algemene termen geformuleerd worden, terwijl er bij de beoordeling wel streng op gelet wordt. In dat soort gevallen is het verstandig op zoek te gaan naar **voorbeeldteksten**.

Ken je een ouderejaars die de cursus ook gedaan heeft en dezelfde schrijfopdracht met succes heeft doorlopen, vraag dan of je een blik kunt werpen op zijn tekst. Bij grotere opdrachten: zoek een scriptie die bij dezelfde begeleider of docent is geschreven en positief is beoordeeld. Soms zijn die te raadplegen in de bibliotheek van de opleiding, maar je kunt ook je begeleider vragen of hij een goed voorbeeld heeft. Via een goede voorbeeldtekst kun je snel een aantal belangrijke vragen beantwoorden waarmee je je een beeld kunt vormen van het soort tekst dat je moet gaan schrijven. Bijvoorbeeld:
- Wat is de omvang van de tekst? Hoeveel bladzijdes?
- Uit welke onderdelen bestaat de tekst? Is er bijvoorbeeld een titelblad? Voorwoord? Inhoudsopgave? Inleiding? Genummerde hoofdstukken of paragrafen? Theorie? Methode? Resultaten? Conclusies? Samenvatting? Summary? Noten? Bibliografie? Dankwoord? Bijlagen?
- Wat is de omvang van de verschillende onderdelen?
- Hebben ze titels, en zo ja, wat voor soort titels?
- Zijn paragrafen genummerd?
- Wat staat er kort gezegd in die onderdelen: waar gaat ieder onderdeel over?
- In wat voor stijl is de tekst geschreven (zie hiervoor ook hoofdstuk 8 en 9)? Formeel of losjes? Ingewikkeld of eenvoudig? Precies of vaag? Bondig of uitgebreid? Veel of weinig structuurzinnen en signaalwoorden? Droog of levendig?

1.4 Oriëntatie op het product: wat moet ik wel en niet maken?

- Op welke manier wordt er verwezen naar bronnen? Veelvuldig, zuinigjes of niet? In de tekst tussen haakjes? Met nummers? Voetnoten onder aan de bladzijde? Eindnoten? Welk systeem zou er gebruikt zijn?

Als je je door andere teksten laat inspireren, let dan op de volgende punten:
- Wees er zeker van dat de voorbeeldtekst positief beoordeeld is (achterhaal als je kunt ook de kritiekpunten).
- Wees er zeker van dat jouw opdracht dezelfde is als bij de voorbeeldtekst.
- Wees er zeker van dat jouw opdracht op dezelfde manier (liefst door dezelfde docent) wordt beoordeeld.
- Ga kritisch om met het voorbeeld: past die indeling (structuur), vormgeving, inhoud en stijl ook bij jouw onderwerp/probleemstelling/vraag?

En tot slot, maar niet onbelangrijk: kom niet in de verleiding om precies na te doen wat iemand anders heeft gemaakt. Je loopt dan het risico van **plagiaat** beschuldigd te worden. Wil je meer weten over plagiaat en hoe je kunt voorkomen dat je je daaraan schuldig maakt, kijk dan allereerst of je opleiding een plagiaatregeling heeft. Verder geven diverse websites hier informatie over, bijvoorbeeld de eerder genoemde Noordster van de Rijksuniversiteit Groningen en een aantal buitenlandse websites ('how to avoid plagiarism').

1.4.3 Oriëntatievragen over het product

Ook voor de oriëntatie op het product geven we een lijst met vragen die je bij iedere schrijfopdracht kunt gebruiken. Op de website bij dit boek vind je de uitgebreidere versies (onder de knop 'Formuleren'). Er zijn vier vragen over het onderzoeksplan en de tussenrapportages. De meeste vragen hebben echter betrekking op concept- en eindversies van de tekst.

Eisen gesteld aan het onderzoeksplan en tussenrapportages
- Wat is het doel?
- Welke elementen?
- Uitgeschreven verhaal of schema?
- Waar let de docent/begeleider wel en niet op?

Eisen gesteld aan concept- en eindversies

Algemeen
- Wat voor soort tekst, bijvoorbeeld: verhandeling, samenvatting, kritisch betoog, onderzoeksverslag?
- Minimale en maximale tekstlengte?
- Hoe aanleveren?

Inhoud
- Hoe zwaar telt de inhoud mee?
- Waar let de docent/begeleider wel en niet op?
- Welke elementen/onderdelen?
- Functie/doel van de onderdelen?
- Welke informatie wel en niet in alle onderdelen?
- Eisen aan argumentatie; wanneer voldoende onderbouwing?

Opbouw/structuur
- Hoe zwaar telt de structuur mee?
- Waar let de docent/begeleider wel en niet op?
- Vaste volgorde van onderdelen?
- Hoe samenhang tussen onderdelen aanbrengen?

Taalgebruik/stijl
- Hoe zwaar telt de stijl mee in de beoordeling?
- Waar let de docent/begeleider wel en niet op?
- Hoe opvallend of onzichtbaar de structuur?
- Hoe bondig of royaal met woorden?
- Hoe precies of vaag?
- Hoe moeilijk of gemakkelijk?
- Hoe levendig of droog?
- Hoe formeel of losjes?

Afwerking
- Hoe zwaar telt de afwerking mee in de beoordeling?
- Waar let de docent/begeleider wel en niet op?
- Welk systeem gebruiken voor literatuurweergave, bijvoorbeeld APA, MLA, Vancouver, Chicago, Leidraad voor Juristen?
- Welke lay-out?
- Hoe figuren, afbeeldingen, grafieken, tabellen en dergelijke vormgeven?
- Regels voor bladspiegel, regelafstand, lettergrootte, enzovoort?

1.5 Tot slot

Veranderende wetenschap

Begrippen als 'wetenschappelijk' en 'academisch' zijn dus niet zo vastomlijnd als we misschien zouden willen. De precieze invulling verschilt van discipline tot discipline, maar ook van tijd tot tijd. Dit is te illustreren met een citaat uit het boek *Ontregelde Geesten* van Douwe Draaisma. Het gaat over de kans dat je als wetenschapper vernoemd wordt in een verschijnsel dat je ontdekt hebt. De schrijver laat zien hoe het komt dat je daar tegenwoordig veel minder kans

1.5 Tot slot

op hebt dan in de tijd van bijvoorbeeld Parkinson, Alzheimer, Asperger en Korsakov. De ideeën over wat wetenschappelijk verantwoord is en wat niet, zijn namelijk sterk veranderd. In het citaat gaat het over het syndroom van Bonnet dat voorkomt bij ouderen. Iemand die verstandelijk en psychisch verder helemaal in orde is, ziet dan tegen de schemering allerlei beelden die niet werkelijk zijn.

> (…) de ontdekking moet worden geregistreerd. Daarvoor heeft iedere tijd zijn eigen conventies. Bonnet beschreef zijn waarneming in een boek, vandaag de dag communiceren neurologen en psychiaters via vaktijdschriften en die stellen hun eisen aan het onderzoek en de presentatie van de bevindingen. Een gevalsbeschrijving (ook wel 'casestudy' genoemd: van een bijzonder verschijnsel wordt maar één geval (of: 'case') beschreven) legt tegenwoordig weinig gewicht in de schaal. De aspirant-naamgever zou een grote groep soortgelijke gevallen moeten verzamelen – liever honderd dan vijftig – en in zijn verslag moeten rapporteren over hun karakteristieken, zoals leeftijd, geslacht, gezichtsvermogen, medicijngebruik en opleidingsniveau. Hij zou een verklaring moeten aanvoeren en het liefst ook experimenten die duidelijk maken welke factoren invloed hebben op het zien van zulke beelden. Vervolgens zou er binnen de wetenschappelijke gemeenschap een begin van consensus moeten bestaan over de vraag of er inderdaad sprake is van een verschijnsel dat niet onder andere psychiatrische of neurologische ziektebeelden is te rangschikken. Daarna zou een vakgenoot met gezag– of een commissie – met het voorstel moeten komen om de naam van de auteur aan de stoornis te verbinden. En pas als de wetenschappelijke gemeenschap daadwerkelijk naar die naam begint te verwijzen zou er een nieuwe 'ontdekker' bijgeschreven zijn in de geschiedenis van de hersenwetenschap (Draaisma, 2006, p. 8).

De tijden zijn dus veranderd: onze namen zullen niet zo gemakkelijk voortleven in een verschijnsel. Gelukkig hoeft dat ons niet te ontmoedigen. Ook op kleinere schaal en in alle bescheidenheid is er veel interessants te ontdekken in de wetenschap.

Ter afsluiting van fase 1

Een gewaarschuwd mens ...

Bij de oriëntatie op een schrijfopdracht schets je dus een beeld van wat er van je verwacht wordt: de procedures (regels) waaraan je je moet houden, het proces dat je moet doorlopen en het product dat er uit moet komen. De antwoorden op alle oriëntatievragen kun je vastleggen op het formulier op de website (te vinden onder de knop 'Formulieren'). Dat wordt dan je gids voor het hele verdere proces. Bij elke volgende stap begin je met het bekijken van de oriëntatievragen en -antwoorden omdat die de kaders schetsen waarbinnen je respectievelijk een plan maakt, het onderzoek uitvoert en de tekst schrijft.

Wat nu als je in de zoektocht naar antwoorden niet veel verder komt dan vage aanduidingen? Het is vaak lastig voor docenten om precies aan te geven welk 'niveau' ze verwachten van hun studenten. Dat is ook te zien aan de voorbeelden in dit hoofdstuk. De volgende termen uit de geciteerde handleidingen vragen om nadere concretisering:
- die vraag wordt duidelijk geformuleerd en toegelicht;
- logische argumenten;
- kritisch verwerken;
- zelfstandig;
- relevante literatuur;
- geschikte onderzoeksopzet;
- volgens de regels van de academische verslaglegging;
- toont de student inzicht in het specifieke karakter van de (afstudeerrichtingen binnen de) historische discipline;
- voldoet aan de eisen die daaraan in het vakgebied worden gesteld.

Wat is duidelijk, logisch, kritisch, zelfstandig, relevant, geschikt? Welke regels zijn er? Hoe toon je dat inzicht? Wat zijn de eisen?

Mochten ook voorbeeldteksten onvoldoende houvast geven, dan moet je het daar maar mee doen en gewoon aan het werk gaan. Als je een concreet product aanlevert, kunnen docenten wel aangeven wat er wel en niet goed aan is. Daarom is het fijn als er gelegenheid is om tussentijds te overleggen en conceptversies te laten zien. Gaandeweg het proces kun je dan verhelderen wat de eisen zijn voor het plan, voor de uitvoering van het onderzoek en voor het schrijfproces en de tekst.

FASE 2
Een plan maken

Het wat, waarom en hoe van het maken van een plan

Wat is plannen?

Plannen is de weg uitstippelen naar een doel. In de oriëntatiefase (hoofdstuk 1) heb je de schrijfopdracht geanalyseerd en op een rijtje gezet wat de procedures zijn, welk proces je moet doorlopen en aan welke eisen het product moeten voldoen. De planfase, die beschreven wordt in de volgende hoofdstukken, is bedoeld om precies te bepalen waar je uit wilt komen (het doel) en hoe je daar komt; welke stappen je bij dat doel brengen. Bij academische schrijfopdrachten gaat het dan niet in eerste instantie om een tijdsplanning maar om een inhoudelijke planning. Je moet namelijk eerst bekijken wat je precies gaat doen voordat je kunt bepalen wanneer je dat gaat doen. De tijd speelt wel een rol bij het bepalen van wat je gaat doen, maar als randvoorwaarde: het werk dat je gaat plannen moet binnen de gegeven tijd (zie de oriëntatievragen over de procedure) uitgevoerd kunnen worden.

Wat voor werk is dat dan bij een academische schrijfopdracht? Meestal heb je de informatie voor je tekst nog niet beschikbaar: die moet je gaan zoeken en verwerken. Informatie zoeken en verwerken binnen het kader van een academische schrijfopdracht is te beschouwen als onderzoek doen. Daarom draait het in de planfase om het afbakenen van wat je gaat onderzoeken: om het formuleren van de centrale vraag bij je schrijfopdracht. Deze vraag moet aan een aantal eisen voldoen. Hij moet passen binnen het vakgebied, relevant zijn, onderzoekbaar en precies geformuleerd. In de planfase kom je stap voor stap van 'geen idee' tot een vraag die aan die eisen voldoet. Heb je dat op een rijtje, dan kun je een voorlopige hoofdstukindeling en een tijdsplanning maken.

Waarom plannen?

Een goed plan zorgt ervoor dat je op een efficiënte manier de volgende fases kunt uitvoeren: het onderzoek uitvoeren (hoofdstuk 6) en de tekst schrijven (hoofdstuk 7 tot en met 9). Werk je zonder plan, dan neem je nogal wat risico's. Naar schatting 80 procent van de problemen bij werkstukken en scripties wordt namelijk veroorzaakt door het ontbreken van een heldere basisstructuur met een nauwkeurig afgebakende centrale vraag en bijpassende deelvragen. Dan verzamelen schrijvers bijvoorbeeld enorme hoeveelheden informatie en is het een flinke klus om de kapstok te bedenken waar al die informatie aan opgehangen kan worden. Vrijwel altijd komt de onderzoeker uiteindelijk tot de conclusie dat een groot deel van de verzamelde informatie overbodig is. Met een goed plan verminder je het risico op dergelijke moeizame en inefficiënte processen.

Een goed plan verhoogt dus de kans op een efficiënt scriptieproces. Het geeft namelijk houvast bij:

- het overzien van het proces: je weet precies welke stappen je gaat zetten;
- het verzamelen van de informatie: je weet precies wat je zoekt;
- het ordenen van de informatie: je verzamelt niet zomaar informatie, maar antwoorden op (deel)vragen, dus je weet al waar die informatie thuishoort;
- het beheersen van de informatie: je weet precies wat wel en niet relevant is als je meer vindt dan je zoekt;
- het structureren van de tekst: als het onderzoek goed gestructureerd is, heb je een ferme basis voor de structuur van de tekst;
- het verdedigen van je plannen: je hebt alles goed overwogen en kunt uitleggen welke keuzes je hebt gemaakt en waarom.

Wanneer plannen?

Normaal gesproken maak je een plan voordat je aan de uitvoering van iets begint. Het is verstandig daar ruim de tijd voor te nemen. Ter indicatie een overzichtje van de gemiddelde tijdsbesteding bij een academisch schrijfproces:

Oriënteren	10% van de totale projecttijd
Plannen	20% van de totale projecttijd
Onderzoek uitvoeren	50% van de totale projecttijd
Schrijven	20% van de totale projecttijd

Nu zijn er mensen (wetenschappers) die zeggen: 'Ik kan helemaal niet vooraf zo'n plan maken, want pas tijdens het uitvoeren van het onderzoek of zelfs pas tijdens het schrijven, weet ik wat de vraag gaat worden.' Dat kan inderdaad het geval zijn, met name bij een zogenoemd exploratief (explorerend) onderzoek; dat is onderzoek naar een onderwerp waar nog niet eerder onderzoek naar is gedaan. Daardoor ontbreekt de kennis om vooraf precies te bepalen wat relevante vragen of hypotheses zijn bij het onderwerp. In dat geval is een planning vooraf inderdaad lastig.

Dit neemt niet weg dat je op enig moment zult moeten bepalen wat precies het onderwerp is, en wat alle informatie tot een **samenhangend** geheel maakt. Dat betekent dat je die 20 procent voor het uitdenken van het plan in een latere fase moet inzetten. Op de tijd voor planning kun je niet bezuinigen.

Maak je de planning niet vooraf, dan moet dat denkwerk later nog gebeuren. Dat noemen we dan de **reconstructie** van de onderzoeksstructuur.

Hoe maak je een plan voor een academische schrijfopdracht?
In deze fase maakt het veel uit of je een plan maakt voor een bachelor- of masterscriptie, of voor een klein essay. Daarom zal de planning van grote en kleine schrijfopdrachten in aparte hoofdstukken aan de orde komen. We beginnen straks met de grote schrijfopdrachten (hoofdstuk 2, 3 en 4) en vervolgen dan met het plan voor een kleine schrijfopdracht (hoofdstuk 5).

Een plan maken voor een grote schrijfopdracht (bachelor- of masterscriptie) omvat de volgende stappen:
- een geschikt onderwerp vinden;
- het onderwerp afbakenen;
- het onderwerp plaatsen in het vakgebied;
- een hoofdvraag formuleren;
- de relevantie van de vraag beredeneren;
- logische deelvragen bepalen;
- deelvragen concretiseren voor het onderwerp;
- eventueel uitwerken tot een fijnmazigere deelvragenstructuur;
- onderzoeksmethodes bepalen;
- precies bepalen waar het antwoord betrekking op heeft (domein en variabelen);
- een hoofdstukindeling voor de tekst maken;
- een tijdsplan opstellen;
- eventueel het plan uitschrijven als lopende tekst.

Een kleine schrijfopdracht is in de inleiding van dit boek gedefinieerd als een opdracht in het kader van een cursus die niet tot nieuwe inzichten hoeft te leiden, met een deels gegeven onderwerp of vraag die je beantwoordt met literatuur die deels gegeven is. Het gaat om een tekst van twee tot tien pagina's die je soms in een groepje maakt. Niet alle stappen van het scriptieplan zullen nodig zijn bij kleine schrijfopdrachten. Meestal hoef je bijvoorbeeld geen onderzoeksmethode te bedenken, is het niet nodig om het wetenschappelijk en/of praktisch nut van de vraag (de relevantie) te beschrijven, en ook een hoofdstukindeling en tijdsplan zijn meestal niet noodzakelijk. De volgende stappen blijven over:

- het onderwerp afbakenen;
- een hoofdvraag formuleren;
- logische deelvragen bepalen;
- deelvragen concretiseren voor het onderwerp.

2 Het scriptieplan: wat ga je onderzoeken en waarom?

2.1 Inleiding
2.2 Een geschikt onderwerp vinden
2.3 Het onderwerp uitwerken tot een onderzoeksplan
2.4 Wat: het onderwerp afbakenen
    2.4.1 Inleiding
    2.4.2 De stappen
- Stap 1 Kies een deelverzameling uit het onderwerp
- Stap 2 Controleer of je die in haar volle omvang kunt bestuderen
- Stap 3 Baken zo nodig verder af

2.5 Wat: het onderwerp plaatsen in het vakgebied
    2.5.1 Inleiding
    2.5.2 De stappen
- Stap 1 Noteer het onderwerp
- Stap 2 Beschrijf je vakgebied en specialisatie
- Stap 3 Reconstrueer de deelverzamelingen tussen het onderwerp en het vakgebied

2.6 Wat: de vraag formuleren
    2.6.1 Inleiding
    2.6.2 De stappen
- Stap 1 Kies een vraagtype
- Stap 2 Formuleer het begin van de vraag
- Stap 3 Vul het ingeperkte onderwerp in op de puntjes

2.7 Wat: het antwoord formuleren
    2.7.1 Inleiding
    2.7.2 De stappen
- Stap 1 Schrijf op wat mogelijke uitkomsten van je onderzoek zijn
- Stap 2 Schrijf de conclusie op
- Stap 3 Controleer de aansluiting vraag-antwoord
- Stap 3a Controleer de logische aansluiting: het vraagtype
- Stap 3b Controleer de inhoudelijke aansluiting: domein en variabelen
- Stap 3c Controleer de aansluiting open/gesloten vraag en antwoord

2.8 Ter afsluiting van de watvraag
2.9 Waarom: reden, relevantie, doelstelling
    2.9.1 Inleiding
    2.9.2 De stappen
- Stap 1 Toon aan dat de vraag nog niet (afdoende) beantwoord is
- Stap 2 Toon aan dat het antwoord gewenst is
- Stap 3 Toon aan dat de inspanningen de moeite lonen

2 Het scriptieplan:
wat ga je onderzoeken en waarom?

2.1 Inleiding

Het maken van een scriptieplan bestaat uit verschillende stappen:
1 Een geschikt **onderwerp** vinden.
2 Het onderwerp uitwerken tot een **onderzoeksplan**.
3 Een voorlopige **hoofdstukindeling** maken.
4 Een **tijdsplan** maken.
5 Het plan uitschrijven in een **tekst**.

Het onderzoeksplan (stap 2) is verreweg het belangrijkste onderdeel van een scriptieplan. Daarin geef je namelijk aan wat je gaat onderzoeken, waarom je dat doet en hoe:

- **Wat**: je bakent het onderwerp af, plaatst het onderwerp in het vakgebied, formuleert een hoofdvraag en bepaalt precies waar het antwoord over gaat.
- **Waarom**: je beredeneert de relevantie van de vraag.
- **Hoe**: je bepaalt wat logische deelvragen zijn, concretiseert deelvragen voor het onderwerp, werkt ze eventueel uit tot een fijnmazigere deelvragenstructuur en bepaalt de onderzoeksmethodes.

Omdat dit wat, waarom en hoe zo cruciaal zijn voor het hele scriptieproces, zal het onderzoeksplan in dit boek veel aandacht krijgen. Hoofdstuk 2 en 3 gaan daar in hun geheel over. De hoofdstukindeling en het tijdsplan (hoofdstuk 4) maak je als duidelijk is wat je precies gaat doen (en waarom en hoe).

Het scriptieplan maken: een cyclisch proces

Bij het maken van een scriptiepan werk je wel stap voor stap, maar je zult steeds moeten kijken welke invloed een stap heeft op eerder gemaakte keuzes. Een voorbeeld: als je een tijdsplan (stap 4) uitwerkt, kun je ontdekken dat je twee keer zoveel tijd nodig hebt voor het onderzoek dan je aan tijd beschikbaar hebt. In dat geval moet je terug naar je onderzoeksplan (stap 2) en het onderzoek inperken. Maar ook het maken van het onderzoeksplan (stap 2) op zichzelf is zelden strikt lineair. Ook hiervan een voorbeeld. Als je bezig bent met de vraag **waarom** je het onderzoek wilt doen, dan denk je na over het nut van de uitkomsten: wat kunnen we met de antwoorden op de centrale vraag die je geformuleerd hebt? Misschien valt dat een beetje tegen en ontdek je gaandeweg dat je eigenlijk andere uitkomsten zou willen zien. Dan is het verstandig om opnieuw naar de centrale vraag te kijken en dus opnieuw een keuze te maken: **wat** ga je precies onderzoeken?

De verschillende onderdelen van het scriptieplan en daarbinnen van het onderzoeksplan, grijpen dus op elkaar in en kunnen in de praktijk niet helemaal losgekoppeld worden. Toch zal dat in dit boek wel gebeuren. Hoewel we weten dat je in de praktijk waarschijnlijk heen en weer pendelt tussen de verschillende plannen en stappen, was het voor de opzet van het boek wel gemakkelijk om ze apart te beschrijven.

2.2 Een geschikt onderwerp vinden

Wat is een geschikt onderwerp?
De eerste stap bij het ontwikkelen van een plan voor de scriptie is het vinden van een geschikt onderwerp. Er zijn drie factoren die een onderwerp tot een geschikt scriptieonderwerp maken:

1 **Interessant**
   Omdat je er wel een tijdje mee bezig zult zijn, is het belangrijk dat je een onderwerp kiest dat je interessant vindt. Dat genereert nieuwsgierigheid en bevordert de motivatie.

2 **Onderzoekbaar**
   Het tweede criterium voor een geschikt scriptieonderwerp is onderzoekbaarheid. Het onderwerp moet te onderzoeken zijn en dan speciaal: goed onderzoekbaar door jou. Vraag je af met welke onderzoeksmethoden je graag werkt: interviews houden of juist nauwkeurige documentanalyse, literatuuronderzoek of juist experimenten uitvoeren? Welke vorm van onderzoek ligt je goed en welke niet? Als je een onderwerp kiest dat alleen kwantitatief onderzocht kan worden terwijl jij een hekel hebt aan statistiek en er geen held in bent, is het verstandig om te kijken of er andere onderwerpen mogelijk zijn.

3 **Passend binnen je vakgebied**
   Het derde criterium voor een geschikt onderwerp is dat het past binnen je studie. Je onderwerp moet aansluiten op thema's en vragen waar men zich in jouw vakgebied of jouw wetenschappelijke discipline mee bezighoudt.

Waar vind je een onderwerp?
Er zijn drie vindplaatsen voor een onderwerp:
1 kant-en-klare scriptieonderwerpen van je opleiding;
2 onderwerpen die tijdens je studie aan bod zijn gekomen;
3 onderwerpen uit de praktijk, bijvoorbeeld stage, werk, de media en dergelijke.

Hieronder staan voors en tegens van deze varianten. Daarin komen de drie criteria voor een geschikt scriptieonderwerp terug: (1) interessant, (2) onderzoekbaar en (3) passend binnen de discipline.

1 **Kant-en-klare scriptieonderwerpen van je opleiding**
Bij veel universitaire opleidingen hebben docenten 'scriptieprojecten' opgezet waar verschillende studenten hun bijdrage aan kunnen leveren. Niet zelden zijn die projecten onderdeel van een promotieonderzoek. Soms zijn studenten verplicht om aan een van die projecten deel te nemen, soms kun je ook een eigen onderwerp kiezen. Informeer bij je opleiding (docent, studiegids) hoe groot de keuzevrijheid is (vergelijk de oriëntatievragen hierover uit hoofdstuk 1).

Voordeel van scriptieprojecten is dat je sneller tot een eigen onderzoeksplan zult komen, omdat de docent of promovendus al wat voorwerk heeft gedaan. Door datzelfde voorwerk zal het onderwerp meestal wel onderzoekbaar zijn (criterium 2) en binnen de discipline passen (criterium 3). Ook is het vaak stimulerend om samen met anderen aan een groter onderzoek te werken: je leert van anderen en er wordt echt iets gedaan met de resultaten van het onderzoek. Nadeel is dat je minder keuzevrijheid hebt en niet altijd de invalshoek of methode kunt kiezen die jij interessant vindt: criterium 1 komt daardoor wel eens in het gedrang. Een tweede mogelijk nadeel van een scriptieproject is dat de begeleider ook andere belangen heeft dan jou zo goed mogelijk begeleiden bij je scriptie, namelijk data verzamelen voor het eigen onderzoek. Het kan dan gebeuren dat studenten onder druk gezet worden om heel snel te werken en strikt volgens de ideeën van de onderzoeker, waardoor er minder ruimte is om te leren.

2 **Onderwerpen die tijdens je studie aan bod zijn gekomen**
Als je zelf een onderwerp kunt of moet kiezen en je komt niet meteen op een idee, loop dan nog eens de colleges en werkgroepen langs die je tijdens je studie hebt gehad. Welke vond je interessant? Waren er specifieke artikelen (onderzoeken) die je aanspraken? Vervolgens kun je kijken of er over die onderwerpen nog iets interessants te onderzoeken is. Aanknopingspunten daarvoor zijn bijvoorbeeld:
- Zijn er suggesties gegeven voor (vervolg)onderzoek? Zit daar iets interessants bij?

- Zijn er anderszins nog aanvullende vragen? Bijvoorbeeld: hoe zou de situatie zijn als de onderzoeker andere variabelen had gekozen, een andere doelgroep, een andere methode of andere vragen?
- Zijn er andere artikelen waarin tegenstrijdige beweringen worden gedaan?

Als je op deze manier een onderwerp vindt, kun je iets selecteren wat je echt interessant vindt (criterium 1). Literatuur die bij je studie hoort is bijna per definitie passend binnen de discipline (criterium 3). Over de onderzoekbaarheid (criterium 2) zul je nog even serieus moeten nadenken als je een onderwerp uit de literatuur haalt.

3 Onderwerpen uit de praktijk, bijvoorbeeld stage, werk, de media en dergelijke

Ook buiten de universiteit liggen potentiële scriptieonderwerpen – al dan niet voor het oprapen. Een stage geeft aanleidingen voor onderzoek als je tegen problemen aanloopt waarvoor de wetenschap geen oplossingen heeft, of die in tegenspraak zijn met wat je tijdens je studie geleerd hebt. Maar ook discussies in de media kunnen een aanleiding vormen voor een onderzoek. Bijvoorbeeld naar de kwaliteit van het vmbo, de oorzaken van plotseling overlijden van jonge topsporters, de geschiedenis van informatie en formatie van Nederlandse regeringen, het gebruik en nut van de verschillende 'canons' in Nederland, de vraag hoe het aantal orgaandonoren verhoogd kan worden, de micro-economische gevolgen van het winnen van het WK voetbal, enzovoort.

Een onderwerp uit de praktijk zal je in ieder geval aanspreken (criterium 1). Aan criterium 2 en 3 daarentegen zal zo'n onderwerp niet automatisch voldoen. Zeker bij onderwerpen van buiten de universiteit moet je speciaal aandacht besteden aan de vraag hoe je het kunt onderzoeken en hoe het onderwerp aansluit op de theorieën uit jouw vakgebied. Voor dat laatste vind je handvatten in paragraaf 2.5.

Samengevat
Zoek een onderwerp:
1. in een scriptieproject;
2. in vakken (literatuur) die je eerder tijdens je studie hebt gehad;
3. in stage, werk of in de media.

Ga na of dat onderwerp voldoet aan de genoemde criteria:
1. Is het interessant voor jou?
2. Is het onderzoekbaar voor jou?
3. Past het binnen je vakgebied?

Als je op deze manier een voorlopig onderwerp hebt bepaald, kun je verder gaan met de volgende stap: het onderwerp uitwerken tot een onderzoeksplan.

2.3 Het onderwerp uitwerken tot een onderzoeksplan

Zoals eerder aangegeven gaat het bij het onderzoeksplan van de scriptie in essentie om drie zaken: het (1) wat, (2) waarom en (3) hoe van je onderzoek. Als je precies hebt bepaald wat je gaat onderzoeken, waarom je dat doet en hoe je dat gaat doen, dan is het resultaat dat je een hoofdvraag hebt waarvan je vrij zeker kunt zijn dat die:

1 aansluit bij de kennis in jouw vakgebied;
2 relevant is;
3 onderzoekbaar is;
4 leidt tot een antwoord waar je ook naar op zoek bent.

Dit geheel kunnen we in een schema weergeven. Wat je hieronder ziet is een bewerking van het schema voor de probleemstelling dat ontwikkeld is door Heinze Oost (1999) en dat ook de basisstructuur vormt van Oost en Markenhof (2002). Wij noemen dit in het vervolg het **planplaatje**.

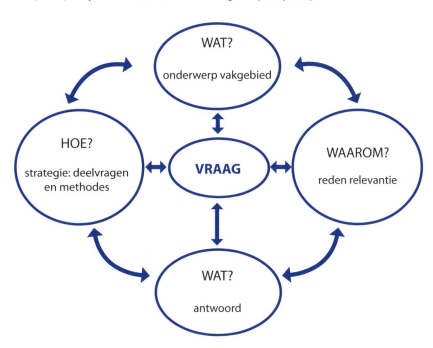

Planplaatje

Om te komen tot een goed onderzoeksplan vul je alle onderdelen van dit planplaatje in. In het vervolg van dit hoofdstuk en in hoofdstuk 3 vind je hiervoor gedetailleerde stappenplannen. Voor we hiermee verdergaan nog twee opmerkingen over het model zelf, die te maken hebben met de volgorde van de stappen en de samenhang tussen de elementen.

De volgorde van de stappen

Het maakt eigenlijk niet uit waar je begint; uiteindelijk moet het hele plaatje kloppen. Niettemin is het geen gek idee om te beginnen met de uitwerking van elementen die al vaststaan of heel duidelijk zijn. Misschien staat je bijvoorbeeld al helder voor ogen waar je precies uit wilt komen met je onderzoek; dan kun je met het onderste element – het antwoord – beginnen. Is er een nijpend probleem waar jij per se iets aan wilt doen, dan is de relevantie (reden) een mooi startpunt. Als je al weet wat je wilt doen tijdens het onderzoek, is de hoevraag een goed aanknopingspunt. Begin je naar aanleiding van een of meer artikelen, dan is het waarschijnlijk het gemakkelijkst om te schetsen hoe de vraag past in het vakgebied: het bovenste element in het plaatje.

Hoewel je dus zelf een aanpak kunt kiezen, worden in het vervolg de verschillende stappen in een bepaalde – niet onlogische – volgorde gepresenteerd. Het begint bij het 'wat' (de 'as' van het plaatje), daarna volgt het 'waarom' (rechterkant), en tot slot het 'hoe' (linkerkant).

De samenhang in het model

Tussen de elementen staan tweezijdige pijlen en alle elementen zijn verbonden met de vraag. Dit betekent dat alle elementen met elkaar te maken hebben. Bijvoorbeeld:
- De reden (waarom) voor het onderzoek is gelegen in een hiaat in het vakgebied (wat).
- De deelvragen en methodes (hoe) zijn onderdeel van een strategie die gebruikt wordt binnen een bepaald vakgebied (wat).
- De deelvragen en methodes (hoe) leiden tot een bepaald antwoord (wat).
- De reden (waarom) van het onderzoek is gelegen in de wenselijkheid van een bepaald antwoord (wat).

Deze samenhang heeft twee gevolgen. Allereerst: als je voor je plan de vijf elementen aan het uitwerken bent, zul je merken dat een element op een gegeven moment op het terrein komt van een ander element. Dat is niet erg. Het gaat namelijk strikt genomen niet om scherp te scheiden elementen, maar meer om dimensies van of perspectieven op de vraag. Ten tweede: bij elke keuze moet je steeds controleren of de elementen uit de andere vakjes nog kloppen; of er inderdaad nog de nodige wederzijdse samenhang (vergelijk de pijltjes) is tussen de elementen. Als je bijvoorbeeld werkt aan de strategie en je ontdekt dat je hoofdvraag te uitgebreid is, dan moet je die hoofdvraag veranderen. Daarmee verandert ook het antwoord op en de reden voor die vraag.

Uiteindelijk werk je toe naar een onderzoeksplan waarbij:
- alle elementen een heldere invulling hebben gekregen;
- alle elementen naadloos op elkaar aansluiten.

Op de website staat onder de knop 'Formulieren' een 'mal' van het planplaatje. Die kun je gebruiken en invullen voor je eigen opdracht(en).

2.4 Wat: het onderwerp afbakenen

2.4.1 Inleiding

Het eerste onderdeel van de uitwerking van het onderzoeksplan is de watvraag. Om preciezer te definiëren waar het onderzoek over gaat, kun je op drie verschillende manieren naar je onderzoek kijken: vanuit het onderwerp, vanuit de vraag die je daarover gaat beantwoorden en vanuit het antwoord dat je daarmee zult krijgen. We beginnen met het onderwerp.

Laten we aannemen dat je een globaal onderwerp hebt gevonden voor je scriptie. Dat onderwerp moet verder afgebakend worden tot een omvang die past bij de opdracht; je moet er immers binnen de gegeven tijd (zie de oriëntatie op de opdracht) onderzoek naar kunnen doen, en daar in de scriptie verslag van doen. Dit afbakenen is het eerste onderdeel van de watvraag, maar gedurende het hele scriptieproces kunnen er aanleidingen zijn om het onderwerp verder in te perken (of uit te breiden, maar dat komt in de praktijk beduidend minder vaak voor). Het is dus een voorlopige afbakening.

2.4.2 De stappen

De stappen voor het afbakenen van het onderwerp zijn:
1 Kies een deelverzameling uit het onderwerp.
2 Controleer of je die in haar volle omvang kunt bestuderen.
3 Baken zo nodig verder af.

STAP 1
Kies een deelverzameling uit het onderwerp

Op zichzelf is de techniek van het afbakenen niet zo moeilijk: je pakt steeds een deelverzameling van het onderwerp dat je bedacht had. Een 'technisch' voorbeeldje: stel dat je anorexia een interessant onderwerp vindt. Een afbakening kan er dan als volgt uitzien:

anorexia
anorexia bij meisjes
anorexia bij meisjes jonger dan twaalf jaar
anorexia bij meisjes jonger dan twaalf jaar met werkende ouders
enzovoort

Van het onderwerp anorexia wordt steeds een deelverzameling gekozen, waardoor het onderwerp steeds kleiner wordt.

STAP 2
Controleer of je die in haar volle omvang kunt bestuderen

Als je vindt dat het onderwerp aardig afgebakend is, stel jezelf dan de vraag: kan ik in dit onderzoek iets zeggen over **alle aspecten van alle vormen hiervan, altijd en overal?** Deze vraag kun je stellen bij elk begrip uit het onderwerp. Bij het onderwerp hierboven zou de vraag zijn: gaat het om alle aspecten van alle vormen van anorexia bij alle meisjes jonger dan twaalf met alle soorten werkende ouders, overal en altijd? Om die vraag serieus te beantwoorden, moet je je voorstellen wat er allemaal onder die vraag valt zoals die geformuleerd is. Laat dan even je fantasie werken, bijvoorbeeld:

- Alle aspecten van anorexia: alle soorten oorzaken (psychologisch, sociaal, economisch, tijdgeest), alle soorten gevolgen (economisch, fysiek, psychisch), enzovoort?
- Alle vormen van anorexia: lichte en zware, verschillende vormen van wel/niet voedsel en drank innemen, verschillende vormen van wel/niet voedsel en drank kwijtraken, enzovoort?
- Alle meisjes jonger dan twaalf jaar: verschillende leeftijden, verschillende sociaaleconomische achtergronden, verschillende persoonlijkheden, verschillende psychische kenmerken, als één groep, enzovoort?
- Alle soorten werkende ouders: zowel moeder als vader, zowel fulltime als parttime werkenden, zowel op kantoor als thuiswerkend, verschillende niveaus van banen?

2.4 Wat: het onderwerp afbakenen

- Overal: in het westen en oosten, noorden en zuiden van de wereld, ontwikkeld of ontwikkelingsland, verschillende religies en/of culturen?
- Altijd: sinds het ontstaan (bekend worden) van het verschijnsel?

Als je op deze manier je onderwerp langs de meetlat legt, ontdek je de werkelijke omvang en kun je bepalen of die omvang werkbaar is of nog niet.

STAP 3
Baken zo nodig verder af

Tot slot: verder afbakenen, hoe doe je dat? Op grond waarvan maak je keuzes? Bij academische schrijfopdrachten kies je bepaalde deelonderwerpen omdat je verwacht dat je daar een interessant onderzoek naar kunt doen. Daarmee begeef je je bijna op het terrein van de waaromvraag van het onderzoek: je onderzoekt een bepaald onderwerp omdat het interessant is. Dat is misschien verwarrend, maar je kunt het ook als een voordeel zien. Als je tijdens het afbakenen steeds goed nadenkt over de redenen achter bepaalde keuzes, dan ben je in één moeite door bezig met het waarom en dus met het belang van je onderzoek.

Het verder afbakenen doe je op basis van kennis, met name kennis over onderzoek in jouw vakgebied. Meestal is die kennis het resultaat van wat je hebt gelezen in boeken en artikelen. Voor het goed afbakenen heb je dus literatuur of theorieën nodig. Als je bijvoorbeeld het onderwerp 'anorexia' afbakent tot 'anorexia bij meisjes jonger dan twaalf jaar', dan impliceert dat:

- dat er meisjes zijn met anorexia die jonger zijn dan twaalf jaar. Dit is een **vooronderstelling** over je onderwerp. Het is verstandig om te controleren of die vooronderstelling wel klopt, anders werk je verder op basis van iets dat niet bestaat. De beste manier om dit te controleren is door te kijken of er in de literatuur van jouw vakgebied geschreven is over meisjes met anorexia die nog geen twaalf jaar zijn.
- dat er **iets interessants** is met die groep jonge meisjes met anorexia. Bijvoorbeeld: omdat het een bijzonder kleine groep is; omdat het een groep met specifieke kenmerken lijkt te zijn; omdat anorexia alleen onder bijzondere omstandigheden voorkomt bij zulke jonge meisjes, of juist niet; omdat dát juist de vraag is; omdat deze groep nog nauwelijks onderzocht is; enzovoort. Ook dit zijn allemaal zaken die je in de literatuur of de theorieën uit jouw vakgebied kunt en moet nazoeken.
- dat dit een **betere keuze** is dan een andere. Waarom heb je bijvoorbeeld gekozen voor de leeftijdsgrens van twaalf jaar, en niet 'jonger dan veertien jaar' of 'jonger dan tien jaar'?

Bij elke keuze moet je jezelf dus de vragen stellen:
- Klopt de veronderstelling dat dit deelonderwerp bestaat?
- Wat is interessant aan die keuze?
- Waarom zijn andere keuzes minder aantrekkelijk?

Controleer je deze aspecten door te rade te gaan in de literatuur, dan werk je meteen aan de elementen voor het zogenoemde theoretisch kader. Daarover later meer.

Op deze manier kom je tot een zeer nauwkeurige beschrijving van het onderwerp. Schrik niet: hoe kleiner het onderwerp, hoe omvangrijker de omschrijving ervan. Zo kan het onderwerp 'anorexia bij meisjes jonger dan twaalf jaar met werkende ouders' (tien woorden) na het afbakenen zijn uitgedijd tot: 'de verschillen tussen de manier waarop anorexia zich ontwikkelt bij meisjes jonger dan twaalf van wie beide ouders fulltime werken, bij meisjes van wie soms één ouder door de week thuis is en bij meisjes van wie één ouder thuis is, zoals dat naar voren komt in onderzoek uit de Verenigde Staten vanaf 1990' (vijftig woorden).

2.5 Wat: het onderwerp plaatsen in het vakgebied

2.5.1 Inleiding

De techniek van het afbakenen of inperken (steeds deelverzamelingen kiezen) kun je ook gebruiken om te reconstrueren welke keuzes gemaakt zijn in het afgebakende onderwerp. Je gaat dan eigenlijk de andere kant op, van klein naar groot, en je stelt steeds de vraag: waarvan is dit onderwerp een deelverzameling? Zo'n reconstructie is juist voor academische schrijfopdrachten nuttig, omdat je daarmee een beeld krijgt van de thema's en discussies waarmee jouw onderwerp te maken heeft. Als het onderwerp past binnen je vakgebied (criterium 3 voor een geschikt scriptieonderwerp), dan kom je bij de reconstructie namelijk uit bij de grootste verzameling: je studierichting of discipline.

Zo kun je bijvoorbeeld reconstrueren hoe het onderwerp anorexia past binnen een studie als psychologie. Je bedenkt dan binnen welke deelgebieden van de psychologie dat onderwerp valt, en vult zo de verschillende deelverzamelingen in die tussen het vakgebied psychologie en het voorlopige onderwerp anorexia in zitten. Daardoor verbind je het onderwerp aan je vakgebied. Uiteindelijk kan de reconstructie er dan bijvoorbeeld als volgt uitzien (de grootste verzameling staat weer bovenaan):

psychologie
psychische stoornissen
psychische stoornissen bij jongeren
hedendaagse psychische stoornissen bij jongeren
hedendaagse psychische stoornissen bij jongeren die te maken hebben met het uiterlijk
eetstoornissen
anorexia

Zo'n reconstructie is te zien als een trechter: het bovenste onderwerp is heel breed (het hele vakgebied), en met elke keuze wordt het onderwerp kleiner en valt er meer buiten.

Als je een uitgebreider voorbeeld wilt zien, kijk dan op de website. Onder de knop 'Voorbeelden' staat een reconstructie van het scriptieonderwerp 'problemen met de presentatie van het minderhedenbeleid van de gemeente Den Haag'. In de voorbeeldreconstructie wordt duidelijk hoe dat onderwerp past binnen de studie Nederlandse taal- en letterkunde.

Als je reconstrueert welke keuzes je eigenlijk gemaakt hebt, wordt ook duidelijk hoe je het onderwerp 'beschouwt': anorexia wordt in het voorbeeld hierboven beschouwd als een aandoening voor jongeren. Heb je dat zo expliciet opgeschreven in een afbakening, dan weet je ook dat daarmee anorexia bij ouderen buiten jouw onderzoek valt. Wil je dat niet, dan moet je op de derde 'trap' een andere deelverzameling kiezen.

2.5.2 De stappen

De stappen voor het plaatsen van het onderwerp in je vakgebied:

1 Noteer het onderwerp.
2 Beschrijf je vakgebied en specialisatie.
3 Reconstrueer de deelverzamelingen tussen het onderwerp en het vakgebied.

Op de website staat een formulier dat je kunt gebruiken om je onderwerp te plaatsen in het vakgebied (onder de knop 'Formulieren').

STAP 1
Noteer het onderwerp

Schrijf op wat je nu zou zeggen als iemand je vraagt: *Waar gaat je onderzoek over?* Zet dit onder aan een vel papier.

STAP 2
Beschrijf je vakgebied en specialisatie

Noteer boven aan het papier je vakgebied of studierichting. Het tweede trapje is dan bijvoorbeeld de specialisatie en het derde trapje het onderwerp dat binnen die specialisatie onderzocht wordt. Bijvoorbeeld:

rechtsgeleerdheid
staats- en bestuursrecht
inrichting van de Nederlandse staat

STAP 3
Reconstrueer de deelverzamelingen tussen het onderwerp en het vakgebied

Als je kijkt naar je scriptieonderwerp (stap 1) en het onderzoeksthema van je vak (stap 2), dan zijn er onderweg vast verschillende keuzes gemaakt. Keuzes voor perspectieven, onderdelen, plaatsen, tijden, aspecten, enzovoort. Je vult de 'gaten' op het papier tussen onderwerp en discipline zodat er een kloppende zandloper ontstaat met deelverzamelingen. Een student rechten zou bijvoorbeeld onderstaande reconstructie moeten aanvullen met relevante deelverzamelingen op de puntjes:

rechtsgeleerdheid
staats- en bestuursrecht
inrichting van de Nederlandse staat
… [reconstructie]
…
arbeidsrecht
…
…
…
…
de rechtvaardigheid van de huidige regeling van het ontslagrecht
… [verdere afbakening]
…

Vrijwel alle studenten en promovendi die zo'n reconstructie maken, vinden dat een zinnige onderneming. Het levert namelijk een aantal nuttige inzichten op:
- Je weet zeker dat het onderwerp binnen de discipline valt. Daarvoor moet je wel goed opletten dat in ieder volgend vakje ook werkelijk een deelverzameling staat van het vakje erboven. Als je gaandeweg van richting veran-

dert of dingen toevoegt in plaats van kiest, dan breng je deze zekerheid in gevaar.
- Je ziet wat er buiten het onderzoek valt; je expliciteert immers de keuzes. Daardoor hoef je tijdens het onderzoek en het schrijven niet steeds opnieuw te bedenken of iets er wel of niet bij hoort. Het helpt om je onderzoek te 'reguleren'.
- Je krijgt zicht op verwante onderwerpen, met name op de 'grotere thema's' waar het gekozen onderwerp onder valt. Dit geeft indicaties over waar literatuur gezocht kan worden voor bijvoorbeeld definities, operationaliseringen, vooronderstellingen, methodes en dergelijke.
- De inperking geeft daardoor ook ideeën voor de uitwerking van de waaromvraag.

Het voorbeeld op de website (onder de knop 'Voorbeelden') laat zien op welke manieren deze inzichten naar voren komen.

2.6 Wat: de vraag formuleren

2.6.1 Inleiding

Heb je nader bepaald wat het onderwerp van de scriptie gaat worden? Dan is de volgende stap: bepalen wat je over dat onderwerp wilt weten. Dat probeer je te transformeren tot de centrale vraag van het onderzoek. Om misverstanden te voorkomen, bespreken we eerst wat vragen en achtergrondinformatie over de hoofdvraag. Daar kan namelijk wel wat onduidelijkheid over zijn.

Gaat dit over de probleemstelling?
Is de hoofdvraag hetzelfde als 'de probleemstelling' van het onderzoek? Dat is niet zomaar te zeggen; *probleemstelling* is namelijk een van die begrippen waarover de academische woordenboeken niet eensluidend zijn. Het begrip probleemstelling kan bijvoorbeeld verwijzen naar:
- de centrale vraag van het onderzoek (Oost, 1999, p. 1);
- een stelling die met 'waar' of 'niet waar' is te beantwoorden (www.educatie-en-school.infonu.nl);
- de combinatie van de centrale vraag van het onderzoek + de 'doelstelling' (Verschuren, 1988, p. 21 e.v.);
- de combinatie van de centrale vraag van het onderzoek + de deelvragen + de 'doelstelling' (Universiteit van Amsterdam, 2008);
- een tekst waarin de centrale vraag van het onderzoek wordt beschreven en verantwoord (Transcript, 1993, p. 36 e.v.).

Achterhaal dus wat jouw docent voor ogen staat als hij/zij je vraagt een heldere probleemstelling te formuleren. Vraag het je docent of een studiegenoot of kijk in een voorbeeldtekst.

Waarom een vraag formuleren?

Is het formuleren van een onderwerp niet voldoende voor een scriptieplan? Moet je per se een vraag stellen? Nee, in sommige vakgebieden vindt men dat niet nodig, maar het is een gemiste kans als je het niet doet. Het probleem van een onderwerp is namelijk dat je er eindeloos over kunt vertellen. In een scriptieplan ben je juist op zoek naar de grenzen van de scriptie, zodat je alleen informatie verzamelt die bijdraagt aan het verhaal, en je teksten gaat schrijven die functioneel zijn voor het verhaal. Werken met een vraag is doelgerichter dan werken met een onderwerp. Je kunt immers op een bepaald moment constateren dat de vraag beantwoord is, en daarmee kun je je onderzoek als afgesloten beschouwen. Die mogelijkheid onbenut laten, is een gemiste kans. Daarom het dringende advies: formuleer een centrale vraag voor het onderzoek.

Eén vraag of meer vragen?

Veel academische schrijvers vragen zich af of ze één vraag moeten formuleren, of dat het er ook meer mogen zijn. Kijken we naar de argumentatie voor het formuleren van de vraag, dan volgt daaruit dat het de voorkeur heeft om één vraag te formuleren. Daarmee heb je namelijk één duidelijk eindpunt: een duidelijk punt van 'tot hier en niet verder'. Kom je er toch op uit dat je meer vragen hebt, dan kunnen er drie dingen aan de hand zijn:

- De vragen staan los van elkaar. Dit leidt ertoe dat je uiteindelijk ook meer delen in je scriptie zult hebben die los van elkaar staan. Meestal is dat niet de bedoeling.
- De antwoorden op de vragen leiden tezamen tot één antwoord. Dan moet je proberen om de overkoepelende vraag bij dat ene antwoord te formuleren. Het onderdeel over de deelvragen (paragraaf 3.1) kan je daarbij helpen.
- Een of meer vragen zijn ondergeschikt aan een andere. Dan is het zaak om uit te zoeken wat de eindvraag is en welke vragen nodig zijn als tussenstappen om te komen tot een antwoord op die eindvraag. De eindvraag is meestal de hoofdvraag. Zie hiervoor ook het onderdeel over de deelvragen.

2.6.2 De stappen

De stappen voor het formuleren van de hoofdvraag:

1. Kies een vraagtype.
2. Formuleer het begin van de vraag.
3. Vul het ingeperkte onderwerp in op de puntjes.

2.6 Wat: de vraag formuleren

STAP 1
Kies een vraagtype

Verschillende vraagtypen

Bij het formuleren van een centrale vraag gaat het in eerste instantie om de vraag wat voor **soort informatie** je over het onderwerp wilt achterhalen. Bij elke soort informatie horen specifieke deelvragen; dat is dus gemakkelijk. In dit boek wordt de 'Utrechtse' indeling gevolgd van zeven verschillende soorten vragen en dus zeven verschillende soorten informatie (Oost & Markenhof, 2002, p. 51-52): beschrijving, vergelijking, definiëring, evaluatie, verklaring, voorspelling en ontwerp of advies.

Hierna staat voor elk vraagtype aangegeven wat je doet, wat voor soort antwoord eruit komt en tot slot een aantal mogelijke formuleringen van een vraag van dat type. Let op: het gaat bij dat laatste niet om deelvragen (die komen verderop uitgebreid aan de orde), maar om varianten van een bepaald vraagtype.

1 **Beschrijven**
- Het doel van een beschrijving is om een verschijnsel in kaart te brengen.
- Het antwoord op een beschrijvende vraag bestaat uit een aantal kenmerken, onderdelen, fases, aspecten of iets vergelijkbaars.
- Voorbeelden van een beschrijvende vraag zijn: *Wat zijn de kenmerken? Welke eigenschappen heeft het? Waaruit bestaat het? Wie of wat is erbij betrokken? Wat zijn de belangrijkste fases? Hoe ziet het eruit?*

2 **Vergelijken**
- Bij een vergelijking zet je de verschillen en/of overeenkomsten tussen twee of meer verschijnselen op een rijtje.
- Het antwoord op een vergelijkende vraag bestaat dan ook uit een overzicht van verschillen en/of overeenkomsten.
- Voorbeelden van een vergelijkende vraag zijn: *Wat zijn de verschillen? Wat zijn de overeenkomsten? In welke opzichten zijn ze anders? Op welke punten lijken ze op elkaar?*

3 **Definiëren**
- Bij een definiëring bepaal je de verhouding tussen een verschijnsel en een bepaalde klasse.
- Het antwoord op een definiërende vraag is een uitspraak over de mate waarin het verschijnsel wel of niet tot een klasse gerekend kan worden.

- Voorbeelden van een definiërende vraag zijn: *In welke klasse kan het ondergebracht worden? Hoort het in deze familie thuis? Hoe kan het getypeerd worden? Waar is het een voorbeeld van?*

4 Evalueren

- Bij een evaluatie beoordeel je een of meer onderzoekseenheden in het licht van een norm.
- Het antwoord op een evaluerende vraag is een uitspraak over de positieve en/of negatieve kenmerken van het verschijnsel.
- Voorbeelden van een evaluerende vraag zijn: *Wat is de waarde ervan? Hoe goed werkt het? Wat zijn de positieve en/of negatieve punten? Hoe geschikt is het? Hoe wenselijk? Wat zijn voordelen of nadelen?*

5 Verklaren

- Bij een verklaring probeer je te achterhalen waar een verschijnsel door veroorzaakt wordt.
- Het antwoord op een verklarende vraag is een uitspraak over de oorzaken van een verschijnsel.
- Voorbeelden van een verklarende vraag zijn: *Hoe komt dat? Wat zijn de oorzaken? Waar is dit een gevolg van? Hoe kon dit gebeuren?*

6 Voorspellen

- Bij een voorspelling maak je een inschatting van wat er zal gebeuren.
- Het antwoord op een voorspellende vraag is een uitspraak over de te verwachten gevolgen in de toekomst.
- Voorbeelden van een voorspellende vraag zijn: *Waar zal dat toe leiden? Wat mogen of kunnen we verwachten? Waar moeten we op voorbereid zijn?*

7 Ontwerpen of adviseren

- Bij een ontwerp of advies stel je een maatregel of een ingreep voor waarmee een probleem kan worden opgelost of verminderd, of een doel kan worden bereikt.
- Het antwoord op een ontwerp- of adviesvraag is een beredeneerde oplossing.
- Voorbeelden van een ontwerpvraag zijn: *Wat kan eraan gedaan worden? Hoe kan het verbeterd worden? Hoe moeten we ...? Wat zijn geschikte maatregelen? Wat moet er wel en niet gebeuren?*

Vanuit de zojuist gegeven toelichtingen op de vraagtypen, kun je bekijken wat jij een interessante vraag zou vinden over het onderwerp:

2.6 Wat: de vraag formuleren

- Spreekt je aan wat je moet doen bij een bepaald type vraag? Vind je het bijvoorbeeld boeiend een advies te formuleren, twee dingen naast elkaar te zetten (vergelijken) of een oordeel uit te spreken (evalueren)?
- Vind je het soort antwoord interessant; zou je daarmee graag je onderzoek afsluiten?
- Is er een bepaalde vraag bij die goed past bij wat je wilt uitzoeken?

Je kunt ze het beste alle zeven even langslopen en dan kiezen wat je – op dit moment – het beste lijkt. Het gaat om de vraag waar je **uiteindelijk** (aan het einde van je onderzoek) een antwoord op wilt kunnen geven.

Wees niet bang om te kiezen
Misschien twijfel je nog een beetje over het vraagtype? Geen nood, het plan is nog niet klaar. Als bij een volgende stap blijkt dat de vraag die je nu kiest, toch niet de beste is, dan heroverweeg je die keuze. Met name de verdeling in deelvragen (zie verderop bij 'hoe') kan leiden tot een herbezinning op de hoofdvraag. Toch is het belangrijk om nu een voorlopige keuze te maken. Daarmee kun je namelijk verder.

Pas op voor vraagtype 'beschrijving' als hoofdvraag
Een 'waarschuwing' bij de keuze om een beschrijvende vraag (type 1) te formuleren. Bij een beschrijving gaat het **alleen** om het in kaart brengen van kenmerken, aspecten en wat dies meer zij. Bij een beschrijving kun je aan het einde een samenvatting geven van de kenmerken. Wil je meer, dan moet je een ander vraagtype kiezen voor je hoofdvraag.

Er is iets vreemds aan de hand met dit vraagtype. Als je onderzoekers het lijstje hiervóór voorlegt en hen vraagt wat voor soort vraag ze hebben, dan zeggen ze in negen van de tien gevallen: een beschrijvende vraag. Slechts zelden blijkt dit te kloppen. Hoe zit dat?

Ten eerste: je kunt elk vraagtype beschrijven in termen van 'beschrijven': ik beschrijf de overeenkomsten en verschillen (= vergelijken), ik beschrijf de oorzaken (= verklaren), de voor- en nadelen (= evalueren), enzovoort. Daar herkent men zich dus snel in.

Ten tweede: elk onderzoek bestaat uit beschrijvingen, maar dit is maar zelden het uiteindelijke doel. Zuiver beschrijvende hoofdvragen zijn zeldzaam, maar elk onderzoek bevat een aantal beschrijvende deelvragen.

Wanneer komt een beschrijvende vraag dan wel voor? Een beschrijvende vraag is voorbehouden aan onderzoeksdomeinen waarvan nog heel weinig bekend is. Is er bijvoorbeeld een archief geopend, dan zal de eerste stap zijn om te beschrijven wat er in dat archief te vinden is. Is er een nieuwe ziekte gevonden, dan zal men beginnen met beschrijven wat de symptomen zijn. Is er een nieuw land ontdekt, dan zal er eerst geïnventariseerd worden welke kenmerken dit nieuwe gebied heeft. Maar zelfs dán zullen wetenschappers vaak meer willen, bijvoorbeeld het nut van het archief evalueren, de ziekte vergelijken met andere ziektes of nieuwe plant- of diersoorten definiëren.

Wat is erop tegen om een onderzoek beschrijvend te noemen? Er zijn twee redenen om terughoudend te zijn.

In de eerste plaats is een beschrijving lastig, omdat een beschrijving geen einde kent. Het is als schrijven over een onderwerp. Een beschrijvende vraag is vaak niet veel concreter dan: 'Wat is er te vertellen over …?' Bovendien: hoewel je verschijnselen kunt segmenteren in onderdelen, aspecten, fases en dergelijke, kent een beschrijving geen ijzeren logica die van een vraag naar een antwoord leidt. Het is daardoor moeilijker om een goede structuur te vinden waar je houvast aan hebt.

In de tweede plaats is terughoudendheid verstandig, omdat wetenschappers meestal meer willen dan alleen kenmerken op een rijtje zetten. Dat 'meer' vraagt echter om een passende onderzoeksstructuur met meer deelvragen. Als je die in de planfase niet incalculeert, kun je aan het einde niet die uitspraken doen waar je eigenlijk naar op zoek bent – misschien zonder je daarvan bewust te zijn. Dan heb je bijvoorbeeld wel een hele lijst met kenmerken van een ziekte, maar kun je niet zeggen in hoeverre die ziekte gelijkenis vertoont met verwante aandoeningen terwijl je dat eigenlijk wel zou willen. Voor zo'n vergelijking heb je ook de kenmerken nodig van die verwante aandoeningen. De vraag is of je dan nog tijd hebt om die te beschrijven. Kortom: als je uitgaat van een beschrijving, terwijl je eigenlijk een ander doel voor ogen staat, kom je aan het einde in de problemen. Je hebt dan namelijk niet de juiste gegevens verzameld om een andere uitspraak te doen dan een beschrijvende.

Welke vraag past bij een betoog, essay of kritische beschouwing?
Als je scriptie een 'betoog' moet zijn, kan het lastig zijn om een vraagtype te kiezen. Omdat dit vooral voorkomt bij kleinere schrijfopdrachten staat deze kwestie in hoofdstuk 5 (paragraaf 5.4.2, stap 4). Daar vind je uitgelegd hoe dergelijke opdrachten te 'vertalen' zijn in een vraagtype en bijpassende deelvragen. Meestal komt het neer op een evaluatievraag.

Welke vraag past bij ontwikkeling, factor, invloed, rol of verband?
Dit is het beste uit te leggen aan de hand van de deelvragen. Informatie hiervoor vind je dan ook in hoofdstuk 3, paragraaf 3.1.2, stap 3.

STAP 2
Formuleer het begin van de vraag

Maak het jezelf gemakkelijk en maak je onderzoek overzichtelijk: formuleer de vraag zó dat het vraagtype duidelijk naar voren komt, bijvoorbeeld:
- Wil je vergelijken? Begin de vraag dan met: *Wat zijn de overeenkomsten en verschillen tussen …?*
- Wil je verklaren? Begin de vraag dan met: *Wat zijn de oorzaken van …?*
- Wil je tot een advies of ontwerp komen? Begin de vraag dan met: *Wat is een goede manier om … op te lossen?*

STAP 3
Vul het ingeperkte onderwerp in op de puntjes

Tot nu toe heb je alleen nog het vraagtype gebruikt, maar de vraag gaat ook ergens over. Pak de omschrijving van het afgebakende onderwerp erbij en voeg dat toe in de vraag. Levert dit een monstrueuze zin op? Geen nood. Je kunt altijd een beetje knutselen met de formulering om al te veel ophopingen van keuzes (een 'propzin') te voorkomen. De beste remedie is om een aantal elementen uit de vraag te lichten en daar een nieuwe vraag mee formuleren. Bijvoorbeeld:

> Wat zijn de overeenkomsten en verschillen tussen de ontwikkeling van anorexia bij meisjes jonger dan twaalf jaar in verschillende gezinssituaties? Maakt het daarbij verschil of (1) beide ouders fulltime werken, (2) één ouder af en toe door de week thuis is of (3) één ouder altijd thuis is door de week?

2.7 Wat: het antwoord formuleren

2.7.1 Inleiding

Je hebt nu het onderwerp afgebakend en daar een vraag over geformuleerd. De voorlopig laatste stap in het watverhaal is het formuleren van het antwoord. Maar hoe kun je het antwoord formuleren als je het onderzoek nog niet hebt uitgevoerd? Dat kan omdat de afbakening van het onderwerp en de keuze van het vraagtype al heel veel prijsgeven van wat het antwoord gaat worden. En misschien vooral: wat **niet** het antwoord kan zijn op de vraag die je hebt geformuleerd.

2 Het scriptieplan: wat ga je onderzoeken en waarom?

Dat vraag en antwoord sterk samenhangen, is minder een open deur dan je misschien denkt. Met die samenhang is ook weer iets vreemds aan de hand. Vraag je een onderzoeker namelijk welke uitspraak hij aan het einde van zijn onderzoek wil doen, dan blijkt dit vaak niet precies een antwoord te zijn op de vraag die hij gesteld heeft. Het overkomt studenten, maar ook promovendi en gepromoveerden dat vraag en beoogd antwoord niet naadloos op elkaar aansluiten. Dit kan gebeuren doordat de vraag niet precies genoeg geformuleerd is, maar ook doordat die vraag in de loop van de verdere afbakening en precisering veranderd is, terwijl in het hoofd van de onderzoeker het oorspronkelijke antwoord is blijven hangen. Daarom is het goed om je zo concreet mogelijk voor te stellen wat je aan het einde van je onderzoek denkt te kunnen beweren, en om te controleren of de vraag die je geformuleerd hebt je daar ook brengt.

2.7.2 De stappen

De stappen voor het bepalen van het antwoord zijn:
1 Schrijf op wat mogelijke uitkomsten van je onderzoek zijn.
2 Schrijf de conclusie op.
3 Controleer de aansluiting vraag-antwoord.
   3a Controleer de logische aansluiting: het vraagtype
   3b Controleer de inhoudelijke aansluiting: domein en variabelen
   3c Controleer de aansluiting open/gesloten vraag en antwoord

STAP 1
Schrijf op wat mogelijke uitkomsten van je onderzoek zijn

Natuurlijk weet je nog niet precies wat de uitkomsten zijn, maar je kunt wel inventariseren wat voor 'soort uitspraken' je wilt doen. Stel je voor dat je het onderzoek hebt uitgevoerd, wat zou er dan uit kunnen komen? Schrijf dit allemaal op; het mag in telegramstijl.

Een voorbeeld. De voorlopige hoofdvraag is: *In welke mate participeren verschillende migranten in de verschillende sectoren van de arbeidsmarkten in Costa Rica in de periode 1995-heden?* Als je nadenkt over mogelijke uitkomsten, zou dat een rijtje als hieronder op kunnen opleveren:

- Noord-Amerikaanse migranten hebben vaker werk in Costa Rica dan Zuid-Amerikanen.
- Migranten werken vooral in de landbouw en industrie en nauwelijks in de dienstverlenende sector.
- De laatste vijf jaar werken migranten vaker in de toeristische branche.

2.7 Wat: het antwoord formuleren

- Vooral migranten die zowel Engels als Spaans spreken, vinden een baan in Costa Rica.

enzovoort

Als je tot zo'n soort lijst komt, kun je tot de conclusie komen dat er erg veel verschillende antwoorden mogelijk zijn. Dit betekent dat je veel **variabelen** hebt in je onderzoek. Variabelen zijn de elementen uit de vraag waarvan je wilt weten hoe het ermee staat: de precieze waarde van dat element is pas te bepalen als het onderzoek afgerond is en tot die tijd dus nog variabel. Vraag je af of het onderzoeken van al die variabelen haalbaar is, en baken zo nodig het onderwerp verder af.

STAP 2
Schrijf de conclusie op

Stel je voor dat straks je scriptie af is: wat hoop je dan aan het einde te kunnen zeggen? En/of: stel je voor dat er een krantenbericht geschreven wordt over jouw onderzoek, wat zou dan de kop erboven zijn?

STAP 3
Controleer de aansluiting vraag-antwoord

Controleer of de antwoorden en de conclusie naadloos aansluiten op de vraag die je hebt geformuleerd. Een naadloze aansluiting van antwoord op vraag heeft drie aspecten:
1. logische aansluiting;
2. inhoudelijke aansluiting;
3. aansluiting open/gesloten vraag en antwoord.

In alle gevallen waarin je ontdekt dat er iets niet klopt, heb je een probleem op te lossen, maar dat is in principe eenvoudig: pas de vraag aan op de antwoorden of stel je verwachtingen van de uitkomsten bij in de richting van de vraag.

STAP 3a
Controleer de logische aansluiting: het vraagtype

Het uiteindelijke statement moet kloppen bij het type vraag dat je stelt. Als je bijvoorbeeld een verklarende vraag stelt, dan zal de uiteindelijke uitspraak moeten gaan over oorzaken (of factoren, invloeden en dergelijke). Heb je een vergelijkende vraag, dan gaat het antwoord over overeenkomsten en verschillen, enzovoort. Controleer daarom of het antwoord ook geformuleerd is in termen van de hoofdvraag. Is dat niet zo, dan heb je een logisch probleem. Bekijk wat het beste past bij wat je voor ogen hebt met je scriptie. Is dat het antwoord, herformuleer dan de vraag op zo'n manier dat hij logisch klopt met het antwoord. Is dat de vraag, herformuleer dan het antwoord.

Een voorbeeld
Een student schrijft het volgende op:

> **Probleemstelling**
> Is de MMPI-2 valide als deze vragenlijst gebruikt wordt als psychodiagnostisch instrument bij verschillende culturen in de ggz?
>
> **Voorlopig antwoord**
> Na afloop van het onderzoek wil ik kunnen zeggen of de MMPI-2 te gebruiken is als diagnostisch instrument bij allochtonen (of op dezelfde manier te gebruiken is als bij Nederlanders). Zo niet (mijn verwachting), waarom dat niet kan, waar de tekortkomingen liggen (gelden die voor de hele test of voor delen ervan?) en eventueel aanpassingen die gedaan zouden kunnen worden om de test te verbeteren.

Hier klopt iets niet in de logische aansluiting. De vraag is een evaluatie, maar het antwoord geeft ook een verklaring en eigenlijk een ontwerp. Het antwoord bestrijkt meer dan de vraag. Als de student strikt de vraag volgt, zal hij niet uitkomen bij het antwoord dat hij nu formuleert. Daarvoor moet hij namelijk een ontwerpvraag formuleren, bijvoorbeeld: Hoe is de MMPI-2 geschikt te maken als diagnostisch instrument voor allochtonen?

STAP 3b
Controleer de inhoudelijke aansluiting: domein en variabelen

Ook wat betreft het onderwerp moeten de gewenste antwoorden aansluiten op de vraag. Controleer of de onderwerpen van de antwoorden horen bij het onderwerp van de vraag. Door een vergelijking van vraag en mogelijke antwoorden en door beide goed op elkaar af te stemmen, kun je precies definiëren waar het onderzoek over gaat. Dat is toch het doel van de watvraag die hier aan de orde is. Het onderwerp van het onderzoek wordt ook wel het **domein** genoemd. De omschrijving van het domein bevat de volgende elementen:
- de onderzochte eenheid *(unit of analysis)*, bijvoorbeeld: *migranten, metacognitieve vaardigheden, pianosonates van Beethoven*;
- het aantal eenheden: *alle? sommige? tien?*;

2.7 Wat: het antwoord formuleren

- de plaats of het gebied, bijvoorbeeld: *Costa Rica, de linkerarm*;
- de tijd, bijvoorbeeld: *na de Tweede Wereldoorlog, vanaf 2000*.

Alle antwoorden moeten dus binnen dat domein vallen.

De kans op een goede inhoudelijke aansluiting tussen vraag en antwoord wordt een stuk groter als je voor vraag en antwoord zo veel mogelijk dezelfde woorden gebruikt. Het hele idee achter het formuleren van vraag en antwoord is namelijk dat de basis van je onderzoek (en dus je scriptie) niet alleen nauwkeurig beschreven is, maar ook zeer transparant is. Veel academische schrijvers hebben de tegengestelde neiging, namelijk om veel verschillende woorden te gebruiken in hun onderzoeksplannen. Daardoor worden de plannen minder helder en is het moeilijker te controleren of het logisch en inhoudelijk gezien goed op elkaar aansluit.

Een voorbeeld
Een rechtenstudent schrijft het volgende:

Onderwerp
Ruimte in strafrecht om rekening te houden met het cultureel bepaald gedrag winti

Vraagtype
Verklarend

Probleemstelling
Waarom is de ruimte in het strafrecht om rekening te houden met het cultureel bepaald gedrag winti voor de rechter in zijn beoordeling zo beperkt?

Voorlopig antwoord
In strafrecht geldt het recht van de meerdere. Soms moet rekening gehouden worden met recht van mindere, maar niet in geval bij winti. In SR gelden andere zwaarwegende beginselen die andere behandeling bij winti niet toestaan. Ik zal hier motivering rechter aanvoeren + motivering 't Hart + eigen mening.

Bij dit plan zijn wel wat kanttekeningen te maken. De vraag gaat niet precies over het onderwerp (het verschil in lengte valt ook op). Het onderwerp zou eigenlijk moeten zijn: de beperkte ruimte voor de rechter om rekening te houden met ... Kijken we naar verklarend als vraagtype en de vraag zelf, dan rijst twijfel: 'waarom' duidt niet zozeer op een verklaring (hoe komt het) als wel op een reden, een redenering. Kijken we vervolgens naar het antwoord dan blijkt het inderdaad meer te gaan om een redenering: wat zijn de argumenten om geen uitzonderingen te maken voor winti. Logisch gezien is dat meer een evaluatie: de student gaat laten zien dat en waarom het terecht (rechtvaardig, te verdedigen, enzovoort) is dat winti geen uitzonderingspositie hebben.

STAP 3c
Controleer de aansluiting open/gesloten vraag en antwoord

Het derde aspect van een naadloze aansluiting tussen vraag en antwoord gaat over wat er wel en niet bekend is over je onderwerp. Anders gezegd: wat je beschouwt als een gegeven en wat nog onbekend voor je is. Ook op die manier kun je je vraag scherper formuleren.

Hoe minder je weet, hoe opener de vraag zal zijn en hoe minder je je onderzoek kunt plannen. Als je iets onderzoekt wat nog niet eerder is onderzocht, dan moet dat onderwerp eerst geëxploreerd worden. De onderzoeker heeft een open blik, gaat kijken wat er te zien is en formuleert een daarbij passende open vraag als: *Wat gebeurt er tijdens scriptiegesprekken?* Of: *Welke rituelen komen voor bij de stammen in het zuidoosten van Congo?*

Veel vaker gebeurt het dat je aansluiting zoekt bij een domein waarin eerder onderzoek is gedaan. Er is dan wel iets bekend over je onderwerp en wat bekend is, hoef je niet meer te onderzoeken (anders is de vraag niet relevant; daarover verderop meer). Deze kennis 'neem je mee' in je vraag en daarmee kun je je vraag preciezer formuleren. Je kunt literatuur dus ook gebruiken om je vraag te preciseren.

Een voorbeeld

Twee studenten pedagogiek willen onderzoek doen naar hoogbegaafde kinderen in het basisonderwijs. Er is een rekenprogramma dat mogelijkheden biedt voor extra opdrachten voor deze kinderen. De studenten willen kijken hoe dit werkt, maar de literatuur biedt aanknopingspunten om verwachtingen te formuleren. Waarschijnlijk zal de methode er vooral toe leiden dat hoogbegaafde leerlingen meer gemotiveerd raken en beter problemen kunnen oplossen. De grote vraag 'Hoe werkt het rekenprogramma?' is op basis daarvan toegespitst tot:

Verbetert het rekenprogramma de motivatie en het probleemoplossend vermogen van Nederlandse hoogbegaafde kinderen in de groepen 5 tot en met 8 van de basisschool?

Deze vraag geeft veel meer richting aan het onderzoek dan een grote vraag als *Wat werkt goed bij hoogbegaafde kinderen in het basisonderwijs?* Een meer ingevulde vraag verhoogt daarom de kans op een efficiënt scriptieproces.

De centrale vraag wordt ergens geformuleerd op het continuüm van 'zeer open' tot 'zeer gesloten'. Aan het einde van dat spectrum staat de hypothese waarvan je toetst of zij waar of niet waar is, zoals in het voorbeeld over het rekenprogramma. Kom je uit op zo'n ja/nee-vraag, ga dan na of je ook tevreden bent met een 'ja' of 'nee' als antwoord. Ben je dat niet, dan moet je de vraag iets opener formuleren, bijvoorbeeld met vraagwoorden als *In welke gevallen* of *In welke mate*. Met een scherpe scheiding tussen bekend (vraag) en onbekend (antwoord) maak je ook voor jezelf helder waar je naar op zoek bent in je onderzoek.

2.8 Ter afsluiting van de watvraag

In de voorgaande paragrafen zijn de stappen besproken voor het afbakenen van het onderwerp, het kiezen van een vraagtype en het expliciteren van de verwachte uitkomsten. Op de website vind je onder de knop 'Formuleren' een formulier dat je kunt gebruiken om het 'wat' voor jouw opdracht in te vullen. Daar staan ook controlevragen bij. Steeds, maar vooral bij de laatste stap, is het belangrijk dat alles met elkaar klopt. De vraag moet over het onderwerp gaan en de antwoorden moeten betrekking hebben op dat onderwerp en op het vraagtype. Hiermee heb je de 'as' van het planplaatje uitgewerkt en ervoor gezorgd dat de dubbelzijdige pijlen ook kloppen.

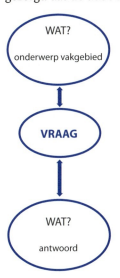

De as van het planplaatje

Over die strakke verbindingen nog één opmerking; deze heeft te maken met de omschrijving van de 'omvang' van het onderwerp. Waar het antwoord (de conclusie) over gaat, hoeft niet precies hetzelfde gebied (domein) te zijn als het gebied dat je feitelijk onderzoekt: je ondervraagt bijvoorbeeld duizend fulltime werkende vrouwen met kleine kinderen en daarmee wil je iets zeggen over alle fulltime werkende vrouwen met kleine kinderen (in Nederland). Je onderzoekt dan een selectie of een steekproef uit de totaalverzameling waarover je wat wilt zeggen, bijvoorbeeld omdat je daarmee al een goed beeld krijgt van de hele verzameling. Het feitelijk onderzochte domein is dan kleiner dan het domein waarover je iets kunt zeggen aan het einde van het onderzoek.

2.9 Waarom: reden, relevantie, doelstelling

2.9.1 Inleiding

Als je een bepaalde vraag wilt onderzoeken, moet daar een goede reden voor zijn. In de wetenschap doen we niets 'zomaar': een onderzoek moet iets nuttigs opleveren, relevant zijn. Behalve de zojuist gebruikte woorden 'reden', 'nut' en 'relevant', kom je termen tegen als 'belang' en 'doelstelling'. Heeft een onderzoek belang voor de praktijk, dan noemen we dat 'praktische relevantie', het belang voor de theorie heet 'theoretisch'. Soms noemt men dat ook 'wetenschappelijk', maar dat suggereert ten onrechte dat een praktisch belang niet wetenschappelijk is.

Lees of hoor je over het formuleren van de 'doelstelling', dan kunnen daar verschillende dingen mee bedoeld worden. Bijvoorbeeld het formuleren van:

- de uitkomst, het directe resultaat van het onderzoek (bijvoorbeeld: *inzicht geven in ...*);
- een verder liggend doel dat bereikt kan worden door middel van de uitkomst van het onderzoek (bijvoorbeeld: *inzicht in ... genereert ideeën over ...*);
- een volledige redenering waarin het belang van het onderzoek omschreven wordt (bijvoorbeeld: *inzicht in ... genereert ideeën over... dit is van belang omdat ...*).

Ga dus na wat er op dit gebied van je verwacht wordt.

Welke begrippen ook gebruikt worden, bij academische schrijfopdrachten zijn het uiteindelijk de vakgenoten die bepalen of een onderzoek relevant is. Onderzoek moet van belang zijn **binnen een bepaald vakgebied**. Dit is een uitgesproken academische eis: de wetenschap verlangt dat een onderzoeksvraag te plaatsen is binnen de *body of knowledge* van een of meer disciplines. Hier raakt de relevantie aan het plaatsen van het onderwerp in het vakgebied

2.9 Waarom: reden, relevantie, doelstelling

(zie paragraaf 2.5). Als academisch student ben je geen eenling die zich met een geïsoleerd probleem bezighoudt, maar een aankomend psycholoog, fysicus, historicus, jurist (enzovoort) die een vraag beantwoordt die binnen het vakgebied van de psychologie, natuurkunde, geschiedenis, rechtsgeleerdheid (enzovoort) als een belangrijke vraag wordt gezien. Daarom moet je weten welke plek het te onderzoeken probleem inneemt in je discipline: op welke manier sluit het onderzoeksprobleem (de centrale vraag) aan bij welke relevante onderzoeksgebieden, stromingen, thema's, theorieën en richtingen uit jouw vakgebied?

Dat de vraag duidelijk binnen het vakgebied valt is een soort randvoorwaarde voor relevantie. Is daaraan voldaan, dan gelden nog drie eisen. Als je kunt aantonen dat het onderzoek aan die drie eisen voldoet, heb je reden genoeg om de vraag te gaan onderzoeken. In de stappen voor het beredeneren van de relevantie vind je die drie eisen.

2.9.2 De stappen

De stappen voor het beschrijven van de relevantie zijn:
1. Toon aan dat de vraag nog niet (afdoende) beantwoord is.
2. Toon aan dat het antwoord gewenst is.
3. Toon aan dat de inspanningen de moeite lonen.

STAP 1
Toon aan dat de vraag nog niet (afdoende) beantwoord is

Als een vraag nog niet beantwoord is, is er sprake van een kennisprobleem. Een kennisprobleem kan bijvoorbeeld zijn:
- een hiaat (we weten niet …);
- een tegenstrijdigheid (de ene onderzoeker zegt x, de ander zegt y);
- een discrepantie (de theorie voorspelt a, in de werkelijkheid zie je b).

Je moet als onderzoeker aantonen dat het kennisprobleem bestaat. Het kan zijn dat een gerenommeerde wetenschapper recentelijk heeft laten zien dat je vraag onbeantwoord is, maar vaker komt het voor dat je zelf een systematisch literatuuronderzoek moet doen om zeker te weten of niet iemand jouw vraag al (afdoende) onderzocht heeft. Dit literatuuronderzoek is onderdeel van de planfase, omdat je het nodig hebt voor het formuleren van een relevante vraag.

Om erachter te komen of jouw vraag al beantwoord is, ga je zoeken wat er over het onderwerp van je vraag geschreven is. Zo'n zoektocht is voor ieder vakgebied verschillend. Daarom hier alleen enkele algemene aanwijzingen:

- Gebruik de zoekmachines en zoeksystemen die bij jouw discipline horen.
- Zoek vooral naar literatuurreviews en zo mogelijk specifieke reviewtijdschriften; dan krijg je het snelst een overzicht van het onderzoek.
- Zoek op woorden uit je voorlopige onderwerp; perk in als je te veel hits krijgt.
- Zoek op auteur als er op jouw terrein sprake is van enkele zeer gerenommeerde onderzoekers.
- Vind je het antwoord op je vraag, kijk dan welke nieuwe vragen dat oproept en zoek dan weer verder.

Nog enkele tips
- Zoek vooral naar recente literatuur; anders weet je nog niet 'zeker' dat je vraag nog niet beantwoord is.
- Lees selectief en doelgericht: ga de artikelen niet van begin tot eind bestuderen en samenvatten. Vooralsnog ben je aan het kijken of het onderwerp zich leent voor een scriptie: je bent op zoek naar een vraag en nog niet naar een antwoord.
- Leg vast hoe je gezocht hebt (zoeksystemen en zoektermen).
- Leg vast welke 'bewijzen' je hebt gevonden voor het kennisprobleem.
- Noteer alle gegevens van bronnen die bruikbaar lijken; die gegevens heb je straks nodig voor de bibliografie en misschien wil je een artikel in een later stadium nog eens nauwkeuriger nalezen.
- Overleg je bevindingen met je begeleider; die kan bekijken of je voldoende vakpublicaties bestreken hebt.

Als je op deze manier aantoont dat je vraag nog niet beantwoord is, krijg je meteen ook overzicht van wat er wél onderzocht is over je onderwerp. Wat weten we wel? Waarover is wel overeenstemming? In welke opzichten komen theorie en werkelijkheid wel overeen? Deze informatie kun je gebruiken als je 'het verhaal van de relevantie' gaat schrijven. Hier raakt de relevantie wederom aan de reconstructie van de afbakening (paragraaf 2.5), omdat je uitzoekt hoe het onderwerp past binnen het onderzoek in jouw vakgebied.

STAP 2
Toon aan dat het antwoord gewenst is

Het antwoord (en dus het stellen van de vraag) is gewenst als die nieuwe kennis positieve gevolgen heeft; als daarmee een probleem kan worden opgelost en/of een doel kan worden bereikt. Dit probleem kan zowel theoretisch als praktisch zijn. Meestal bestaat een relevantieredenering uit een keten van problemen of doelen, bijvoorbeeld:

2.9 Waarom: reden, relevantie, doelstelling

We weten nog onvoldoende over hoe het komt dat bepaalde onderwerpen ineens op de politieke en publieke agenda komen en hoe vervolgens de publieke opinie verandert. Daardoor is het niet goed mogelijk om de publieke opinie te beïnvloeden, en daardoor lukt het niet om de Nederlanders uit hun auto te krijgen. En dat is wel nodig om de uitstoot van CO_2 te beperken (of het fileprobleem op te lossen). Daarom doe ik onderzoek naar de manier waarop onderwerpen in de algemene belangstelling komen te staan.

Voor het ontwikkelen van zo'n soort redenering, kun je de volgende 'formule' hanteren:

Als we weten wat/hoe ... [centrale vraag]
   Dan weten we ...
      En dan weten/kunnen we ...
         En dat is gewenst omdat we dan ... [probleem x kunnen oplossen]
            En dat is belangrijk omdat ...

Het voordeel voor jezelf als onderzoeker is dat je ook een helder beeld schetst van waar je onderzoek toe moet leiden. Tijdens de uitvoering van het onderzoek heb je daarmee steeds een houvast om te controleren of elke stap je inderdaad dichter bij dat doel brengt.

STAP 3
Toon aan dat de inspanningen de moeite lonen

Of iets de moeite waard is, is een kwestie van het afwegen van kosten en baten. Kosten bestaan niet alleen uit geld, maar ook uit de tijd die nodig is om het onderzoek uit te voeren en te begeleiden. Deze kosten moeten opwegen tegen de baten: dat wat het onderzoek oplevert. Die opbrengst heb je bij de vorige stap in kaart gebracht, maar de kosten zul je pas goed kunnen inschatten als je weet hoe je het onderzoek gaat aanpakken. Enig idee van de strategie is dus nodig (zie hoofdstuk 3). Anderzijds zal bij de keuze van de strategie de te verwachten opbrengst een rol moeten spelen. Op dit punt komen beide criteria dus heel dicht bij elkaar.

// Ook voor de invulling van deze stappen vind je een formulier op de website (onder de knop 'Formulieren').

3 Het scriptieplan: hoe ga je antwoord vinden op de vraag?

3.1 Hoe: logische deelvragen bepalen
 3.1.1 Inleiding
 3.1.2 De stappen
 - Stap 1 Pak de hoofdvraag erbij en bepaal wat het vraagtype is
 - Stap 2 Zoek het betreffende schema met deelvragen en vul jouw onderwerp(en) in die vragen in
 - Stap 3 Maak zo nodig een vertaalslag van de begrippen in de vraag
 - Stap 4 Rafel zo nodig complexe vragen uiteen

3.2 Hoe: deelvragen concretiseren voor het onderwerp
 3.2.1 Inleiding
 3.2.2 De stappen
 - Stap 1 Markeer alle belangrijke begrippen (variabelen) uit de deelvragen
 - Stap 2 Bedenk bij elk begrip hoe dit te concretiseren is
 - Stap 3 Concretiseer parallelle deelvragen op dezelfde manier
 - Stap 4 Controleer de verdelingen in de literatuur
 - Stap 5 Ontwerp zo nodig een vooronderzoek

3.3 Hoe: onderzoeksmethodes bepalen
 3.3.1 Inleiding
 3.3.2 De stappen
 - Stap 1 Werk per deelvraag
 - Stap 2 Zoek uit of het antwoord op de deelvraag al ergens ligt te wachten
 - Stap 3 Inventariseer welke methodes mogelijk zijn in jouw vakgebied
 - Stap 4 Bekijk wat de methode oplevert
 - Stap 5 Bekijk wat de methode kost
 - Stap 6 Maak een keuze en overleg die met je begeleider

3.4 Ter afsluiting van de hoevraag

3 Het scriptieplan:
hoe ga je antwoord vinden op de vraag?

3.1 Hoe: logische deelvragen bepalen

3.1.1 Inleiding

In het vorige hoofdstuk zijn het 'wat' en 'waarom' van het onderzoek aan de orde geweest. De laatste vraag die beantwoord moet worden in het onderzoeksplan, is: hoe ga je dat onderzoeken? Hoe kom je van vraag naar antwoord? De eerste stap is om de hoofdvraag op te splitsen in deelvragen. Het geheel van deelvragen noemen we ook wel 'het boodschappenlijstje' van het onderzoek. Je bepaalt ermee wat je nodig hebt om antwoord te geven op de hoofdvraag; alsof je de ingrediënten op een rijtje zet voor een etentje. De functie is ook vergelijkbaar. Zou je proberen je hoofdvraag in één keer te beantwoorden, dan is dat als zomaar naar de winkel gaan en alles kopen wat je lekker vindt. Hoe verrassend en vernieuwend het resultaat misschien ook mag zijn, het bereiden van de maaltijd zal minder soepel verlopen dan wanneer je precies weet waarvoor je alles nodig hebt. Bovendien kan het haast niet anders of je houdt etenswaren over die je weg moet gooien omdat ze nergens bij passen. Met een goed doordachte onderzoeksstructuur bepaal je vooraf precies wat je in huis moet halen en waarvoor je die ingrediënten gaat gebruiken.

Gaat het hier over de inhoudsopgave?
Nee, dit hoofdstuk gaat nog niet over de onderdelen van de tekst, maar alleen over de deelvragen voor het onderzoek. Soms wordt gesuggereerd om meteen na het formuleren van de hoofdvraag een inhoudsopgave te maken. Dit gebeurt vanuit de gedachte dat de structuur van de scriptie (de structuur van de tekst) identiek is aan de structuur van het onderzoek. Dit gaat in veel gevallen op, maar een scriptie bevat meer informatie dan strikt genomen noodzakelijk is om de probleemstelling te beantwoorden. Denk maar aan inleidende hoofdstukken waarin de context van een probleem of de theoretische stand van zaken wordt uiteengezet. Nu is het zo dat dergelijke inleidende hoofdstukken nogal eens 'uit de hand lopen' omdat de schrijver niet helder voor ogen heeft waartoe die hoofdstukken dienen; het zijn losse stukken tekst met allerlei informatie. Dit kun je voorkomen door eerst in kaart te brengen wat het onderzoek precies inhoudt en pas daarna een hoofdstukindeling te maken. Daarom nemen we eerst een **onderzoekers**perspectief in en pas in tweede instantie een **schrijvers**perspectief. Zie voor dat laatste paragraaf 4.1.

3 Het scriptieplan: hoe ga je antwoord vinden op de vraag?

Criteria voor goede deelvragen

Bij het bepalen van logische deelvragen gaat het om het ontwerpen van een efficiënte structuur voor je onderzoek. Zo'n structuur bevat:
1. alle deelvragen die nodig zijn voor het uiteindelijke antwoord;
2. alleen die vragen die nodig zijn voor het uiteindelijke antwoord.

Het handige van de zeven vraagtypen (paragraaf 2.6) is dat je alleen al op basis van het vraagtype een aantal deelvragen kunt afleiden. Daar beginnen we dus mee.

3.1.2 De stappen

De stappen voor het bepalen van logische deelvragen zijn:
1. Pak de hoofdvraag erbij en bepaal wat het vraagtype is.
2. Zoek het betreffende schema met deelvragen en vul jouw onderwerp(en) in die vragen in.
3. Maak zo nodig een vertaalslag van de begrippen in de vraag.
4. Rafel zo nodig complexe vragen uiteen.

Omdat dit onderdeel (hoofdvraag opsplitsen in deelvragen) niet alleen cruciaal is voor een efficiënt scriptieproces, maar ook het meest ingewikkeld, is de uitleg over de deelvragen bij verschillende vraagtypen vrij uitgebreid. Hieronder volgen de vragensets voor de zeven typen hoofdvragen. Daarmee kun je een eerste verdeling in deelvragen maken. Mocht dat nog niet helemaal lukken, dan kun je aan het einde tips vinden voor vertaalslagen en uiteenrafelingen.

STAP 1
Pak de hoofdvraag erbij en bepaal wat het vraagtype is (zie paragraaf 2.6.2)

Als je volgens de eerder gegeven procedure een hoofdvraag hebt geformuleerd, kun je daaraan zien wat voor type vraag dat is. Het begin van de vraag maakt, als het goed is, duidelijk of het gaat om een beschrijving, vergelijking, enzovoort. Weet je nog niet welk vraagtype het is, dan kun je het ook omdraaien: je kijkt wat er nodig is om een bepaald antwoord te geven en vergelijkt dat met de vraagtypen en de schema's hieronder.

Een voorbeeld. Je denkt aan het eind van je onderzoek een uitspraak te kunnen doen als: *Noord-Amerikaanse migranten hebben vaker werk in Costa Rica dan Zuid-Amerikanen*. Als een vergelijkende trap in het antwoord centraal staat (*vaker*), is het aannemelijk dat het een vergelijkingsvraag is. Kijk je vervolgens naar de deelvragen die je nodig hebt om een uitspraak als hierboven te kunnen doen, dan zijn dat:

3.1 Hoe: logische deelvragen bepalen

1 Hoeveel Noord-Amerikanen hebben werk in Costa Rica?
2 Hoeveel Zuid-Amerikanen hebben werk in Costa Rica?
3 Wat is het verschil tussen 1 en 2?

Je zult deze vragen straks herkennen in het schema voor de vergelijking.

STAP 2
Zoek het betreffende schema met deelvragen en vul jouw onderwerp(en) in die vragen in

De schema's voor de verschillende vraagtypen vind je hieronder. Het is de bedoeling dat je het verschijnsel dat jij wilt gaan onderzoeken invult in die deelvragen. Onderweg vind je daar ook voorbeelden van. Het gaat hierbij om een eerste verdeling van de hoofdvraag in deelvragen. Het concretiseren en verder opdelen van (deel)vragen en begrippen komen aan de orde in paragraaf 3.2.

1 Beschrijven
Het eerste vraagtype, de beschrijving, is meteen het buitenbeentje. Het kwam al eerder aan de orde: een beschrijving heeft in zichzelf geen logica; het is meer een optelsom. Het einde van een beschrijving kan niet veel anders zijn dan een samenvatting van de beschreven kenmerken. Een beschrijvende hoofdvraag splitsen in deelvragen houdt in dat je verschillende beschrijvende vragen onderscheidt, bijvoorbeeld:

Beschrijving
1 Wat zijn de kenmerken van verschijnsel a1?
2 Wat zijn de kenmerken van verschijnsel a2?
3 Wat zijn de kenmerken van verschijnsel a3?
→ **Wat kunnen we dus zeggen over de kenmerken van verschijnsel a?**

Wat je bij een beschrijving moet doen om tot deelvragen te komen, is het onderwerp (het verschijnsel dat je onderzoekt) opdelen in bijvoorbeeld elementen (ruimtelijk), aspecten of fases (chronologisch). Het hangt van het verschijnsel af wat een logische verdeling is; daar kunnen we verder niet veel over zeggen. Soms biedt het vakgebied 'standaardlijstjes', bijvoorbeeld voor de beschrijving van een medische aandoening (symptomen, morbiditeit, oorzaken of iets dergelijks). Het is dus verstandig om voorbeelden te zoeken uit jouw vakgebied. Niet alleen als je een beschrijvende hoofdvraag hebt, maar vooral ook omdat vrijwel elk onderzoek beschrijvende deelvragen heeft. Zie paragraaf 3.2 over de concretisering van de deelvragen.

2 Vergelijken

Vergelijken is net als beschrijven een basisvorm in onderzoek. Zoals elk onderzoek beschrijvingen kent, bevatten de meeste onderzoeken ook vergelijkingen. Bij vraagtype 2 gaat het om een 'zuivere vergelijking': de onderzoeker wil **alleen** overeenkomsten en verschillen beschrijven. De basisvorm van de vergelijking ziet er als volgt uit:

Vergelijking
1. Wat zijn de kenmerken van verschijnsel a?
2. Wat zijn de kenmerken van verschijnsel b?
   (Wat zijn de kenmerken van verschijnsel c, d, enzovoort?)
3. Wat zijn de overeenkomsten tussen a en b?
   (Wat zijn de overeenkomsten tussen a en c, b en c, d, enzovoort?)
4. Wat zijn de verschillen tussen a en b?
   (Wat zijn de verschillen tussen a en c, b en c, d, enzovoort?)
→ **Wat kunnen we dus zeggen over de mate waarin de verschijnselen op elkaar lijken?**

Deze basisvorm is op zichzelf heel eenvoudig en dat is ook het nut ervan: als deze structuur duidelijk te herkennen is, heeft je onderzoeksstrategie een solide basis. Als je een vergelijkende vraag hebt, moet je invullen wat jouw verschijnselen a, b, enzovoort zijn.

3 Definiëren

Als je een definiërende vraag stelt, dan wil je aan het einde een uitspraak doen over de mate waarin een verschijnsel binnen een bepaalde klasse hoort. Bijvoorbeeld de bioloog of botanicus die een nieuwe plant wil definiëren als een bepaalde soort plant, de psycholoog die onderzoekt of ADHD een persoonlijkheidsstoornis is, of de theaterwetenschapper die analyseert of een toneelstuk absurdistisch is. Bij een definiërende vraag vergelijk je het te definiëren verschijnsel met een klasse of soort. De basisvorm is:

Definiëring
1. Wat zijn de kenmerken van de klasse? (Wanneer noemen we iets …?)
2. Hoe weeg je deze kenmerken?
3. Wat zijn de kenmerken van verschijnsel a?
4. Wat zijn de overeenkomsten tussen de klasse en verschijnsel a?
5. Wat zijn de verschillen tussen de klasse en verschijnsel a?
→ **Wat kunnen we dus zeggen over de mate waarin het verschijnsel behoort tot de klasse?**

3.1 Hoe: logische deelvragen bepalen

In de basisvorm is een extra vraag toegevoegd ten opzichte van het schema voor een vergelijking, namelijk een vraag over de weging. Dit is te illustreren met een voorbeeld. Stel dat je de vraag wilt beantwoorden of oud-premier Joop den Uyl in zijn tijd een ware sociaaldemocraat was. Dan is de eerste deelvraag: wat zijn de kenmerken van een ware sociaaldemocraat ten tijde van Joop den Uyl? Daar komt een lijstje met kenmerken uit. Het feit dat je de vraag stelt, betekent dat er twijfel is (anders is er misschien niet zoveel reden voor de vraag); je houdt dus rekening met de mogelijkheid dat Den Uyl niet aan alle kenmerken voldoet. Wat als dat inderdaad zo blijkt te zijn? Kan het onderzoek bij de eerste 'mismatch' als afgerond beschouwd worden, omdat daarmee is bewezen dat Den Uyl geen ware sociaaldemocraat was? Of ligt het genuanceerder? Zo ja, moet hij dan aan een meerderheid van de kenmerken voldoen en/of zijn bepaalde kenmerken essentieel of zwaarder wegend dan andere? Over dit soort vragen moet je vooraf goed nadenken.

4 Evalueren

Bij een evaluatie gaat het erom een uitspraak te doen over de waarde van een verschijnsel: over de positieve en/of negatieve aspecten ervan. De basisvorm lijkt erg op die van de definiëring. Je komt namelijk tot een oordeel door het te onderzoeken verschijnsel te vergelijken met een norm. Komt het in hoge mate overeen met de norm dan is het positief, zijn er veel verschillen dan is het oordeel negatief. Is de norm iets negatiefs (als je bijvoorbeeld wilt uitzoeken hoe ernstig een probleem is), dan is de redenering omgekeerd: komt het in hoge mate overeen met de norm dan is het negatief, zijn er veel verschillen dan is het oordeel positief. Een evaluatie begint daarom altijd met de vraag welke kenmerken het te onderzoeken verschijnsel moet hebben om een bepaald oordeel te krijgen. Bijvoorbeeld: wat zijn de kenmerken van een rechtvaardige wet, van een goed onderzoek, van een effectieve manier van lesgeven, enzovoort.

> **Evaluatie**
> 1 Wat zijn de kenmerken van de norm? (Wanneer noem je iets …?)
> 2 Hoe weeg je deze kenmerken?
> 3 Wat zijn de kenmerken van verschijnsel a?
> 4 Wat zijn de overeenkomsten tussen de norm en verschijnsel a?
> 5 Wat zijn de verschillen tussen de norm en verschijnsel a?
> → **Wat kunnen we dus zeggen over de waarde van het verschijnsel?**

Een voorbeeld maakt misschien duidelijk hoe dat eruit kan zien. Je wilt bekijken of het wenselijk is dat een bepaalde Amerikaanse wet ook in Nederland ingevoerd wordt. Dan heb je een evaluerende vraag, vanwege het waardebegrip 'wenselijk'.

Het ingevulde basisschema ziet er dan als volgt uit:

1. Wanneer noem je (de invoering van) een wet wenselijk?
2. Hoe weeg je deze kenmerken? (Zijn de criteria voor wenselijkheid allemaal even belangrijk?)
3. Wat zijn de kenmerken van de Amerikaanse wet?
4. Wat zijn de overeenkomsten tussen de kenmerken van de wenselijkheid en die van de Amerikaanse wet?
5. Wat zijn de verschillen tussen de kenmerken van de wenselijkheid en die van de Amerikaanse wet?

→ **Wat kunnen we dus zeggen over de wenselijkheid van invoering van de Amerikaanse wet?**

5 Verklaren

Beschrijvingen, vergelijkingen, definiëringen en evaluaties hebben relatief eenvoudige basispatronen. Bij de volgende drie vraagtypen (verklaringen, voorspellingen en ontwerpen) ligt het iets ingewikkelder. We beginnen met de verklaring. Als je iets wilt verklaren, moet je heel goed nadenken over de vraag op basis waarvan je een verschijnsel zou kúnnen verklaren. In het dagelijks leven gaan we daar gemakkelijk mee om: 'Geen wonder dat Piet zakt voor zijn tentamens; hij leert niet hard genoeg'; 'Veel Limburgers hebben op de PVV gestemd omdat ze zich niet "gezien" voelen door de protestantse Zeeuw Balkenende'; 'De opwarming van de aarde wordt veroorzaakt door de mens'; 'Het Nederlands elftal had toch te weinig technische kwaliteit om de wereldbeker te winnen'. In de wetenschap echter wordt zeer kritisch gekeken naar verklaringen; je moet met goede bewijzen of argumenten komen. Wat 'goed' is, verschilt per vakgebied. Als je een verklarende vraag wilt stellen, bekijk dan ook met je begeleider wat binnen jullie vakgebied goede verklaringsstrategieën zijn.

Drie vormen van verklaring kom je regelmatig tegen in academisch onderzoek:
- verklaring uit de literatuur;
- theoretische verklaring;
- empirische verklaring.

a Verklaring uit de literatuur

Als je iets wilt verklaren kun je in de literatuur gaan zoeken naar verklaringen, maar de vraag is: verklaar je dan zelf? Nee, je beschrijft de verklaring van iemand anders. Het is dan een beschrijving. Misschien ook vergelijk je verschillende theorieën met elkaar of beschouw je die verklaring(en) kritisch: hoe deugdelijk zijn ze? In het laatste geval is er sprake van een evaluatie en kun je de basisvorm van de evaluatie gebruiken: de verklarende theorie is dan het verschijnsel dat geëvalueerd wordt. Uitgewerkte voorbeelden hiervan vind je in hoofdstuk 5, over kleine schrijfopdrachten. Als je kijkt naar wat de onderzoeker doet bij verklaring uit de literatuur, is het dus eigenlijk niet echt een verklaring.

b Theoretische verklaring

Bij deze vorm van verklaren vergelijk je het verschijnsel dat je onderzoekt met een verklarende theorie. Deze vorm van verklaren kun je toepassen als je de beschikking hebt over algemenere theorieën die verschijnselen verklaren die lijken op die van jouw onderzoek. Een voorbeeld: *Geen wonder dat Piet zakt voor zijn tentamens; hij leert niet hard genoeg.* Wil je dit idee theoretisch onderbouwen, dan kun je op zoek gaan naar een theorie die iets zegt over oorzaken van studieresultaat. Zegt die theorie iets over 'hard leren'? Dan kun je vervolgens kijken in hoeverre alle onderdelen van de theorie lijken op het verschijnsel dat jij gaat verklaren. In dit geval zouden relevante kenmerken bijvoorbeeld kunnen zijn: gaat de theorie over het soort onderwijs dat Piet volgt?; over het soort tentamen dat Piet moet doen?; zijn er nog andere factoren volgens deze theorie?; zijn alle condities waaronder een verband gevonden is tussen hard leren en tentamens halen gelijk aan die in 'casus Piet'?

Vanwege dit soort overwegingen is het volgende vergelijkingsschema bruikbaar voor een verklaring op basis van theorie:

Verklaring op basis van theorie
1. Wat stelt de theorie over de kenmerken van oorzaken (x) en gevolgen (y)?
2. Wat zijn de kenmerken van de omstandigheden x' en het te verklaren verschijnsel y'?
3. Op welke punten komen x' en y' overeen met wat de theorie stelt?
4. Op welke punten verschillen x' en y' met wat de theorie stelt?
→ **Wat kunnen we dus zeggen over x' als mogelijke oorzaak van y'?**

c Empirische verklaring

Bij een empirische verklaring probeer je aan te tonen dat twee verschijnselen niet alleen samengaan ('correleren'), maar ook in een oorzakelijk verband tot elkaar staan, wat wil zeggen dat het ene verschijnsel het andere veroorzaakt. Het verschil met de theoretische verklaring is dat jij zelf de 'theorie' ontwikkelt. En dat is niet eenvoudig als het een wetenschappelijk verantwoorde verklaring moet zijn.

Een voorbeeld van de redenering bij een empirische verklaring: *Na de zomer zijn de mensen bruiner dan voor de zomer; hoe komt dat?* Dan moet er in de tussentijd (tussen voor en na de zomer) iets veranderd zijn dat bruinheid kan veroorzaken. Een hypothese kan dan zijn: mensen zijn na de zomer bruiner dan voor de zomer, doordat hun lichaam in de zomer meer aan zonlicht blootgesteld is dan voor de zomer, en van zon worden mensen bruin.

Wil je deze hypothese toetsen dan moet je weten:

1 Hoeveel zonlicht heeft het menselijk lichaam gehad voor de zomer en hoe bruin is de mens dan?
2 Hoeveel zonlicht heeft het menselijk lichaam gehad na de zomer en hoe bruin is de mens dan?
3 Wat zijn de verschillen (en overeenkomsten) tussen het zonlicht voor en na de zomer?
4 Wat zijn de verschillen (en overeenkomsten) tussen de bruinheid van de mensen voor en na de zomer?
5 In hoeverre gaan verschillen (en overeenkomsten) tussen zonlicht en bruinheid samen? (Zijn er vergelijkbare verschillen gevonden bij vraag 3 en 4?)

De basisvorm van een empirische vergelijking is dan:

Verklaring op basis van empirie
1 Wat zijn de kenmerken van x en y op tijdstip 1?
2 Wat zijn de kenmerken van x en y op tijdstip 2?
3 Wat zijn de overeenkomsten en verschillen tussen x t1 en y t1?
4 Wat zijn de overeenkomsten en verschillen tussen x t2 en y t2?
5 In hoeverre gaan overeenkomsten en verschillen tussen x t1 ↔ y t1 en x t2 ↔ y t2 samen?
→ **Wat kunnen we dus zeggen over de mate waarin x de oorzaak kan zijn van y?**

Bij een empirische verklaring moet je dus het samengaan van twee verschijnselen aantonen die verschillende waarden aannemen of kunnen aannemen. Deze verschijnselen worden daarom vaak 'variabelen' genoemd. Bij een verklaring neem je aan dat de ene variabele bepalend is voor de waarde van de andere: de andere hangt dan van de ene af en heet daarom de afhankelijke variabele. De oorzaak noemen we de onafhankelijke variabele. (Een ezelsbruggetje om de twee uit elkaar te houden: o=o; oorzaak = onafhankelijke variabele.)

Maar het samengaan van verschijnselen is niet voldoende om te kunnen spreken van een oorzakelijk verband. De onafhankelijke variabele moet ook echt een verklaring vormen van het verschijnsel. Een extra vraag is daarom altijd: kunnen andere variabelen ook voor het effect gezorgd hebben? Of ligt er misschien een andere oorzaak ten grondslag aan het verband?

Weer een voorbeeld, dat bij de studie Nederlands in Utrecht veel gebruikt werd om het verschil te illustreren tussen een correlatie (samengaan) en causatie (oorzakelijk verband): *Als er meer ijsjes verkocht worden, zijn er significant meer verdrinkingsgevallen. IJsjes zijn dus levensgevaarlijk.* Dit is een rare redenering; we weten dat ijsjes niet gezond zijn, maar levensgevaarlijk? De verklaring voor de toename van het aantal verdrinkingsgevallen zit hem dan ook niet direct in de ijsjesconsumptie, maar heeft te maken met een onderliggende factor: hoge temperaturen. Als het warm is eten mensen meer ijsjes, maar wordt er ook meer gezwommen. Dat laatste leidt ertoe dat meer mensen verdrinken. Een samengaan van variabalen (correlatie) betekent dus niet automatisch een oorzakelijk of causaal verband (causatie).

De uitgebreide vorm voor een empirische verklaring is dan ook de volgende:

Verklaring op basis van empirie
1 Wat zijn de kenmerken van x en y op tijdstip 1?
2 Wat zijn de kenmerken van x en y op tijdstip 2?
3 Wat zijn de overeenkomsten en verschillen tussen x t1 en y t1?
4 Wat zijn de overeenkomsten en verschillen tussen x t2 en y t2?
5 In hoeverre gaan overeenkomsten en verschillen tussen x t1 ↔ y t1 en x t2 ↔ y t2 samen?
6 Zijn er andere oorzaken mogelijk?
7 Is ook op inhoudelijke gronden aannemelijk dat x de oorzaak is van y?
→ **Wat kunnen we dus zeggen over de mate waarin x de oorzaak kan zijn van y?**

Uiteindelijk zul je dus ook bij een empirische verklaring iets van een theorie, een verhaal, nodig hebben om aannemelijk te maken dat een verschijnsel een ander verschijnsel veroorzaakt. Verklaringen blijven echter vrijwel altijd hypothetisch: we nemen verbanden aan, maar kunnen ze zelden voor 100 procent garanderen.

In de regels van de statistiek is afgesproken wanneer je mag zeggen dat het samengaan van verschijnselen niet toevallig is, maar significant. Heb je geen statistiek tot je beschikking, dan is de onzekerheid groter. Bij niet-statistisch, maar kwalitatief onderzoek kom je dan ook vaker tegen dat wetenschappers het niet eens zijn over verklaringen. Als voorbeeld een citaat uit een geschiedenisboek:

> Het is nog steeds niet uitgemaakt door de historici of deze verovering het resultaat is van een ongelukkige samenloop van omstandigheden dan wel van intriges van enkele onscrupuleuze machthebbers (Jansen, 1978, p. 188).

6 Voorspellen

Logisch gezien is een voorspelling nauw verwant aan een verklaring; alleen het startpunt verschilt. Bij een verklaring ga je uit van een gevolg en zoek je de oorzaak. Bij een voorspelling ga je uit van een oorzaak en zoek je naar de mogelijke gevolgen. Wat je zoekt zijn de verschillende uiteinden van een zelfde soort redenering. Bij een voorspelling kun je dan ook dezelfde drie varianten vinden als hierboven geschetst zijn voor de verklaring:

- voorspelling uit de literatuur;
- theoretische voorspelling;
- empirische voorspelling.

a Voorspelling uit de literatuur
Een voorspelling uit de literatuur is net als bij de verklaring geen echte voorspelling, maar logisch gezien meer een beschrijving, vergelijking of evaluatie.

b Theoretische voorspelling
De bekendste voorspellingen zijn die van het weer. Hoewel dat niet zo expliciet is, zijn die theoriegestuurd. Theorieën zijn verwerkt tot modellen die voorspellen dat er bij bepaalde luchtdruk, windsnelheid, windrichting, enzovoort, bepaald weer te verwachten is. De meteorologen bekijken in hoeverre de werkelijkheid lijkt op de in de modellen verwerkte theorie. Het schema ziet er als volgt uit:

Voorspelling op basis van theorie
1. Wat stelt de theorie over de kenmerken van oorzaken (x) en gevolgen (y)?
2. Wat zijn de kenmerken van de omstandigheden x' en het te voorspellen verschijnsel y'?
3. Op welke punten komen x' en y' overeen met wat de theorie stelt?
4. Op welke punten verschillen x' en y' met wat de theorie stelt?
→ **Wat kunnen we dus zeggen over y' als mogelijk gevolg van x'?**

c Empirische voorspelling
Een empirische voorspelling begint met een beschrijving van een oorzakelijk proces in het verleden. Vervolgens bekijk je in hoeverre dat proces lijkt op de situatie waarin het verschijnsel dat je onderzoekt zich nu bevindt.

Een voorbeeld: staan we aan de vooravond van een nieuwe wereldoorlog? De situatie in Nederland in 2010 vertoont op het eerste gezicht overeenkomsten met de situatie in Duitsland in de jaren dertig van de vorige eeuw. Algemeen wordt aangenomen dat die situatie leidde tot de Tweede Wereldoorlog. Hoe groot is de kans dat dit weer gebeurt nu we in een economische crisis zitten en de tolerantie ten opzichte van bepaalde bevolkingsgroepen of gelovigen afneemt? Om hier uitspraken over te doen, moet de situatie in Duitsland (waarbij we het gevolg wel weten) vergeleken worden met de situatie in Nederland. Als die situaties in alle relevante opzichten op elkaar lijken, is er een grotere kans dat zich eenzelfde gevolg zal voordoen.

De vragenset lijkt op die van de empirische verklaring. Ook bij een empirische voorspelling is er een basisset van vijf vragen die de situaties vergelijken. Deze is weer aangevuld met twee vragen om die vergelijking inhoudelijk te toetsen.

3.1 Hoe: logische deelvragen bepalen

Voorspelling op basis van empirie
1 Wat zijn de kenmerken van situatie x op dit moment (t1)?
2 Wat zijn de kenmerken van situatie x en gevolg y op eerdere momenten (t2, t3, enzovoort)?
3 Wat zijn de overeenkomsten en verschillen tussen x t1 en x t2, x t3, enzovoort?
4 Wat zijn de overeenkomsten en verschillen tussen y t2 en y t3, y t4, enzovoort?
5 In hoeverre gaan overeenkomsten en verschillen tussen x t2 ↔ y t2 en x t3 ↔ y t3 samen?
6 Is het mogelijk dat andere factoren een rol spelen?
7 Is ook op inhoudelijke gronden aannemelijk dat y het gevolg was van x?
→ **Wat kunnen we dus zeggen over de waarschijnlijkheid van y in de toekomst?**

7 Ontwerpen

Een ontwerpvraag is een bijzonder soort vraag, omdat je daarbij zelf een oplossing maakt of bedenkt, terwijl je bij andere soorten onderzoek 'alleen maar' kennis vergaart. Gaat je scriptie over een oplossing die al bestaat, kijk dan welk ander type vraag je daarover wilt beantwoorden, bijvoorbeeld een beschrijving van de totstandkoming (verklaring), of een evaluatie. Echte ontwerpvragen komen vooral voor bij toegepaste wetenschappen, bijvoorbeeld bij technische studies, beleidsstudies, communicatiekunde, geneeskunde en andere -kundes. Ga altijd na of een ontwerpvraag wel mag bij jouw studie.

Een wetenschappelijk ontwerp veronderstelt een bepaalde redenering. Hieronder zijn de onderdelen van deze redenering uitgewerkt, zodat duidelijk wordt wat de achtergrond is van het schema voor een ontwerp.

1 Om een probleem te kunnen oplossen, moet je eerst het probleem beschrijven. Een probleembeschrijving is een vorm van evalueren: je beoordeelt de huidige situatie in het licht van de gewenste situatie. De gewenste situatie is de norm waarmee je de bestaande situatie vergelijkt.
2 Vervolgens ga je dat probleem verklaren. Dat kan op de eerder beschreven drie manieren: verklaring op basis van de literatuur, theoretische verklaring en empirische verklaring. Aangezien een ontwerponderzoek vrij uitgebreid is, proberen onderzoekers de verklaring zo efficiënt mogelijk te doen. Het zal daarom meestal een verklaring uit de literatuur of een theoretische verklaring zijn.
3 Als je weet wat de oorzaak van het probleem is, ga je bedenken hoe die oorzaak weg te nemen is of hoe de werking van die oorzaak verminderd kan worden. Voor dit deel van het onderzoek is het lastig verdere aanwijzingen te geven, omdat dit soms veel en soms nauwelijks werk vereist en

voornamelijk een vakinhoudelijke kwestie is. Wel is duidelijk dat een oplossing bedenken gemakkelijker wordt naarmate het probleem nauwkeuriger verklaard is. Als bijvoorbeeld blijkt dat cd-spelers na twee jaar kapot zijn, doordat er materiaal gebruikt wordt dat maar een levensduur heeft van twee jaar, dan ligt een oplossing voor de hand: materiaal gebruiken dat langer meegaat.

4 Als je een goed ontwerp wilt afleveren, sluit je het onderzoek af met een evaluatie ervan. Je bekijkt bijvoorbeeld heel precies de voor- en nadelen van duurzamer materiaal in cd-spelers. Dan kun je criteria zoals kosten, technische mogelijkheden en onmogelijkheden en dergelijke meewegen.

In schema ziet dat er als volgt uit:

Ontwerpen
Probleem: evaluatie van de situatie
1 Hoe/Wat zou x moeten zijn?
2 Hoe/Wat is x?
3 Op welke punten verschilt x van het gewenste beeld?
Verklaring
4 Waardoor wordt het probleem veroorzaakt?
Oplossing
5 Wat kan er gedaan worden om ervoor te zorgen dat x (meer) is zoals x zou moeten zijn?
Evaluatie van de oplossing
6 Welke criteria moeten (hoe) betrokken worden bij de beoordeling van de voorgestelde oplossing? (Wat zijn de kenmerken van de norm?)
7 Op welke punten komt de voorgestelde oplossing overeen met de norm?
8 Op welke punten verschilt de voorgestelde oplossing van de norm?
→ **Wat kunnen we dus zeggen over de manier om x aan te pakken?**

Het is goed je te realiseren dat het ontwerpen van een wetenschappelijk verantwoorde oplossing een flink karwei is en niet altijd haalbaar voor een scriptie. In veel gevallen kiezen studenten (en andere onderzoekers) er dan voor om een deel van het traject te doorlopen. Bijvoorbeeld een nauwkeurige beschrijving geven van wat precies het probleem is en/of het probleem verklaren. Het ontwerpen en evalueren van een oplossing is dan voor volgende onderzoekers. Ga goed na wat je redelijkerwijs kunt doen in de tijd die er voor je scriptie staat; niet zelden is een goede verklaring meer de moeite waard (vergelijk het derde criterium voor een relevante vraag, paragraaf 2.9.2) dan een karig onderbouwd ontwerp.

3.1 Hoe: logische deelvragen bepalen

Hiermee is van alle zeven vraagtypen uitgelegd via welke deelvragen ze te beantwoorden zijn. Als het goed is, kun je nu voor jouw hoofdvraag de deelvragen invullen. Lukt dat nog niet goed, dan vind je meer aanwijzingen bij stap 3 en 4 hieronder. Die informatie kan overigens ook van pas komen bij de uitwerking van de deelvragen. Lees het vervolg dus sowieso even door.

STAP 3
Maak zo nodig een vertaalslag van de begrippen in de vraag

Heb je je hoofdvraag nog niet goed kunnen herkennen in een van de schema's, dan is het de moeite waard om te kijken of je de vraag kunt vertalen in termen van de vraagtypen. Dit is te illustreren aan de hand van een aantal begrippen die veel gebruikt worden in vragen:
- ontwikkeling;
- factor/invloed/rol;
- verband/relatie;
- analyseren.

Een vertaling vanuit betoog, essay of kritische beschouwing komt aan de orde in hoofdstuk 5 over kleine schrijfopdrachten.

Ontwikkelingen
Als iemand vraagt '*Hoe heeft het zich ontwikkeld?*', dan volgt er een antwoord over de kenmerken in de loop der tijd. Iets als: *eerst was het dit, toen dat en uiteindelijk werd het ...* Hoe kom je aan zo'n antwoord? Door een **vergelijking** te maken van de kenmerken van het te onderzoeken verschijnsel op verschillende tijdstippen. Deelvragen zijn dus:

1. Wat zijn de kenmerken van verschijnsel x op tijdstip 1?
2. Wat zijn de kenmerken van verschijnsel x op tijdstip 2?
3. Wat zijn de kenmerken van verschijnsel x op tijdstip 3?
4. Wat zijn de verschillen tussen de kenmerken van verschijnsel x op tijdstip 1, 2 en 3?
5. Wat zijn de overeenkomsten tussen de kenmerken van verschijnsel x op tijdstip 1, 2 en 3?
→ **Wat kunnen we dus zeggen over de manier waarop verschijnsel x zich ontwikkeld heeft?**

Factoren die een rol spelen of invloed hebben

Onderzoekers die woorden gebruiken als 'factor', 'rol' en 'invloed' willen vaak niet hardop zeggen dat ze verklarende uitspraken doen, terwijl dat eigenlijk de enige logische interpretatie van deze begrippen is. Als iets een factor is, speelt het mee; speelt het een rol. En wat is een rol spelen anders dan (mede) leiden tot iets; iets (mede) veroorzaken? Let wel: het hoeft niet dé oorzaak te zijn, maar dat is bij een verklaring ook niet per se noodzakelijk.

Bij invloed geldt eigenlijk hetzelfde. Als iets invloed heeft, leidt het tot iets wat een gevolg is van de invloed. Daarmee is (mede) te verklaren dat dit gevolg zich voordoet. Zonder de invloed zou het gevolg er niet zijn. Dus is vragen naar de invloed een verklaringsvraag.

Verbanden

Wat nu als je het verband zoekt tussen x en y? Vaak zal ook dit gaan om een oorzakelijk verband, een verklaringsvraag dus, maar dit is niet per se het geval. Soms zoekt een onderzoeker alleen naar het samengaan van variabelen. Zo'n verband vind je door een vergelijkend onderzoek: samengaan is immers een 'overeenkomst'.

Of er sprake is van een vergelijking of van een verklaring zou duidelijk moeten worden uit het doel van het onderzoek. Als een onderzoek naar verbanden moet leiden tot het oplossen van een praktijkprobleem, dan zal er altijd sprake moeten zijn van het zoeken naar een verklarend verband. Anders kun je logisch gezien de stap niet maken naar een oplossing. Vergelijk het voorbeeld van de ijsjes en het verdrinken: er is een verband, maar als je het aantal verdrinkingsgevallen wilt terugdringen, zal een ijsjesverbod geen goed advies zijn.

Analyseren en begrijpen hoe het werkt

Wat is analyseren? Letterlijk betekent het: uiteenrafelen of ontleden. Welk vraagtype hoort daarbij? Een beschrijving lijkt er wel bij te passen: een onderzoeker beschrijft de onderdelen of elementen. Begrijpen hoe het werkt is weer wat ingewikkelder. Dat kan twee dingen betekenen, al is het verschil subtiel. Het kan allereerst duiden op een beschrijving, meestal een chronologische: *eerst gebeurt er dit, dan dat en dan dat*. Zo kun je bijvoorbeeld begrijpen via welke stappen een wetsvoorstel is aangenomen. Maar begrijpen is zeker zo vaak: snappen hoe het komt. Bijvoorbeeld begrijpen wat er de oorzaak van is dat een wetsvoorstel is aangenomen. En dan zitten we op het terrein van de verklaring.

STAP 4
Rafel zo nodig complexe vragen uiteen

Waarschijnlijk is je onderzoek ingewikkelder dan de schema's die hier beschreven zijn. Dan is het zaak uit te zoeken hoe het precies in elkaar zit. Een onderzoek kan bijvoorbeeld draaien om een vraag als: *Welke van vier mogelijke verklaringen geeft de belangrijkste oorzaak van …?* Het woord *oorzaak* verwijst inhoudelijk gezien naar een verklaring, maar er staat *de belangrijkste oorzaak*, ofwel er wordt gezocht naar de beste verklaring en dat duidt weer op een evaluatie. Omdat het gaat om 'de beste' is er ook sprake van een (evaluatieve) vergelijking. Wat voor consequenties heeft dit voor de onderzoeksstructuur?

Op het eerste niveau is er de evaluatie. De eerste vraag die beantwoord moet worden, is: *Op grond waarvan bepalen we dat iets een belangrijke oorzaak is?* Het antwoord op die vraag kan iets zijn als: *die oorzaak die de meeste overeenkomsten vertoont met wat de theorie stelt* (vergelijk het schema voor verklaren). Vervolgens moeten de vier oorzaken vergeleken worden, dus per oorzaak moet beschreven worden hoe belangrijk ze zijn. Op dat moment komt het verklaringsschema weer in beeld. *Inhoudelijk* gezien is het verklarende het belangrijkste voor de onderzoeker, maar het onderzoek heeft de *vorm* van een evaluatie(ve vergelijking) omdat de beste verklaring (= oordeel) wordt gezocht.

Probeer nu de basisstructuur van je onderzoek te schematiseren. Een formulier daarvoor vind je op de website onder de knop 'Formulieren'. Die basisstructuur is nodig om het volgende onderdeel te kunnen uitwerken.

3.2 Hoe: deelvragen concretiseren voor het onderwerp

3.2.1 Inleiding

In paragraaf 3.1 ging het om de logische stappen die van de hoofdvraag naar het antwoord leiden. Maar de deelvragen gaan ook ergens over en die verschijnselen kun je meestal in onderdelen verdelen. Dat worden ook weer deelvragen. (Dit zijn eigenlijk deeldeelvragen of subdeelvragen, maar voor het leesgemak noemen we alles wat niet de hoofdvraag is, een 'deelvraag'.) Hoe kleiner en concreter de verschijnselen zijn waarover die deelvragen gaan, hoe gemakkelijker die vragen te beantwoorden zijn. Daarmee wordt het onderzoek overzichtelijker en beter uitvoerbaar.

3.2.2 De stappen

De stappen voor het concretiseren van de deelvragen:

1 Markeer alle belangrijke begrippen (variabelen) uit de deelvragen.
2 Bedenk bij elk begrip hoe dit te concretiseren is.
3 Concretiseer parallelle deelvragen op dezelfde manier.
4 Controleer de verdelingen in de literatuur.
5 Ontwerp zo nodig een vooronderzoek.

STAP 1
Markeer alle belangrijke begrippen (variabelen) uit de deelvragen

De belangrijke begrippen in de deelvragen zijn in ieder geval de 'verschijnselen' of situaties die beschreven worden. Belangrijk zijn ook andere vergelijkingselementen, zoals de norm bij een evaluatie, de klasse bij een definiëring of de theorie bij een verklaring of voorspelling.

STAP 2
Bedenk bij elk begrip hoe dit te concretiseren is

Het concretiseren van begrippen kan soms of deels op grond van algemene kennis van de wereld. Bij een onderzoek naar arbeidsparticipatie in verschillende arbeidsmarktsectoren kun je bijvoorbeeld de volgende onderscheidingen maken:

1 Hoeveel Noord-Amerikanen hebben werk in Costa Rica?
   1.1 Hoeveel Noord-Amerikanen hebben werk in de landbouw van Costa Rica?
   1.2 Hoeveel Noord-Amerikanen hebben werk in de industrie van Costa Rica?
   1.3 Hoeveel Noord-Amerikanen hebben werk in de toeristensector van Costa Rica?

Je kunt ook bronnen raadplegen voor inspiratie. Soms geven handboeken nuttige ideeën. Stel dat je academische schrijfprocessen wilt onderzoeken: je wilt weten of het schrijven van een masterscriptie anders verloopt dan het schrijven van een bachelorscriptie. Als je beide processen wilt beschrijven, zou je inspiratie op kunnen doen in onderhavig boek. Subvragen zouden de fases kunnen volgen, bijvoorbeeld:

3.2 Hoe: deelvragen concretiseren voor het onderwerp

1 Hoe verloopt het schrijven van een bachelorscriptie?
 1.1 Hoe oriënteren studenten zich op hun scriptie?
 1.2 Hoe maken ze een plan voor de scriptie?
 1.3 Hoe voeren ze het onderzoek uit?
 1.4 Hoe verloopt de schrijffase?

Je kunt je voorstellen dat deze deelvragen ook weer geconcretiseerd kunnen worden. De vragen zijn immers nog vrij open (vergelijk paragraaf 2.7.2 over open en gesloten vragen) terwijl het mogelijk is om ze verder in te vullen. Bij vraag 1.1 bijvoorbeeld: *(Hoe) lezen studenten de informatie van de opleiding? Kijken studenten naar voorbeeldteksten? Wat weten studenten over eisen die gesteld worden aan procedure, proces en product?* Enzovoort. Dit concretiseren wordt ook wel **operationaliseren** genoemd. Je vertaalt de begrippen zodanig dat je ermee aan het werk kunt; dat ze operationeel worden. Dat 'aan het werk kunnen' is bij een scriptie niet meer of minder dan die vraag kunnen gaan beantwoorden.

Handboeken kunnen dus soms nuttig zijn om deelvragen op het spoor te komen, maar de aangewezen bronnen hiervoor zijn wetenschappelijke artikelen en boeken uit jouw vakgebied. Daarin vind je theoretisch verantwoorde verdelingen voor de onderwerpen. Dit geldt voor de onderzoeksobjecten zelf, maar zeker ook voor de concretisering van normen (bij evaluatie), klassen (bij definiëring) of theorieën (bij verklaring en voorspelling).

Als een jurist zich buigt over de wenselijkheid van een nieuwe wet (vergelijk het voorbeeld bij het schema van de evaluatie), dan zal hij voor de concretisering van 'wenselijk' juridische begrippen zoeken, zoals 'subsidiariteit' en 'proportionaliteit'. Hier wordt de onderscheiding van de disciplines zichtbaar. Een socioloog zal de wenselijkheid van een wet waarschijnlijk aan andere normen toetsen, bijvoorbeeld aan de gevolgen die de wet heeft voor de sociale samenhang.

STAP 3
Concretiseer parallelle deelvragen op dezelfde manier

Als je een deelvraag hebt geconcretiseerd, dan kun je de andere deelvragen op een vergelijkbare manier uitwerken. Dit is zeker noodzakelijk als beide vragen met elkaar vergeleken worden. Voor een vergelijking ligt dat voor de hand. We hebben zelfs een uitdrukking voor niet-parallelle deelvragen: appels met peren vergelijken. Stel dat je twee dichtbundels gaat vergelijken, dan moet je ervoor zorgen dat je van elke dichtbundel dezelfde kenmerken beschrijft. Doe je dat niet, dan kun je aan het einde geen uitspraak doen over de mate waarin de bundels op elkaar lijken. Als je van de ene bundel de thematiek (appels) zou

3 Het scriptieplan: hoe ga je antwoord vinden op de vraag?

bekijken en van de andere de vorm (peren), dan kun je daar niets mee in termen van overeenkomsten en verschillen.

De deelvragen bij de vraag *Wat zijn de kenmerken van a?* komen dus identiek terug bij *Wat zijn de kenmerken van b? c?* (enzovoort). Bij de vergelijking zelf (bekijken wat de verschillen en overeenkomsten zijn) kun je ook die onderverdeling volgen. Dan krijg je een soort schema als:

1 Hoe verloopt het schrijven van een bachelorscriptie? (= optelsom van deelvragen 1.1 t/m 1.4)	2 Hoe verloopt het schrijven van een masterscriptie?	3 Wat zijn de verschillen?	4 Wat zijn de overeenkomsten?
1.1 Hoe oriënteren studenten zich op hun Ba-scriptie? (= optelsom van deelvragen 1.1.1 t/m 1.1.3)	2.1 Hoe oriënteren studenten zich op hun Ma-scriptie?	3.1 Wat zijn de verschillen in de oriëntatie van Ba- en Ma-scriptanten?	4.1 Wat zijn de overeenkomsten in de oriëntatie van Ba- en Ma-scriptanten?
1.1.1 Hoe lezen Ba-studenten informatie van de opleiding?	2.1.1 Hoe lezen Ma-studenten informatie van de opleiding?	3.1.1 Wat zijn de verschillen in het lezen van studie-informatie door Ba- en Ma-scriptanten?	4.1.1 Wat zijn de overeenkomsten in het lezen van studie-informatie door Ba- en Ma-scriptanten?
1.1.2 Hoe gebruiken Ba-studenten voorbeeldteksten?	2.1.2 Hoe gebruiken Ma-studenten voorbeeldteksten?	3.1.2 Wat zijn de verschillen in het gebruik van voorbeeldteksten door Ba- en Ma-scriptanten?	3.1.2 Wat zijn de overeenkomsten in het gebruik van voorbeeldteksten door Ba- en Ma-scriptanten?
1.1.3 ...	2.1.3 ...	...	...
1.2 Hoe plannen studenten hun Ba-scriptie?	...	...	...

Voorbeeldschema met deelvragen voor een vergelijking

Het kost wat tijd om zo'n schema te maken, maar je kunt je waarschijnlijk ook wel voorstellen dat het gemakkelijk werkt als je straks met dat schema in de hand antwoorden kunt gaan zoeken. Het maakt de uitvoering van het onderzoek helder en overzichtelijk.

3.2 Hoe: deelvragen concretiseren voor het onderwerp

Bij elk soort vergelijking is deze parallellie nodig. Niet alleen bij de pure vergelijking, maar ook bij de andere vraagtypen waar de vergelijkingsvorm aan ten grondslag ligt. De volgende deelvragen moet je bijvoorbeeld ook parallel uitwerken in deel(deel)vragen:

Definiëring
1 Wat zijn de kenmerken van de klasse? (Wanneer noemen we iets …?)
2 Wat zijn de kenmerken van verschijnsel a?

Evaluatie
1 Wat zijn de kenmerken van de norm? (Wanneer noem je iets …?)
2 Wat zijn de kenmerken van verschijnsel a?

Verklaring op basis van theorie
1 Wat stelt de theorie over de kenmerken van oorzaken (x) en gevolgen (y)?
2 Wat zijn de kenmerken van de omstandigheden x' en het te verklaren verschijnsel y'?

Voorspelling op basis van theorie
1 Wat stelt de theorie over de kenmerken van oorzaken (x) en gevolgen (y)?
2 Wat zijn de kenmerken van de omstandigheden x' en het te voorspellen verschijnsel y'?

STAP 4
Controleer de verdelingen in de literatuur

Zoals hierboven al aangegeven, kun je je bij de verdeling in deelvragen laten inspireren door de vakliteratuur. Heb je dat nog niet gedaan, maar bijvoorbeeld verdelingen gemaakt 'uit het hoofd', dan is het verstandig om die verdelingen te controleren in de literatuur. Komt je verdeling overeen met de manier waarop de mensen in jouw vakgebied zo'n begrip verdelen? Zijn er alternatieve indelingen van schrijfprocessen, wenselijkheid van wetten, kenmerken van absurdistische toneelstukken en dergelijke?

STAP 5
Ontwerp zo nodig een vooronderzoek

Soms lukt het niet goed om deelvragen te concretiseren of ben je er niet gerust op dat de bestaande theorieën geschikt zijn om het verschijnsel te beschrijven dat jij wilt onderzoeken. In dergelijke gevallen kun je overwegen een vooronderzoek te doen. Een vooronderzoek is een klein, afgebakend onderzoekje dat tot doel heeft om het onderzoeksplan aan te scherpen. Met de uitkomsten van het vooronderzoek kom je dus niet direct dichter bij het antwoord, maar alleen indirect: je komt dichter bij de weg die je kunt bewandelen om tot dat antwoord te komen. Als je vastloopt bij het verder concretiseren van de deelvragen, kun je dit punt even laten liggen en met je begeleider overleggen of een vooronderzoek zinnig is. In paragraaf 6.2.1 vind je meer informatie over het wat en hoe van zo'n onderzoek.

3.3 Hoe: onderzoeksmethodes bepalen

3.3.1 Inleiding

Met de onderzoeksmethodes zijn we aanbeland bij het laatste onderdeel van het onderzoeksplan. Soms is er weinig te kiezen als het gaat om de methodes, maar ook dan is het goed om te bedenken waarom iemand anders meent dat de voorgeschreven methode de beste is. Omdat de keuze voor een onderzoeksmethode een behoorlijk inhoudelijke kwestie is (in elk vakgebied zijn er verschillende mogelijkheden en voorkeuren), komen hieronder alleen een aantal hoofdpunten ter sprake, die bij de keuze en verantwoording van de onderzoeksmethodes een rol spelen. Bij de uitwerking van de stappen is het uitgangspunt dat er enige keuzevrijheid is.

3.3.2 De stappen

De stappen voor het bepalen van de onderzoeksmethodes zijn:

1 Werk per deelvraag.
2 Zoek uit of het antwoord op de deelvraag al ergens ligt te wachten.
3 Inventariseer welke methodes mogelijk zijn in jouw vakgebied.
4 Bekijk wat de methode oplevert.
5 Bekijk wat de methode kost.
6 Maak een keuze en overleg die met je begeleider.

STAP 1
Werk per deelvraag

Veel onderzoeken hebben een combinatie van methodes. Er bestaan natuurlijk literatuurscripties, maar zeker zo vaak is een scriptie een combinatie van literatuuronderzoek en een empirisch onderzoek. Soms gebruik je verschillende vormen van empirisch onderzoek, bijvoorbeeld enquêtes en documentanalyse. Kortom: niet alle deelvragen worden op dezelfde manier onderzocht. Daarom bekijk je **per deelvraag** wat de beste methode zou zijn om die vraag te beantwoorden. Voor deze stap is het dus noodzakelijk dat je een structuur met hoofd- en deelvragen hebt gemaakt.

STAP 2
Zoek uit of het antwoord op de deelvraag al ergens ligt te wachten

Je weet dat de hoofdvraag nog niet beantwoord is door iemand anders (anders is hij namelijk niet relevant, zie paragraaf 2.9), maar dat hoeft niet te gelden voor elke deelvraag. Bij een vergelijking kan het bijvoorbeeld zo zijn dat er van verschijnsel a weinig bekend is, terwijl verschijnsel b al uitgebreid beschreven is in de literatuur. Als daarmee je deelvraag beantwoord kan worden, hoef je dat onderzoek niet over te doen.

We hebben het hier over het onderscheid tussen direct en indirect onderzoek. Bij de eerste vorm onderzoek je zelf de verschijnselen of objecten waarover je vragen hebt gesteld. Bij indirect onderzoek bekijk je wat andere mensen hebben geobserveerd aan het verschijnsel of object van onderzoek. Direct onderzoek wordt ook empirisch onderzoek genoemd of veldonderzoek/veldwerk. Indirect onderzoek kennen we vooral onder de naam literatuuronderzoek of theoretisch onderzoek.

STAP 3
Inventariseer welke methodes mogelijk zijn in jouw vakgebied

Hierboven zijn al wat varianten de revue gepasseerd. Met name voor empirisch onderzoek zijn weer allerlei verdelingen te vinden, bijvoorbeeld het onderscheid tussen experimenteel en observationeel onderzoek. In het eerste geval verander je de omstandigheden (condities) in de werkelijkheid en bekijk je hoe het verschijnsel zich gedraagt. Je geeft een aantal proefpersonen bijvoorbeeld een cursus en kijkt hoe ze daarna presteren, of je voegt bij laboratoriumexperimenten steeds stofjes toe en kijkt hoe de oplossing reageert. Bij observationeel onderzoek kijk je alleen naar de werkelijkheid zoals zij is, je grijpt niet in. Je kijkt bijvoorbeeld hoe leraren lesgeven, hoe walvissen migreren of parlementariërs discussiëren. Experimenteel onderzoek komt veel voor in de bèta- en de gedragswetenschappen, maar in disciplines als geschiedenis of letterkunde is het zelden een optie.

Daarnaast onderscheidt men vaak kwantitatief en kwalitatief onderzoek. Globaal gezegd gaat het bij kwantitatief onderzoek om cijfers: je telt bijvoorbeeld het 'wat' en 'hoeveel' van een verschijnsel. Bij kwalitatief onderzoek worden de antwoorden gevormd door woorden of verhalen: je beschrijft. Het accent ligt daarbij vaker op het 'hoe' en 'waarom' van een verschijnsel.

3 Het scriptieplan: hoe ga je antwoord vinden op de vraag?

Binnen al deze onderscheidingen zijn er weer concrete onderzoeksmiddelen te vinden, bijvoorbeeld een interview, enquête of experiment, maar ook documentanalyse en allerlei andere vormen van analyse en observatie. In de handboeken uit je vakgebied vind je vast overzichten van de methodes die bij jullie gebruikt worden.

STAP 4
Bekijk wat de methode oplevert

Deze vraag kun je op twee manieren opvatten: welke uitkomsten een methode oplevert en hoeveel kennis de methode oplevert. Met een methode kun je meestal een bepaald soort informatie verzamelen. Neem de vragenlijst: als je die bij mensen afneemt, krijg je informatie over wat die mensen zelf denken. Wil je het fileprobleem oplossen en dit probleem eerst verklaren (zoals 'hoort' bij een ontwerpvraag, zie paragraaf 3.1), dan is een vragenlijst onder weggebruikers waarschijnlijk niet zo'n geschikte methode. Je komt dan namelijk alleen te weten wat zij denken dat de oorzaak is, maar dat hoeft niet de werkelijke oorzaak te zijn.

De vraag naar de hoeveelheid kennis is ook belangrijk. In het algemeen levert literatuuronderzoek meer kennis op dan empirisch onderzoek, eenvoudigweg omdat het minder tijd kost (zie stap 5). Met literatuuronderzoek kun je dus een groter domein (vergelijk paragraaf 2.7.2) bestrijken dan met empirisch onderzoek. Als je daarentegen iets nieuws wilt onderzoeken, zal literatuuronderzoek niet volstaan.

En eigenlijk is er nog een derde punt: wat levert de methode jou als student op? Niet onbelangrijk, want de scriptie is ook een leerproces en een toets. Vaak is het de bedoeling dat je leert om een bepaalde vorm van onderzoek uit te voeren en dat je laat zien dat je daarmee uit de voeten kunt. Daarnaast is een scriptie voor jezelf ook een mogelijkheid om ervaring op te doen met een type onderzoek dat je interessant vindt om onder de knie te krijgen.

STAP 5
Bekijk wat de methode kost

De belangrijkste kosten van een onderzoek zijn geld en tijd. Sommige onderzoeksmethodes kosten veel geld, bijvoorbeeld doordat de apparatuur of benodigde stoffen heel duur zijn. Bij de meeste bachelor- en masteronderzoeken zal de vraag naar de kosten echter gaan over de **tijd** die het onderzoek kost. Dus is de vraag: hoeveel tijd kost het als je met een bepaalde methode een deelvraag beantwoordt? Dat zal voor elke methode weer anders zijn maar één ding is ook duidelijk: literatuuronderzoek kost meestal minder tijd dan empirisch onderzoek. Je hoeft het onderzoek immers alleen maar te 'lezen' en niet op te zetten en uit te voeren. En mondelinge interviews houden kost meer tijd dan schriftelijke enquêtes afnemen.

STAP 6
Maak een keuze en overleg die met je begeleider

Deze afwegingen over de meest geschikte methode sluiten direct aan op het deel van het relevantieverhaal waarin je uit moet leggen dat je onderzoek de moeite waard is (vergelijk paragraaf 2.9). Bij dat punt gaat het namelijk ook om de vraag of het onderzoek, zoals jij dat van plan bent te gaan uitvoeren, de beste manier is in termen van kosten en baten. Bespreek de afwegingen altijd met je begeleider. Kennis van het vak is namelijk onmisbaar bij deze beoordeling.

3.4 Ter afsluiting van de hoevraag

Met de methodes heb je het laatste onderdeel van het onderzoeksplan afgerond. Daarmee kun je het hele planplaatje invullen (zie hiervoor het invulbare planplaatje op de website onder de knop 'Formulieren') en de verbindingen controleren:

- Gaat de hoofdvraag over het afgebakende onderwerp?
- Leiden de antwoorden op de deelvragen samen tot het antwoord op de hoofdvraag?
- Leiden de methodes tot het antwoord op de hoofdvraag?
- Passen de deelvragen en methodes in de ideeën daarover in jouw discipline?
- Is het antwoord zowel logisch als inhoudelijk een antwoord op de hoofdvraag?
- Is dat antwoord voldoende relevant?
- Is het onderwerp relevant binnen jouw vakgebied?

4 Het scriptieplan: hoofdstukindeling, tijdsplan en plan uitschrijven

4.1 Een voorlopige hoofdstukindeling maken voor de scriptie
    4.1.1 Inleiding
    4.1.2 De stappen
- Stap 1 Zoek uit of vraag na wat voor soort tekst er verwacht wordt
- Stap 2 Bekijk hoe je de antwoorden op de deelvragen gaat inpassen in de gevraagde structuur

4.2 Een tijdsplan maken voor de scriptie
    4.2.1 Inleiding
    4.2.2 De stappen
- Stap 1 Noteer de activiteiten die je gaat ondernemen
- Stap 2 Geef aan hoeveel tijd je met de activiteiten bezig bent
- Stap 3 Geef aan wanneer je wat gaat doen

4.3 Het plan uitschrijven in een tekst
    4.3.1 Inleiding
    4.3.2 Waarom het plan uitschrijven?

4 Het scriptieplan: hoofdstukindeling, tijdsplan en plan uitschrijven

4.1 Een voorlopige hoofdstukindeling maken voor de scriptie

4.1.1 Inleiding

Met het onderzoeksplan (hoofdstuk 2 en 3) heb je op een rijtje gezet wat je precies gaat onderzoeken, waarom je dat gaat doen en hoe je dat gaat doen. Dit kan voldoende zijn om te beginnen met de uitvoering van het onderzoek (fase 3), maar het kan ook verstandig zijn om eerst nog even vooruit te kijken naar de tekst die straks geschreven moet worden. De belangrijkste reden daarvoor is: voorkomen dat je in de schrijffase (hoofdstuk 7) voor verrassingen komt te staan, omdat je begeleider een heel ander soort tekst verwacht dan jij.

Over deze vraag (wat voor soort tekst moet er komen) heb je als het goed is al nagedacht tijdens de oriëntatiefase. Nu kun je de lijn van de tekst invullen omdat je weet hoe het onderzoek eruit gaat zien.

In een hoofdstukindeling of inhoudsopgave (deze termen verwijzen in dit boek naar hetzelfde) wordt duidelijk wat de inhoud en de structuur van je scriptie zullen zijn.

De **inhoud** kun je weergeven in kopjes, maar beter is het om (ook) te formuleren welke vragen je in ieder hoofdstuk gaat beantwoorden. Wat geldt voor het onderzoek (paragraaf 2.6.1), geldt ook voor de tekst: vragen geven veel meer richting en houvast dan onderwerpen. Daarom zullen ze straks ook gebruikt worden voor de tekstplanning (paragraaf 7.2).

De **structuur** van de tekst manifesteert zich in de volgorde van de onderwerpen en de rangorde: wat valt waaronder? Die rangorde wordt meestal aangegeven met cijfers met decimalen. Bij het maken van een voorlopige hoofdstukindeling laat je je inspireren door de conventies van het vakgebied (verwachtingen van de docent of begeleider) en door de onderzoeksstructuur die in het onderzoeksplan naar voren komt.

Houd er wel rekening mee dat je in deze fase nog niet precies weet wat er in de tekst zal komen te staan; je moet immers het onderzoek nog uitvoeren. Je hebt wel vragen, maar nog geen antwoorden. Daarom noemen we de inhoudsopgave voorlopig.

4.1.2 De stappen

De stappen voor het maken van een voorlopige hoofdstukindeling zijn:
1 Zoek uit of vraag na wat voor soort tekst er verwacht wordt.
2 Bekijk hoe je de antwoorden op de deelvragen gaat inpassen in de gevraagde structuur.

STAP 1
Zoek uit wat voor soort tekst er verwacht wordt

In paragraaf 1.4 over de oriëntatie kwam ter sprake dat je erachter moet komen wat voor soort tekst je geacht wordt te schrijven. Hier staan nogmaals de vragen die relevant zijn voor de inhoudsopgave:
- Welke elementen/onderdelen moet de tekst bevatten?
- Wat is de functie (het doel) van de verschillende onderdelen (inleiding, theoretisch kader, conclusie) voor de lezer en/of voor het verhaal?
- Wat moet er in de verschillende onderdelen (dus) beschreven worden?
- Welke informatie is niet nodig?
- Is er een vaste volgorde van inhoudselementen?

Er zijn verschillende conventies voor de opbouw van academische teksten, meestal samenhangend met de discipline en/of het soort onderzoek (bijvoorbeeld kwantitatief versus kwalitatief). De verschillende tekstsoorten worden meestal genres genoemd. Een veelvoorkomend genre is het onderzoeksverslag volgens het zogenoemde IMRD-model:
- **I**nleiding (*Introduction*);
- **M**ethodes (*Methods*);
- **R**esultaten (*Results*);
- **D**iscussie (*Discussion*).

Dit model wordt veel gebruikt in de sociale wetenschappen en de bètawetenschappen. Het is op zichzelf overzichtelijk, maar toch worstelen veel academische schrijvers bij de invulling ervan met de vraag waar ze de gebruikte theorieën moeten beschrijven. Dat is ook een lastige kwestie. Tijdens het scriptieproces lees je van alles, maar waar komt dat nu in de scriptie terecht? Elk vak heeft daarvoor zijn eigen 'kopjes'. Bij geschiedenis bijvoorbeeld kom je vaak een 'historiografie' tegen, in sociaalwetenschappelijke scripties soms een 'theoretisch kader', in juridische scripties 'context', in bètascripties een hoofdstukje 'theorie', en overal kun je een deel aantreffen met de titel 'achtergrond'. Daarmee zijn de mogelijkheden nog niet uitgeput. Het kan namelijk ook zo zijn dat de theorie in de I van IMRD zit: in de inleiding.

4.1 Een voorlopige hoofdstukindeling maken voor de scriptie

Het verwerken van theorie in een scriptie is dus een lastige kwestie, waar handboeken en handleidingen veel verschillende suggesties voor geven. Wat dan helpt is je af te vragen wat precies de bedoeling is van de stukjes theorie: welke **functie** heeft de theorie in je scriptie? Hieronder staat als voorbeeld van dergelijke redeneringen een kort overzichtje van de functie, en dus van de plek van de theorie, in de verschillende onderdelen van een IMRD-scriptie:

1. In dit hoofdstuk over de planning zal duidelijk geworden zijn dat je voor het ontwikkelen van een onderzoeksplan theorieën gebruikt. Deze literatuur zal waarschijnlijk in je inleiding aan de orde komen, maar misschien ook in een apart daarop volgend hoofdstuk.
2. Voor de uitwerking van de deelvragen (operationaliseringen) en voor de methodische keuzes baseer je je ook op literatuur; die komt terecht in een theoretisch hoofdstuk of in het hoofdstuk Methodes.
3. Het is goed mogelijk dat je een of meer deelvragen met literatuur beantwoordt. Dan komt er dus ook theorie in het hoofdstuk Resultaten.
4. Tot slot grijpen veel onderzoekers in de discussie terug op de literatuur om zo de resultaten te interpreteren.

Op de website staat onder de knop 'Theorie' een overzichtje van de verschillende functies die literatuur kan hebben in de verschillende fases van een scriptieproces: oriënteren, plannen, uitvoeren en schrijven. Elke fase vraagt om een andere aanpak. Hoe die literatuur dan in de tekst terechtkomt, is daaruit af te leiden, zoals het voorbeeld hierboven laat zien.

Zoek uit of er een vaste structuur is, en wat dat betekent voor de structuur van jouw scriptie. Het inmiddels bekende advies geldt ook hier: zoek voorbeeldteksten en overleg plannen en ideeën met je begeleider.

STAP 2
Bekijk hoe je de antwoorden op de deelvragen gaat inpassen in de gevraagde structuur

In de meeste gevallen is de onderzoeksstructuur duidelijk in de tekst herkenbaar doordat de deelvragen in aparte hoofdstukken worden behandeld. De subvragen die daaronder vallen kunnen dan paragrafen vormen. Schrijf je echter een IMRD-tekst, dan vormen deze hoofd- en deelvragen een onderdeel van R: de resultatensectie. De antwoorden op de onderzoeksvragen zijn immers je resultaten. Is er een minder strak model, dan kun je vaak de deelvragen als opeenvolgende hoofdstukken nummeren. Meestal moet je dan toch ook ergens beschrijven hoe je te werk bent gegaan en waarom je voor die aanpak hebt gekozen. Als daarvoor niet een speciaal hoofdstuk Methodes is, gebeurt die methodische beschrijving en verantwoording vaak per deelvraag. Dit kan tot een heel logische structuur leiden als je voor verschillende deelvragen verschillende methodes gebruikt.

Nog een opmerking over een mogelijk verschil tussen het onderzoeksschema en het tekstschema. In het onderzoeksschema kies je een volgorde (deelvraag 1, 2, enzovoort) die handig is voor de uitvoering van het onderzoek. Stel dat je een vergelijkend onderzoek doet naar de pianosonates van Beethoven, dan is het vanuit het onderzoekersperspectief optimaal om de sonates stuk voor stuk te analyseren en de deelvragenstructuur ook zo op te bouwen: 1. Wat zijn de kenmerken van sonate 1? 2. Wat zijn de kenmerken van sonate 2? Enzovoort. De vraag is echter of het voor een lezer prettig is als je je bevindingen ook in die volgorde presenteert. Misschien wordt de tekst wel veel leesbaarder als je eerst een hoofdstuk maakt over de structuur van de sonates, dan een hoofdstuk over de melodische opbouw van de sonates, enzovoort. Dat noemen we het 'kantelen' van de structuur. Een uitgewerkt voorbeeld hiervan vind je in paragraaf 7.1.2. Of dit kantelen nodig is, kun je het beste overzien en beslissen als je de gegevens verzameld hebt, maar bedenk dat ook in dit opzicht de hoofdstukindeling voorlopig kan zijn.

Zorg er hoe dan ook voor dat je een concreet schema maakt, waarin het hele onderzoek herkenbaar is met alle vragen, subvragen en onderwerpen die erbij horen. Doe je dat niet, dan schuif je eventuele inhoudsproblemen voor je uit en dat is niet verstandig. Het blijkt vaak een hele puzzel te zijn om alle onderdelen een goede plek te geven. Hoe eerder je daar over nadenkt, hoe beter. Een extra voordeel van zo'n concrete, voorlopige inhoudsopgave is dat een begeleider dan beter met je kan meedenken en kan beoordelen of dat plan ook leidt tot een samenhangende tekst, en of het voldoet aan de eisen die er gesteld worden aan de inhoud en structuur van de tekst.

4.2 Een tijdsplan maken voor de scriptie

4.2.1 Inleiding

Het scriptieplan is bijna rond. Als laatste controle op de uitvoerbaarheid is het goed om nog een tijdsplan te maken. In een tijdsplan geef je aan wat je gaat doen, wanneer je dat gaan doen en hoe lang dat zal duren.

4.2.2 De stappen

De stappen voor het maken van een tijdsplan zijn:
1 Noteer de activiteiten die je gaat ondernemen.
2 Geef aan hoeveel tijd je met de activiteiten bezig bent.
3 Geef aan wanneer je wat gaat doen.

STAP 1
Noteer de activiteiten die je gaat ondernemen

Begin met een overzicht van de activiteiten die je gaat ondernemen. Globaal gezien zijn dat er drie: onderzoeken, schrijven en overleggen. Je hebt met hoofd- en deelvragen een mooi begin voor een tijdsplan voor het **onderzoek**. Loop de vragen na en bedenk welke gegevens je nodig hebt om die vraag te beantwoorden en wat je moet doen om aan die gegevens te komen. Maak dit zo concreet als mogelijk. Ga je bijvoorbeeld interviews houden, denk dan aan: interviewvragen opstellen, proefpersonen zoeken en aanschrijven, technische zaken regelen (opnameapparatuur, laptop?), proefinterviews houden, interviews bijstellen, definitieve interviews houden (reizen?), interviews uitwerken (hoe?), enzovoort. Ook het **schrijven** moet je plannen. Welke deelactiviteiten vallen daaronder? Denk aan schema's maken, eerste versie schrijven, laten lezen, herschrijven. **Overleggen** doe je vooral in het contact dat je tussentijds hebt met de docent of begeleider. Denk er ook over na of het bijvoorbeeld prettig is om af en toe te overleggen met studiegenoten die ook met hun scriptie bezig zijn. Bij sommige studierichtingen worden hiervoor zelfs bachelor- of afstudeerkringen georganiseerd.

STAP 2
Geef aan hoeveel tijd je met de activiteiten bezig bent

Inschatten hoe lang iedere activiteit duurt, is altijd lastig. Proefondervindelijke inschatting is de beste methode. Zet de klok er maar eens bij als je een artikel bestudeert: hoeveel bladzijdes kun je in een uur doen? Hoeveel tijd gaat het dan kosten om de literatuur door te nemen die je gevonden hebt? De inschatting van de tijd die nodig is voor de uitvoering van een empirisch onderzoek kun je op dezelfde manier doen. Registreer hoe lang het duurt om een interview op te nemen en uit te werken, een vragenlijst te verwerken, een document te analyseren, een observatieverslag te maken of wat je maar doet tijdens je onderzoek. Je kunt de tijd noteren in uren of in dagdelen. Tel dan de uren of dagdelen eens bij elkaar op. Waar kom je op uit? Hoeveel tijd staat er voor de scriptie? Hoe verhoudt zich dat tot elkaar? Lijkt het haalbaar te zijn? Strooi jezelf daarbij geen zand in de ogen: perk je onderzoek in als bij de tijdsplanning blijkt dat je veel meer tijd nodig hebt dan er staat voor de scriptie. Weet dat de meeste onderzoeken (zelfs dan nog) uitlopen.

STAP 3
Geef aan wanneer je wat gaat doen

Als je weet wat je gaat doen en je hebt ingeschat hoe lang alles duurt, kun je bepalen wanneer je wat gaat doen: welke volgorde en welke timing kies je? Eerst de grote lijn. Ga je per deelvraag een concepthoofdstuk schrijven of schrijf je alles aan het einde op? Er zijn verschillende varianten mogelijk (Oost & De Jong, 1997, p. 51):

1 Je volgt strikt de fases zoals ze in dit boek worden gepresenteerd: eerst alle gegevens van het onderzoek verzamelen, analyseren en interpreteren (hoofdstuk 6) en tot slot de hele tekst schrijven (hoofdstuk 7). Dit kan prima werken bij kleinere schrijfopdrachten, maar de meeste scripties zijn te omvangrijk om de fases zo strikt te scheiden.
2 Je werkt per deelvraag. Je verzamelt dan niet in één keer alle informatie, maar je werkt van onderzoeksvraag naar onderzoeksvraag. Per vraag worden de gegevens verzameld, geanalyseerd en tot tekst verwerkt. Deze aanpak komt veel voor bij literatuuronderzoek en bij onderzoek waarbij de uitkomsten van de ene vraag nodig zijn om de volgende vraag te kunnen beantwoorden.
3 Je gebruikt een gecombineerde aanpak. Deze gecombineerde aanpak is vaak logisch als je literatuuronderzoek combineert met empirisch onderzoek. Dat kan er als volgt uitzien. De eerste vraag beantwoord je met literatuuronderzoek; hierbij werk je volgens variant 2: je rondt dit in zijn geheel af tot een concepthoofdstuk. De volgende deelvragen beantwoord je met empirisch onderzoek; hierbij gebruik je variant 1. Je werkt niet meer per deelvraag, maar je verzamelt en analyseert eerst de antwoorden op alle deelvragen en pas daarna schrijf je alles op.

Er is dus een keuze te maken in de volgorde van onderzoek uitvoeren en schrijven. Bij het 'wanneer' hoort verder een agenda: je geeft ook aan op welke momenten je die activiteiten gaat uitvoeren. In mailprogramma's en op internet zijn 'lege kalenders' te vinden die je hiervoor kunt gebruiken. Ook op de website die bij dit boek hoort staat een dergelijk formulier. Vul maar eens in wanneer je alles gaat doen.

Vergeet niet de overlegmomenten met de begeleider in te vullen. Die moet je inplannen op cruciale momenten, bijvoorbeeld het moment dat je je scriptieplan hebt gemaakt, het moment dat je de eerste gegevens verzameld hebt, halverwege de analyse van de gegevens en het moment dat je concepthoofdstukken hebt geschreven, bij grote schrijfopdrachten misschien na ieder hoofdstuk. Houd er rekening mee dat je waarschijnlijk een paar dagen tot een week daarvoor iets af moet hebben dat je ter bespreking wilt voorleggen. En controleer dan of je uitkomt op het moment dat je inderdaad je bachelor- of masterfase zou willen afsluiten.

Het is dus heel belangrijk om het tijdsplan te **bespreken met je begeleider**. Die kan dan niet alleen kijken of die planning past bij zijn of haar agenda en verwachtingen, maar ook helpen inschatten hoe realistisch de planning is.

4.3 Het plan uitschrijven in een tekst

4.3.1 Inleiding

Eigenlijk is het scriptieplan wel rond als je een tijdsplan hebt gemaakt. Je moet dan nog één keuze maken: hoe ga je dit plan vormgeven? Je kunt ook zeggen: in welke vorm bied je het aan je docent/begeleider aan? Het is al verschillende keren aan de orde gekomen: je zou het scriptieplan altijd moeten bespreken met je begeleider. Sterker nog: je moet de begeleider 'verleiden' tot veel bruikbare feedback. Hoe concreter jij je plannen formuleert, hoe kritischer het commentaar van de begeleider kan zijn. Dat is misschien niet leuk of zelfs beangstigend, maar uiteindelijk wordt daarmee de kans op succes groter omdat die kritiek je kan behoeden voor problemen bij de uitvoering. Je bent er echt niet bij gebaat om zaken vaag te houden of in het midden te laten. Die blijken later in het proces meestal keihard terug te slaan. Laat dus precies zien wat je voor ogen hebt. En laat ook zien waarover je twijfelt; vraag je begeleider daarover mee te denken.

4.3.2 Waarom het plan uitschrijven?

Er zijn twee manieren om een scriptieplan vorm te geven: de vorm van een ingevuld schema of de vorm van een lopende tekst. Een plan in de vorm van een schema is goed bij het ontwikkelen van je ideeën: door de 'kaalheid' blijft het overzichtelijk.

Het plan beschrijven in een lopende tekst kan in deze fase echter ook grote voordelen opleveren. Om de volgende redenen is dat uiteindelijk aan te bevelen:

1 Een lopende tekst geeft de mogelijkheid voor een **laatste inhoudelijke controle** op het plan. In een lopende tekst word je gedwongen verbanden (tussen zinnen en alinea's) te expliciteren en redeneringen uit te schrijven. Daarbij komen eventuele onduidelijkheden, onuitgewerktheden en onlogica scherp naar voren; scherper dan in een schema. Je begeleider zal ze dus ook beter kunnen opmerken.

2. Je levert een **eerste proeve van schrijfwerk** af. Zo creëer je in een vroeg stadium de mogelijkheid om ervaring op te doen met het schrijven. En zo ontdek je ook in een vroeg stadium bepaalde eigenaardigheden of problemen bij dat schrijven. Bijvoorbeeld traag werken, moeilijk iets op papier kunnen krijgen, moeite hebben met helder formuleren, of juist geruststellend vlot schrijven. Door deze ervaring weet je beter wat je te wachten staat en of je iets moet veranderen in je aanpak van het schrijfwerk.
3. Het onderzoeksvoorstel in lopende tekst is te zien als een **eerste versie van de inleiding van je scriptie**. De inleiding (in één of meer inleidende hoofdstukken) bestaat grotendeels uit informatie die je in de planfase verzameld en bedacht hebt. Voor de uiteindelijke scriptie moet er waarschijnlijk nog wel een en ander aangepast worden, maar het is normaal dat een eerste versie niet de uiteindelijke tekst is. De basis evenwel is hiermee gelegd.
4. Het is handig om die inleiding nú te schrijven, **nu alles nog 'vers in je hoofd zit'**. Aan het einde van het onderzoek ligt dat anders, zo schrijft ook Nederhoed (1985, p. 120):

   > Veel inleidingen zijn onbegrijpelijk (…) Dat komt doordat de onderzoekers het moeilijk vinden aan het slot van hun onderzoek, dat maanden of zelfs jaren kan hebben geduurd, terug te gaan naar 'af'. Ze kunnen zich de beginsituatie van hun onderzoek niet meer voor de geest halen, de situatie waarin ze nog niets of zo goed als niets van hun onderwerp wisten. Die situatie moet altijd het uitgangspunt zijn bij het invullen van de inleiding.

   De lezer bevindt zich immers ook in die situatie als hij/zij de tekst gaat lezen.
5. De inleiding is een **overzichtelijk stuk om mee te beginnen.** Als je alle schrijfwerk tot de laatste fase bewaart, loop je het risico dat het als een berg op je afkomt. Het schrijfwerk in stukjes verdelen (segmenteren), maakt de taak overzichtelijker en maakt deadlines minder dreigend.
6. Tot slot: als je al in deze fase een tekst laat zien aan je begeleider, kan die jou ook al **feedback geven op je schrijfwerk**. Helemaal als je onzeker bent over de eisen die er gesteld worden aan inhoud, structuur, stijl en afwerking van je tekst, is het inleveren van een lopende tekst aan te bevelen. Begeleiders kunnen maar zelden vooraf duidelijk maken welke eisen ze stellen aan de tekst, maar als ze een tekst onder ogen krijgen, geven ze gemakkelijk aan wat ze er goed en minder goed aan vinden. Vraag voor de zekerheid wel even aan de begeleider of hij/zij ook wil kijken naar de manier waarop je het hebt opgeschreven: is dat ook de goede manier voor de rest van de scriptie? Krijg je in een vroeg stadium feedback, dan weet je of je iets moet veranderen aan je manier van schrijven, al dan niet met behulp van een goed handboek, websites, een cursus of individuele schrijfcoaching.

4.3 Het plan uitschrijven in een tekst

Kortom: hoewel het extra tijd zal kosten om het plan om te werken tot een tekst, is er alle reden om dat te doen. Vind je het erg lastig om tekst te produceren, ga dan te rade bij hoofdstuk 7 en 8 van dit boek.

Hiermee zijn alle plannen gemaakt: het onderwerp is afgebakend tot een onderzoeksplan (planpaatje), het tijdsplan is opgesteld en er ligt een voorlopige inhoudsopgave en misschien een uitgeschreven versie van dit alles. Scriptieschrijvers kunnen in principe oversteken naar de volgende fase die beschreven wordt in hoofdstuk 6: het onderzoek uitvoeren.

5 Een plan maken voor een kleine schrijfopdracht

5.1 Inleiding

5.2 Wat: het onderwerp afbakenen
   5.2.1 Inleiding
   5.2.2 De stappen
- Stap 1   Bekijk de omvang van alle begrippen
- Stap 2   Baken af door deelverzamelingen te kiezen
- Stap 3   Ga op zoek naar een interessante invalshoek
- Stap 3a Afbakenen vanuit de praktijk of actualiteit
- Stap 3b Afbakenen vanuit één artikel
- Stap 3c Afbakenen vanuit meer artikelen
- Stap 4   Noteer welk onderwerp je gekozen hebt en controleer de omvang

5.3 Wat: een hoofdvraag formuleren
   5.3.1 Inleiding
   5.3.2 De stappen
- Stap 1   Kies een vraagtype
- Stap 2   Formuleer het begin van de vraag
- Stap 3   Vul het ingeperkte onderwerp in op de puntjes

5.4 Hoe: logische deelvragen bepalen
   5.4.1 Inleiding
   5.4.2 De stappen
- Stap 1   Kies het schema met deelvragen voor jouw vraagtype
- Stap 2   Vul jouw onderwerp(en) in die vragen in
- Stap 3   Rafel zo nodig complexe vragen uiteen
- Stap 4   Maak zo nodig een vertaalslag van de begrippen in de vraag

5.5 Ter afsluiting

5 Een plan maken voor een kleine schrijfopdracht

5.1 Inleiding

In dit hoofdstuk vind je de stappen uitgelegd die je helpen bij een plan voor een kleine schrijfopdracht. Dat is een opdracht die in veel opzichten overeenkomt met de volgende beschrijving:
- Het is een opdracht in het kader van een cursus.
- Het belangrijkste doel van het schrijven is het je eigen maken van (vak)kennis.
- Het onderwerp of de vraagstelling is (deels) gegeven.
- Het onderzoek hoeft niet noodzakelijk tot nieuwe wetenschappelijke kennis of inzichten te leiden.
- Je hoeft niet zelf empirisch onderzoek te doen, literatuuronderzoek volstaat.
- De literatuur is (deels) gegeven.
- De tekst heeft een omvang van twee tot tien pagina's.
- Er mag/moet soms met een groepje aan gewerkt worden.

Er circuleren verschillende termen voor dergelijke teksten, bijvoorbeeld **essay**, **paper**, **review**, **betoog**, **werkstuk** of **nota**. Het kan zijn dat jouw opdracht ergens tussen een grote en kleine schrijfopdracht in zit. Als je tijdens het lezen van deze paragraaf merkt dat je over een onderdeel meer of uitgebreidere informatie nodig hebt, kijk dan of die in de vorige hoofdstukken staat; die gaan namelijk over het maken van een plan voor een grotere schrijfopdracht, bijvoorbeeld een bachelor- of masterscriptie.

Wat is er academisch aan?
Voordat de stappen aan de orde komen, is het goed om kort in te gaan op het verschil tussen het schrijven dat je misschien gewend bent en het schrijven dat op de universiteit van je wordt verwacht.

Als je op de lagere of middelbare school een spreekbeurt houdt of een opstel schrijft, is het meestal voldoende om een verhaal te vertellen over één onderwerp. Je spuit al je kennis over je geboortedorp, over een boek dat je hebt gelezen of over de ontwikkeling van de digitale camera – om maar wat onderwerpen te noemen. Ga je eenmaal wetenschappelijk schrijven, dan kun je die manier van communiceren beter achter je laten. Kennis spuien doe je eigenlijk alleen nog op tentamens. Dat noemen we *knowledge telling*. Is dat toch de enige bedoeling van je huidige opdracht (je hoeft bijvoorbeeld alleen een samenvatting te maken van een artikel), dan kun je het beste een algemeen schrijfhandboek raadplegen of de tekst opvatten als een tekst met een beschrijvende hoofdvraag (zie paragraaf 5.4.2).

Meestal echter wordt bij academische schrijfopdrachten verwacht dat je iets anders doet dan alleen maar opschrijven wat je weet over een onderwerp: het gaat om *knowledge transforming*.

Hoe kun je nu zorgen dat je 'iets doet met kennis'? De gemakkelijkste manier is eigenlijk om een **goede vraag** te formuleren. Dan gebruik je de informatie om die vraag te beantwoorden: je verwerkt (transformeert) de losse kennis tot een antwoord op een vraag. Dat werkt beter dan schrijven vanuit een onderwerp. Het probleem van een onderwerp is namelijk dat het in zichzelf nauwelijks een begrenzing heeft; je kunt eindeloos vertellen over bijvoorbeeld de eerste liefdesemblemen van Daniel Heinsius, over anorexia bij meisjes jonger dan twaalf jaar, over de invloed van reclame op koopgedrag of over NMR-spectroscopie bij organische verbindingen. Hoewel 'laten zien wat je weet' meestal een belangrijk doel is van een kleine schrijfopdracht (vergelijk paragraaf 1.3.2), moet je die kennis verwerken tot een eigen verhaal met een kop en een staart: een verhaal met een vraag en een antwoord.

Bij de verdere uitwerking van deze paragraaf gaan we uit van de volgende kenmerken van de kleine schrijfopdracht:
- De tekst begint met een vraag en eindigt met een antwoord op die vraag.
- Alles wat tussen vraag en antwoord staat, is functioneel in de zin dat het bijdraagt aan de verantwoording of beantwoording van die vraag.
- Wat er staat is ook precies wat er bedoeld wordt (we mogen alles letterlijk lezen).
- De tekst is gebaseerd op literatuur (boeken, artikelen), maar je doet meer dan alleen weergeven wat er in die literatuur staat.

De stappen
Een plan voor een kleine schrijfopdracht maak je via de volgende stappen:

1 Het onderwerp afbakenen (paragraaf 5.2).
2 Een hoofdvraag formuleren (paragraaf 5.3).
3 Logische deelvragen bepalen (paragraaf 5.4).

5.2 Wat: het onderwerp afbakenen

5.2.1 Inleiding

De vraag die centraal staat in je stuk moet beantwoord kunnen worden in de korte tijd die je gegeven is voor de opdracht. Daarom is het nodig om een onderwerp af te bakenen. Omdat dit hoofdstuk specifiek gaat over het schrijven van kleine papers (essays, werkstukken), is het uitgangspunt dat het onderwerp bepaald wordt door het vak waartoe de schrijfopdracht behoort. Is dat niet het geval, dan kun je in paragraaf 2.2 meer lezen over het vinden van een onderwerp.

De hoofdzaak van dergelijke opdrachten is meestal dat je laat zien dat je de literatuur bij dat vak kunt verwerken tot een samenhangend verhaal: een verhaal waarbij alle informatie bijdraagt aan de beantwoording van een vraag. Belangrijk is om **precies** te bepalen en aan te geven waar het werkstuk wel en niet over gaat.

5.2.2 De stappen

De stappen voor het afbakenen van het onderwerp zijn:
1. Bekijk de omvang van alle begrippen.
2. Baken af door deelverzamelingen te kiezen.
3. Ga op zoek naar een interessante invalshoek:
   - 3a Afbakenen vanuit de praktijk of actualiteit.
   - 3b Afbakenen vanuit één artikel.
   - 3c Afbakenen vanuit meer artikelen.
4. Noteer welk onderwerp je gekozen hebt en controleer de omvang.

STAP 1
Bekijk de omvang van alle begrippen

Stel je de volgende zin voor in de inleiding: *Dit werkstuk gaat over de oorzaken van anorexia bij meisjes jonger dan twaalf jaar.* Hoe letterlijk mogen we deze mededeling nemen? Gaat het werkelijk over alle verschijnselen en personen, altijd en overal? Om dat te controleren, stel je bij elk begrip de vraag of dat in zijn volle omvang aan de orde zal komen:
- *De oorzaken*: gaat het om alle mogelijke oorzaken?
- *Anorexia*: gaat het om alle vormen van anorexia?
- *Meisjes jonger dan twaalf jaar*: gaat het om alle meisjes jonger dan twaalf met anorexia?

- *Meisjes jonger dan twaalf jaar*: gaat het om alle meisjes jonger dan twaalf met anorexia over de hele wereld?
- Gaat het om alle oorzaken van alle vormen van anorexia bij alle meisjes jonger dan twaalf jaar altijd (heden, verleden en toekomst)?

Als niet alle vragen met 'ja' beantwoord kunnen worden, is verdere afbakening noodzakelijk.

STAP 2
Baken af door deelverzamelingen te kiezen

Bij het afbakenen van het onderwerp gaat het steeds om de vraag: kan ik over dat hele onderwerp iets zeggen in mijn werkstuk? Zo nee, dan moet je er een stukje afhalen. Op zichzelf is de techniek van het afbakenen niet zo moeilijk: je pakt steeds een deelverzameling van het onderwerp dat je bedacht had. Een voorbeeld. Als je een paper wilt schrijven over anorexia, kan de afbakening als volgt zijn:

anorexia
anorexia bij meisjes
anorexia bij meisjes jonger dan twaalf
anorexia bij meisjes jonger dan twaalf met werkende ouders
enzovoort

Het aparte is dat met de verkleining van het onderwerp, de omschrijving ervan steeds groter wordt. Het aanvankelijke onderwerp *de oorzaken van anorexia bij meisjes jonger dan twaalf jaar* (tien woorden) zou er in afgebakende vorm als volgt uit kunnen zien: *De aanwezigheid van ouders als mogelijke oorzaak van het ontstaan van anorexia bij meisjes jonger dan twaalf, zoals dat naar voren komt in onderzoek uit de Verenigde Staten vanaf 1990* (dertig woorden).

STAP 3
Ga op zoek naar een interessante invalshoek

Stap 2 gaat over de 'mechanische' kant van het inperken, maar wat zijn verstandige inperkingen? Bij academische schrijfopdrachten kies je niet zomaar iets: je kiest iets wat **interessant** is. Daarbij kun je je natuurlijk laten leiden door je eigen interesse, maar in de context van een academische schrijfopdracht moet je rekening houden met nog een ander criterium, namelijk dat het onderwerp binnen jouw vakgebied valt. Je doet een bepaalde studie en interessante onderwerpen zijn onderwerpen waar onderzoekers in jouw vak-

5.2 Wat: het onderwerp afbakenen

gebied in geïnteresseerd zijn. Dat ze daarin geïnteresseerd zijn, blijkt uit het feit dat ze er onderzoek naar doen en erover publiceren. Je moet dus iets over die invalshoek kunnen vinden in de literatuur van je vak. Verderop vind je daarvoor meer concrete aanwijzingen, maar eerst wat adviezen over het efficiënt omgaan met literatuur. Om erachter te komen wat er gepubliceerd is, moet je namelijk de literatuur induiken en veel studenten verdrinken daarin.

Ga doelgericht om met de literatuur
Voor het afbakenen van het onderwerp is het dus nodig om te lezen. In het proces kan dat verwarrend zijn, omdat lezen ook de methode is die je straks (zie hoofdstuk 6: het onderzoek uitvoeren) gebruikt om de antwoorden op de vragen te vinden. Een extra complicatie bij kleine opdrachten is dat de planfase en uitvoeringsfase elkaar in tijd snel opvolgen. Het risico is dat fases ongemerkt in elkaar overgaan en je al een stuk hebt geschreven voor je goed en wel hebt bepaald wat precies de invalshoek is. Daarmee riskeer je een rommelige tekst zonder duidelijke focus.

Veel academische schrijvers verliezen tijd doordat ze hele stapels artikelen nauwkeurig van voor naar achter bestuderen, terwijl ze nog niet bepaald hebben waar precies het onderzoek over zal gaan. Later blijkt dan dat het gros van de artikelen toch niet zo relevant is; een groot deel van het leeswerk is dan voor niets geweest. Dit kun je voorkomen door de literatuur zeer gericht te gebruiken: je leest om je onderwerp te verkennen en om te kijken over welke afbakeningen en perspectieven artikelen zijn te vinden. Dat doe je het meest efficiënt als je mogelijk interessante artikelen alleen maar scant op hun bruikbaarheid. Meestal is het lezen van inleiding en conclusies daarvoor voldoende. Geschikte bronnen voor deze fase zijn vooral overzichtsboeken en overzichtsartikelen (reviews). Het liefst zo recent mogelijk, want dan weet je wat het 'laatste nieuws' is in jouw vakgebied. Zie hiervoor ook het overzicht 'Lezen om te schrijven' op de website onder de knop 'Theorie'.

Terug nu naar de interessante invalshoek op een onderwerp. Hoe kom je die op het spoor? Er zijn globaal drie opties: vanuit de praktijk of de actualiteit, vanuit één artikel of vanuit meerdere artikelen.

STAP 3a
Afbakenen vanuit de praktijk of actualiteit

Bij de eerste optie word je geprikkeld doordat je iets meemaakt of leest dat te maken heeft met het onderwerp van je essay of paper. Belangrijkste vraag is dan of dat inderdaad binnen jouw vakgebied past. Om dat te achterhalen moet je uitzoeken waarover mensen binnen jouw vakgebied artikelen schrijven.

Een voorbeeld. Je studeert rechten en moet een essay schrijven over de herziening van strafzaken zoals die plaatsvinden sinds de oprichting van de Commissie Evaluatie Afgesloten Strafzaken. Door een dergelijke herziening zijn mensen als Lucia de Berk (de Haagse verpleegkundige), Cees B (Schiedammer parkmoord) en Ina Post (bejaardenverzorgster) vrijgesproken van moord. Naar aanleiding van deze zaken vraag je je af wat het met mensen doet als ze onterecht veroordeeld blijken te zijn geweest en je gaat daarover informatie zoeken. Waarschijnlijk zul je in de juridische bibliotheek niet veel vinden over dit perspectief. In de bibliotheek van psychologie daarentegen heb je meer kans: die bevat vast artikelen over de psychische gevolgen van onterechte veroordelingen. Een dergelijke inperking in de richting van psychische gevolgen is dus interessant voor een student psychologie, maar waarschijnlijk minder voor iemand die rechten studeert. Als rechtsstudent zou je op zoek moeten gaan naar een andere invalshoek.

STAP 3b
Afbakenen vanuit één artikel

Een interessante invalshoek vind je dus in de literatuur. Wat binnen je vakgebied te vinden is, is in principe interessant, maar hoe vind je daarbinnen dan een interessante invalshoek? Het uitgangspunt is dat de schrijfopdracht gekoppeld is aan een vak en dat je artikelen kunt of moet gebruiken die bij dat vak aan de orde zijn geweest. Je kunt beginnen met één artikel dat je interessant vindt. Dat artikel eindigt waarschijnlijk met 'suggesties voor vervolgonderzoek', maar meestal zijn dat te grote vragen voor een klein literatuuronderzoek. Daarom moet je meestal toch zelf zoeken naar interessante invalshoeken of vragen. Als je begint bij één artikel is een goede basisvraag: *Hoe zou het (= verschijnsel waar het artikel over gaat) zijn met andere ...?*

Een paar voorbeelden:

> ... met andere variabelen?
> ... met andere proefpersonen?
> ... met ander materiaal / andere data?
> ... in een andere periode?
> ... op een andere plek?
> ... met andere methodes?
> ... met een andere steekproef?
> ... met andere definities?
> ... tien jaar later?
> enzovoort

5.2 Wat: het onderwerp afbakenen

Kortom: het is interessant om te weten hoe een verschijnsel te beschouwen is (welke kenmerken het onderwerp heeft) als er andere keuzes worden gemaakt. Deze zoektocht naar een invalshoek op basis van één artikel kan ook per begrip worden uitgevoerd. Het idee hierachter is: kennelijk is het onderwerp van dit artikel interessant binnen dat vakgebied, maar één artikel geeft een beperkt, mogelijk eenzijdig beeld van dit interessante verschijnsel. Andere invalshoeken, andere keuzes leveren aanvullende interessante informatie op.

Een voorbeeld. Je studeert geschiedenis en leest een artikel over de vraag hoe nationalistisch de berichtgeving was in Britse kranten tijdens de Tweede Wereldoorlog. Voor elk van de begrippen kun je de vraag stellen: *Hoe zou dat zijn geweest met ...?* Bijvoorbeeld:

- *Hoe nationalistisch:* behalve de mate van nationalisme, kun je bijvoorbeeld ook beschrijven waar Britse kranten wel en niet over berichtten (inhoudsselectie), of de mate waarin ze een moreel oordeel gaven of de mate waarin er sprake is van 'gekleurd taalgebruik'.
- *Britse:* Britse kranten zijn interessant maar wat is er bekend over Nederlandse, Amerikaanse en andere kranten van de 'geallieerden'?
- En over de berichtgeving in vijandelijke kranten? Duits, Italiaans, enzovoort.
- *Kranten***:** er zijn nog andere media dan kranten; is er onderzoek gedaan naar de berichtgeving op de radio, in films, enzovoort?
- *Tweede Wereldoorlog:* is er onderzoek gedaan naar de berichtgeving tijdens andere oorlogen dan WO2? Bijvoorbeeld WO1, Vietnam, Balkanoorlogen, Kosovo, Afrika, enzovoort?

Als je artikelen vindt waarin zo'n aanvullend perspectief wordt beschreven, ligt het voor de hand om de gegevens uit beide artikelen te gaan vergelijken (zie verderop). Dan heb je meteen iets gevonden voor 'meer doen dan alleen opschrijven wat in de artikelen staat'.

STAP 3c
Afbakenen vanuit meer artikelen

Als je al meer artikelen hebt over een bepaald onderwerp, is het vaak de moeite waard om die te vergelijken en op basis daarvan te bepalen of je nog meer materiaal nodig hebt voor een interessant perspectief. Spreken de auteurs elkaar tegen, dan dringt zich vanzelf de vraag op wie het meest geloofwaardig of betrouwbaar is. Je kunt dan elk van beide artikelen evalueren (hoe geloofwaardig en betrouwbaar is het onderzoek) of op zoek gaan naar een derde of vierde artikel dat meer duidelijkheid verschaft over de waarde van beide ideeën. Meer informatie over de uitwerking van zo'n soort vraag, vind je in paragraaf 5.4.2.

Spreken de auteurs elkaar niet tegen maar vullen ze elkaar aan, dan dringt zich de vraag op welke aanvullende perspectieven er mogelijk zijn om te komen tot een completer beeld. Eigenlijk volg je dan dezelfde procedure als bij de start vanuit één artikel. Bijvoorbeeld: Britse en Duitse kranten zijn onderzocht; onderzoek naar Russische kranten zou het plaatje compleet maken. Op deze manier probeer je de informatie uit verschillende artikelen 'bij elkaar op te tellen'; twee weten meer dan één.

STAP 4
Noteer welk onderwerp je gekozen hebt en controleer de omvang

Probeer op basis van de zoektocht in de vorige stap te komen tot een omschrijving van het onderwerp dat je interessant lijkt. Controleer weer de omvang zoals je dat in stap 1 gedaan hebt. Misschien moet je de hele procedure nog een paar keer doorlopen voordat je een geschikt onderwerp hebt: kiezen, controleren, lezen, kiezen, controleren, lezen, kiezen, enzovoort.

5.3 Wat: een hoofdvraag formuleren

5.3.1 Inleiding

Het is eerder aan de orde geweest: bij kleine academische schrijfopdrachten zoals papers en essays moet je de informatie (literatuur) verwerken tot een verhaal. Een goede centrale vraag kan daarbij een nuttige richtingaanwijzer zijn als die niet alleen het begin aanduidt, maar ook het eindpunt (wat voor soort antwoord er komt) en de weg naar dat antwoord (stappen of deelvragen).

Op basis van deze drie elementen van de vraag (beginpunt, tussenstappen en eindpunt) kun je onderscheid maken in verschillende typen vragen. In de academische wereld circuleren hiervan talloze lijstjes. Wij gebruiken de vraagtypen zoals die ontwikkeld zijn op de Universiteit Utrecht (Oost & Markenhof, 2002, p. 51-52). Er worden zeven vraagtypen onderscheiden, afhankelijk van het soort antwoord dat in de vraag besloten zit: beschrijving, vergelijking, definiëring, evaluatie, verklaring, voorspelling en advies of ontwerp.

Bij een kleine literatuurstudie zijn eigenlijk alleen de eerste vier vraagtypen relevant. Die worden hieronder dan ook beschreven en uitgewerkt. Type 5 tot en met 7 komen aan de orde in het hoofdstuk over grote schrijfopdrachten (hoofdstuk 2 en 3). De stappen om te komen tot een hoofdvraag zijn voor grote en kleine schrijfopdrachten hetzelfde. Alleen de precieze uitwerking verschilt.

5.3 Wat: een hoofdvraag formuleren

5.3.2 De stappen

De stappen voor het formuleren van de hoofdvraag zijn:
1. Kies een vraagtype.
2. Formuleer het begin van de vraag.
3. Vul het ingeperkte onderwerp in op de puntjes.

STAP 1
Kies een vraagtype

Je kunt kiezen uit een beschrijving, een vergelijking, een definiëring en een evaluatie.

1. **Beschrijving**
Een beschrijving leidt tot een opsomming van kenmerken van een verschijnsel. Bij het soort opdrachten waar het hier om gaat – een kleine literatuurstudie – zou een beschrijvende vraag betekenen dat je de kenmerken beschrijft van literatuur, bij academische teksten dus vaak de kenmerken van onderzoek dat erin beschreven wordt. Bij een beschrijving kun je aan het einde een samenvatting geven van de kenmerken. Wil je meer, dan moet je een ander vraagtype kiezen voor je hoofdvraag.

2. **Vergelijking**
Bij een vergelijking gaat het om de verschillen en/of overeenkomsten tussen kenmerken van twee of meer verschijnselen. De vergelijking is, net als de beschrijving, een basisvorm die je in vrijwel alle onderzoeken terugziet. We noemen een hoofdvraag vergelijkend als het doel alleen is om te laten zien in welke mate en/of in welk opzicht twee of meer verschijnselen op elkaar lijken. Een vergelijking leidt ertoe dat je uitspraken kunt doen over twee of meer verschijnselen ten opzichte van elkaar. Je doet dus meer dan alleen kenmerken van die verschijnselen los van elkaar samenvatten. Je kunt bijvoorbeeld conclusies trekken over de vraag of er wel of geen verschillen zijn, in hoeverre ze op elkaar lijken, of er een ontwikkeling heeft plaatsgevonden (als het een vergelijking in tijd is) en dergelijke.

3. **Definiëring**
Bij een definiëring gaat het erom te bepalen of een bepaald verschijnsel al dan niet tot een bepaalde klasse behoort. Bijvoorbeeld of een roman postmodern is, of dat een bepaalde plant tot de cacteeën behoort. Het gaat daarbij om de verhouding tussen een specifiek object en een klasse van objecten.

4 **Evaluatie**
Met een evaluerende vraag beoog je een waardeoordeel te geven over een of meer verschijnselen. Je geeft een gefundeerd oordeel over positieve en negatieve eigenschappen. Uitspraken zijn bijvoorbeeld of het onderzochte verschijnsel positief of negatief, wenselijk of niet, problematisch of niet is.

Tips vooraf
1. Veel schrijvers denken dat ze een beschrijvende vraag hebben, maar vaak blijkt bij doorvragen dat ze toch iets meer willen dan alleen maar beschrijven. Eigenlijk zou je een beschrijvende vraag moeten vermijden. Natuurlijk beschrijf je de literatuur, maar dat is niet het uiteindelijke doel van je studie: je wilt meer dan alleen maar samenvatten wat in de literatuur staat: geen knowledge telling maar knowledge transforming. Zuiver beschrijvende hoofdvragen zijn zeldzaam, maar elk onderzoek bevat een aantal beschrijvende deelvragen. Wil je meer weten over het hoe, wat en waarom van beschrijvingen, kijk dan in paragraaf 2.6.2 (stap 1).
2. Probeer één enkelvoudige vraag te formuleren. Dus bijvoorbeeld niet *Wat is ... en hoe ...?* Dat is namelijk (dat zie je aan *en*) een samengestelde vraag. Zeker voor een kleine schrijfopdracht moet één vraag voldoende zijn. Om die te vinden, ga je na wat voor uitspraak je uiteindelijk wilt doen aan het eind van je paper. In paragraaf 2.6.1 staat hierover nog wat meer informatie.
3. Een verklarende vraag komt eigenlijk niet of nauwelijks voor bij kleine literatuurstudies. Dat komt omdat je in zo'n kleine opdracht meestal niet zelf met een verklaring zult komen, maar alleen verklaringen van anderen beschrijft, vergelijkt of evalueert. Zie ook paragraaf 3.1.2 (stap 2) waar verschillende soorten verklaringen zijn uitgelegd.
4. Moet je iets schrijven als een betoog, een kritische beschouwing of moet je een stelling verdedigen, dan kan het lastig zijn om de vertaalslag te maken naar de vier vraagtypen. In paragraaf 5.4.2 (stap 4) staan hiervoor tips.
5. Vind je het lastig het vraagtype te omschrijven omdat je onderwerp over ontwikkelingen, factoren, verbanden, analyses gaat, of iets wat daarop lijkt, lees dan paragraaf 3.1.2 (stap 3). Hier vind je de vertaalslag naar de vraagtypen.

STAP 2
Formuleer het begin van de vraag

Bij elk van de vier vraagtypen past een bepaalde formulering. Die kun je gebruiken om het begin van je vraag te formuleren. Hieronder een aantal mogelijkheden bij elk type:

5.3 Wat: een hoofdvraag formuleren

Beschrijving
Wat zijn de kenmerken van …?
Welke eigenschappen heeft …?
Waaruit bestaat …?
Hoe ziet … eruit?

Vergelijking
Wat zijn de verschillen tussen …?
Wat zijn de overeenkomsten tussen …?
In welke opzichten lijken … en … op elkaar?
Op welke punten verschillen … en … van elkaar?

Definiëring
Behoort … tot het soort …?
Tot welke klasse behoort …?
Waarvoor is … typerend?

Evaluatie
Wat zijn positieve kenmerken van …?
Wat zijn negatieve kenmerken van …?
Hoe … (bijvoorbeeld wenselijk) is …?
Wat is de waarde van …?
Hoe goed werkt …?

Nu gaat het bij kleine schrijfopdrachten bijna altijd om een (klein) literatuuronderzoek. De vragen gaan daardoor eigenlijk altijd om: *Wat kunnen we uit de literatuur afleiden over …?* 'Literatuur' is dan ook weer een begrip dat om afbakening vraagt. Zijn we helemaal precies, dan wordt het iets als: *Wat is uit artikel x, y en z af te leiden over …?* Maar dergelijke vragen kom je zelden tegen: in de meeste disciplines is het niet de gewoonte om de vragen zo nauwkeurig te formuleren.

STAP 3
Vul het ingeperkte onderwerp in op de puntjes

Als het goed is ben je door de stappen in paragraaf 5.2.2 tot een afgebakend onderwerp gekomen. Dat hoef je alleen nog maar in te vullen op de puntjes van de vraag en je hebt je hoofdvraag. Dat kan een onleesbaar lange vraag opleveren. Kijk dan of je die ergens kunt splitsen in een onderwerpaanduiding en een vraag daarover. Een variant die je vaak tegenkomt is een tamelijk ruime vraag die direct gevolgd wordt door een afbakening. Bijvoorbeeld:

In dit paper staat de vraag centraal wat de oorzaken zijn van anorexia bij meisjes jonger dan twaalf jaar. Ik beperk me tot de periode 1990-heden omdat alleen daarvan gegevens bekend zijn. Die gegevens hebben betrekking op meisjes uit de Verenigde Staten. Met name wil ik achterhalen of anorexia bij zeer jonge meisjes te maken heeft met de mate waarin ouders thuis aanwezig zijn.

Controleer altijd even welke vormen in jouw vakgebied gebruikelijk zijn en toegestaan worden voor het presenteren van de centrale vraag.

5.4 Hoe: logische deelvragen bepalen

5.4.1 Inleiding

Als je een hoofdvraag hebt gekozen en weet van welk type die is, dan zijn alleen al uit dat type een aantal logische deelvragen af te leiden. In stap 1 en 2 wordt uitgelegd hoe dat werkt: daar vind je ook schema's met de deelvragen die horen bij de verschillende soorten hoofdvragen. Soms echter is niet onmiddellijk duidelijk welke hoofd- en deelvragen bij een schrijfopdracht passen. De stappen 3 en 4 helpen dan om de vertaalslagen te maken naar de vragenschema's.

5.4.2 De stappen

De stappen voor het bepalen van logische deelvragen zijn:

1. Kies het schema met deelvragen voor jouw vraagtype.
2. Vul jouw onderwerp(en) in die vragen in.
3. Rafel zo nodig complexe vragen uiteen.
4. Maak zo nodig een vertaalslag van de begrippen in de vraag.

STAP 1
Kies het schema met deelvragen voor jouw vraagtype

Hieronder vind je schema's met deelvragen die logisch zijn bij elk van de vier vraagtypen die in de vorige paragraaf besproken zijn: beschrijving, vergelijking, definiëring en evaluatie.

1 **Beschrijving**
Hoewel een beschrijvende hoofdvraag niet raadzaam is, heb je wel vaak beschrijvende deelvragen. En die moeten meestal ook weer opgedeeld worden in deelvragen. Hoe doe je dat? Een beschrijvende vraag kun je verder ver-

5.4 Hoe: logische deelvragen bepalen

delen door je onderzoeksobject (het onderwerp van de vraag) te verdelen in onderdelen. Dat kunnen echte onderdelen zijn (van een auto, een mens, een lesboek), maar ook dimensies, fases, aspecten, enzovoort.

Voorbeeld van deelvragen bij een beschrijving
1. Wat waren de kenmerken van verschijnsel a in fase 1?
2. Wat waren de kenmerken van verschijnsel a in fase 2?
3. Wat waren de kenmerken van verschijnsel a in fase 3?

enzovoort

→ **Wat kunnen we dus zeggen over de kenmerken van verschijnsel a?**

Als je literatuur over een bepaald onderwerp beschrijft (wat meestal zo is bij een kleine opdracht), kan dat op twee manieren: methodisch en inhoudelijk. Beschrijf je een artikel methodisch, dan volg je de verschillende onderdelen van het onderzoek: probleemstelling, doelstelling, deelvragen, methode, materiaal, steekproef, resultaten en discussie. Je kunt een artikel ook inhoudelijk beschrijven: dan verdeel je het op basis van wat een auteur meldt over bepaalde aspecten van het onderwerp.

Voorbeeld van deelvragen bij de methodische beschrijving van een artikel
1. Wat is de probleemstelling in het onderzoek dat is beschreven in artikel a?
2. Wat is de doelstelling in het onderzoek dat is beschreven in artikel a?
3. Wat zijn de deelvragen in het onderzoek dat is beschreven in artikel a?

enzovoort

→ **Wat kunnen we dus zeggen over de kenmerken van het onderzoek dat is beschreven in artikel a?**

Voorbeeld van deelvragen bij de inhoudelijke beschrijving van een artikel
1. Wat schrijft auteur X over de kenmerken van aandoening a?
2. Wat schrijft auteur X over de oorzaken van aandoening a?
3. Wat schrijft auteur X over de therapieën bij aandoening a?

enzovoort

→ **Wat kunnen we dus zeggen over wat auteur X schrijft over aandoening a?**

2. **Vergelijking**
Bij een vergelijking heb je minstens twee beschrijvende vragen; je beschrijft immers minimaal twee dingen die je met elkaar vergelijkt. Daarmee is echter

de vergelijking nog niet klaar. Je moet ook vragen hebben die de twee beschrijvingen aan elkaar koppelen: deelvragen over verschillen en overeenkomsten. In schema ziet dat er als volgt uit:

Voorbeeld van deelvragen bij een vergelijking
1 Wat zijn de kenmerken van verschijnsel a?
2 Wat zijn de kenmerken van verschijnsel b?
  (Wat zijn de kenmerken van verschijnsel c, d, enzovoort?)
3 Wat zijn de overeenkomsten tussen a en b?
  (Wat zijn de overeenkomsten tussen a en c, b en c, d, enzovoort?)
4 Wat zijn de verschillen tussen a en b?
  (Wat zijn de verschillen tussen a en c, b en c, d, enzovoort?)
→ **Wat kunnen we dus zeggen over de mate waarin de verschijnselen op elkaar lijken?**

Als je twee of meer artikelen (onderzoeken) met elkaar gaat vergelijken, dan kun je ze elk beschrijven volgens de eerder gegeven methodische of inhoudelijke verdeling. Belangrijk is om van de te vergelijken verschijnselen altijd **dezelfde kenmerken** te beschrijven. Anders krijg je de beruchte appels en peren.

3 Definiëring

Bij een definiëring gaat het erom te bepalen of een verschijnsel al dan niet tot een bepaalde soort of klasse behoort; of het van een bepaald type is. Om dat te bepalen moet je gaan vergelijken: de kenmerken van het verschijnsel vergelijk je met de kenmerken van de klasse. Als er veel overeenkomsten zijn, kun je stellen dat het verschijnsel tot de klasse behoort. Wel is belangrijk om na te denken over de vraag hoeveel kenmerken het verschijnsel moet hebben om tot een bepaalde klasse te kunnen behoren of van een bepaald type te kunnen zijn. Dat noemen we het wegen van de kenmerken. Soms moet een verschijnsel aan een meerderheid van de kenmerken voldoen, maar soms is er sprake van een of meer kenmerken die het verschijnsel zonder meer moet hebben. Of van een combinatie van beide.

Voorbeeld van deelvragen bij een definiëring
1 Wat zijn de kenmerken van de klasse? (Wanneer noemen we iets ...?)
2 Hoe weeg je deze kenmerken?
3 Wat zijn de kenmerken van verschijnsel a?
4 Wat zijn de overeenkomsten tussen de klasse en verschijnsel a?
5 Wat zijn de verschillen tussen de klasse en verschijnsel a?
→ **Wat kunnen we dus zeggen over de mate waarin verschijnsel a behoort tot de klasse?**

5.4 Hoe: logische deelvragen bepalen

4 Evaluatie

Bij een evaluatie zie je de vergelijkingsvorm ook weer. Je komt namelijk tot een oordeel door het te onderzoeken verschijnsel te vergelijken met een norm. Komt het in hoge mate overeen met de norm dan is het positief; zijn er veel verschillen dan is het oordeel negatief. Is de norm iets negatiefs (als je bijvoorbeeld wilt uitzoeken hoe ernstig een probleem is), dan is de redenering omgekeerd: komt het in hoge mate overeen met de norm dan is het negatief; zijn er veel verschillen dan is het positief. Een evaluatie begint daarom altijd met de vraag welke kenmerken het te onderzoeken verschijnsel moet hebben om een bepaald oordeel te krijgen. Bijvoorbeeld: wat zijn de kenmerken van een rechtvaardige wet, van een goed onderzoek, van een effectieve manier van lesgeven, enzovoort. Daarna volgt, net als bij een definiëring, de wegingsvraag.

> **Voorbeeld van deelvragen bij een evaluatie**
> 1 Wat zijn de kenmerken van de norm? (Wanneer noemen we iets ...?)
> 2 Hoe wordt de norm gewogen / op basis waarvan beoordeel ik iets als wel of niet voldoende volgens de norm?
> 3 Wat zijn de kenmerken van het verschijnsel?
> 4 Op welke punten komt het verschijnsel overeen met de norm?
> 5 Op welke punten verschilt het verschijnsel van de norm?
> → **Wat kunnen we dus zeggen over de kwaliteit van het verschijnsel?**

STAP 2
Vul jouw onderwerp(en) in die vragen in

Heb je het juiste schema gevonden? Dan kun je jouw onderwerp (paragraaf 5.2.2) invullen waar steeds 'verschijnsel a' en dergelijke staat.

Maar we gaan nog een stap verder. Splits alle deelvragen weer uit in (deel)deelvragen, zodat je schema ook inhoudelijk ingevuld en geconcretiseerd wordt. Als je bijvoorbeeld drie onderzoeken vergelijkt, dan zijn die onderzoeken je verschijnselen a, b en c. Schrijf daarna ook op wat de vragen zijn die je over die artikelen gaat beantwoorden. Voorbeelden daarvan kun je vinden bij de uitleg van de beschrijving (stap 1). Zo kun je een invulschema maken met de verschillende (deel)deelvragen. In het stuk over het scriptieplan staat een deel van zo'n vragenschema (paragraaf 3.2.2).

Misschien is het verstandig om voor de uitwerking van de deelvragen nog wat literatuur te zoeken. Nu niet zozeer gericht op het vinden van een geschikte invalshoek, maar op het kiezen van concretiseringen van het vragenschema. Voorbeelden van vragen waarop je al lezend een antwoord kunt zoeken:
- Op welke manier worden artikelen opgebouwd? (bij een methodische beschrijving van een artikel)

- Welke eigenschappen worden genoemd in de literatuur? (bij beschrijvingen)
- Wat zijn interessante kenmerken om te vergelijken? (bij vergelijkingen)
- Op welke manier wordt zo'n klasse geconcretiseerd? (bij definiëringen)
- Op welke manier worden normen geconcretiseerd? (bij evaluaties)

Een inhoudelijk ingevuld vragenschema levert een stappenplan op voor de volgende fase: het uitvoeren van het onderzoek. De uitvoeringsfase bestaat immers uit het verzamelen, bewerken, analyseren en interpreteren van antwoorden. Als je een plan hebt met een goed afgebakend onderwerp en een deugdelijke uitvoerbare structuur van hoofd- en deelvragen, heb je een uitstekend overzicht van de antwoorden die je moet gaan zoeken. En daarmee van de stappen die je moet zetten in de fase van de uitvoering van het onderzoek. Ook zal het vragenschema veel steun geven voor de fase die volgt op de uitvoering: de verslaglegging. Je kunt je voorstellen dat de tekst straks de onderzoeksstructuur voor een belangrijk deel zal kunnen volgen. Met een goed plan voor het onderzoek ben je een flink eind op weg naar een goed plan voor de tekst.

STAP 3
Rafel zo nodig complexe vragen uiteen

Zowel in kleine als in meer omvangrijke academische teksten komen vaak gecombineerde vragen voor. Vooral de 'evaluatieve vergelijking' wordt veel gebruikt. Ter illustratie van hoe je complexe vragen uiteen kunt rafelen, volgt hieronder de analyse van de evaluatieve vergelijking. Deze vraagvorm is al voorbijgekomen bij de optie van elkaar tegensprekende auteurs (paragraaf 5.2.2): *dan dringt zich vanzelf de vraag op wie het meest geloofwaardig of betrouwbaar is*. Het evaluatieve zit in de begrippen *geloofwaardig of betrouwbaar*; hierin zit een waardeoordeel. Het vergelijkende zit in *het meest*: dit vraagt om vergelijking van kwaliteiten. Er zit dus een dubbele vergelijking in: de vergelijking van beide auteurs met een norm (de evaluatie) en de vergelijking van beide auteurs met elkaar (de vergelijking). Bij een evaluatieve vergelijking vervlecht je beide vraagtypen in elkaar. Dit soort onderzoek komt veel voor, ook buiten de wetenschap. Denk maar eens aan de onderzoeken van de Consumentenbond: welke koelkast (mobiele telefoon, autoverzekering) is de beste, welke de goedkoopste en welke heeft de beste prijs-kwaliteitverhouding?

Hieronder volgt een voorbeeld van deelvragen die passend zijn als je de kwaliteit van onderzoeken wilt vergelijken. Dat gebeurt vaak in kleine schrijfopdrachten: welke onderzoeker/auteur heeft nu het meeste recht van spreken? Kwaliteit is hier vertaald naar validiteit en betrouwbaarheid, maar je kunt daarvoor naar believen andere termen invullen die beter passen binnen het vocabulaire van jouw studie, zoals aannemelijkheid, aanvaardbaarheid, deugdelijkheid of generaliseerbaarheid.

Vergelijking van de kwaliteit van onderzoeken
1. Wat zijn de kenmerken van de norm? Wanneer noemen we een onderzoek valide en betrouwbaar?
2. Hoe wordt de norm gewogen? Op basis waarvan beoordeel ik iets als wel of niet voldoende volgens de norm?
3. Hoe valide en betrouwbaar is onderzoek a?
   3.1 Wat zijn de kenmerken van onderzoek a?
   3.2 Op welke punten komt onderzoek a overeen met de norm?
   3.3 Op welke punten verschilt onderzoek a van de norm?
4. Hoe valide en betrouwbaar is onderzoek b?
   4.1 Wat zijn de kenmerken van onderzoek b?
   4.2 Op welke punten komt onderzoek b overeen met de norm?
   4.3 Op welke punten verschilt onderzoek b van de norm?
5. Wat zijn de overeenkomsten tussen de validiteit en betrouwbaarheid van a en b?
6. Wat zijn de verschillen tussen de validiteit en betrouwbaarheid van a en b?
→ **Welk onderzoek is dus het meest valide en betrouwbaar?**

STAP 4
Maak zo nodig een vertaalslag van de begrippen in de vraag

Tot nu toe hebben we het steeds gehad over het bedenken van een vraag naar aanleiding van literatuur die je ook met behulp van literatuur gaat beantwoorden. Het kan zijn dat je een schrijfopdracht hebt gekregen, waarvan je niet direct ziet hoe het vraag-antwoordverhaal daar in past. Hieronder staan mogelijke 'vertalingen' van drie veelvoorkomende opdrachten.

1 *Schrijf een kritische beschouwing over ...*
   Kritisch zijn betekent dat je kijkt of iets in alle opzichten klopt, optimaal is. Hierin is de evaluatie herkenbaar. Ook bij een kritische beschouwing is het belangrijk om scherp te formuleren waar je de kwaliteit aan gaat afmeten. Alleen op die manier kun je de lezer duidelijk maken waar jouw kritische blik op gebaseerd is; een belangrijke voorwaarde om academische lezers te overtuigen. Om tot een kritische beschouwing te komen kun je dus een evaluatieschema opstellen en invullen (zie stap 2).

2 Schrijf een betoog over ...

Een betoog is een tekst waarin een stelling wordt beargumenteerd. Hoe verhoudt zo'n stelling zich tot een vraag? Begrippen als vraagstelling en probleemstelling suggereren een verwantschap en die is er inderdaad. Een stelling is gemakkelijk om te vormen tot een vraag. Een paar stellingen als voorbeeld:

1 Er moet meer gebruikgemaakt worden van kernenergie.
2 De eerste liefdesemblemen van Daniël Heinsius zijn typisch voor de liefdesemblemen uit die tijd.
3 Organisaties moeten hun papieren personeelsbladen zo gauw mogelijk vervangen door elektronische.

Als je deze stellingen wilt verdedigen, moet je de vraag stellen: *Waarom (op grond waarvan) is dat (= de stelling) aannemelijk of wenselijk?* Als je die vraag kunt beantwoorden, heb je argumenten bedacht waarmee je de stelling kunt onderbouwen (zie ook paragraaf 6.1.2 en 8.2.2 over argumentatie).

Herken je de evaluatie? Wenselijkheid en aannemelijkheid zijn begrippen met een waardeoordeel; het gaat om positieve en negatieve kenmerken. Je moet dus de stellingen evalueren en hierbij geldt wederom: bepaal nauwkeurig wat de meetlat gaat worden. Hieronder wordt dat toegepast voor de drie stellingen die hierboven staan.

Stelling 1
Er moet meer gebruikgemaakt worden van kernenergie.

Vraag
Waarom is het wenselijk dat er meer gebruikgemaakt wordt van kernenergie?

Vertaalslag
Meer gebruik van kernenergie is wenselijk als ik kan aantonen dat het veilig, schoon en betaalbaar is.

Vragen
- Wanneer noem ik het veilig? Als ... (bepaalde experts dat zeggen, er weinig ongelukken gebeuren, enzovoort)
- Wanneer noem ik het schoon? Als ...
- Wanneer noem ik het betaalbaar? Als ...

Deze stelling zal nog overtuigender worden als kernenergie vergeleken wordt met andere energievormen. Dan zou de vertaalslag luiden: *Meer gebruik van kernenergie is wenselijk als ik kan aantonen dat het minstens zo veilig, schoon en betaalbaar is als andere energievormen (olie, gas, kolen en ertsen, windenergie, biobrandstof, enzovoort).*

Let op. Je ziet hier iets wat vaak voorkomt bij het uitwerken van de hoofdvraag: het onderwerp of de vraag is veel omvangrijker dan je aanvankelijk dacht. Anders gezegd: het kost veel meer stappen om de vraag te beantwoorden dan je voorzien had. In dat geval is het zaak om het onderwerp verder af te bakenen. Zeker als je maar een klein essay of paper hoeft te schrijven, kun je beter niet te ambitieus zijn wat betreft de omvang van het onderwerp: *less is more*. In het kernenergievoorbeeld zou je ervoor kunnen kiezen om alleen het veiligheidscriterium in je betoog kunnen betrekken. De stelling moet dan natuurlijk ook aangepast worden!

Stelling 2
De eerste liefdesemblemen van Daniël Heinsius zijn typisch voor de liefdesemblemen uit die tijd.

Vraag
Waarom is het aannemelijk dat de eerste liefdesemblemen van Daniël Heinsius typisch zijn voor de liefdesemblemen uit die tijd?

Vertaalslag
Typisch voor die tijd is aannemelijk als ik kan aantonen dat:
- er meer liefdesemblemen waren in die tijd;
- er eerder en later andere liefdesemblemen waren;
- de liefdesemblemen van Heinsius meer overeenkomsten vertonen met andere emblemen uit die tijd dan met de emblemen van daarvoor en daarna.

Dit schema is verder uit te werken als een definiëringsschema. De vraag is of de liefdesemblemen van Heinsius behoren tot de klasse van 'liefdesemblemen uit die tijd'.

Stelling 3
Organisaties moeten hun papieren personeelsbladen zo gauw mogelijk vervangen door elektronische.

Vraag
Waarom is het wenselijk dat papieren personeelsbladen zo gauw mogelijk vervangen worden door elektronische?

Vertaalslag
Dit is wenselijk als ik kan aantonen dat elektronische personeelsbladen meer voordelen hebben dan nadelen in vergelijking met papieren personeelsbladen:
- Wat zijn de baten van elektronische personeelsbladen in vergelijking met papieren? (Bijvoorbeeld effectiviteit.)
- Wat zijn de kosten van elektronische personeelsbladen in vergelijking met papieren? (Bijvoorbeeld geld, tijd.)

Om de stappen overzichtelijk te maken, moeten deze twee deelvragen nauwkeuriger uitgewerkt worden in (deel)deelvragen. Zoals je misschien al gezien had, is het passende format dat van de evaluatieve vergelijking.

3 **Schrijf een essay over ...**
Dit is een lastige. Het essay is in hoofdstuk 1 al naar voren gekomen als een teksttype dat erg onduidelijk is: onder deze noemer worden zeer verschillende schrijfopdrachten gegeven. Het essay zal vaak gelijkenis vertonen met een van de beschreven subgenres: een literatuurstudie, kritische verhandeling of betoog.

5.5 Ter afsluiting

Als het goed is, heb je nu voor je paper of essay het onderwerp afgebakend, een interessant perspectief gevonden dat past binnen je eigen vakgebied (studie) en daar een mooie vraag over geformuleerd. Op grond van de vraagtypen en een verdere verdeling van de onderwerpen in de deelvragen, heb je een schema gemaakt waarin alle deelvragen zijn weergegeven. Controleer nog een keer of:
- de vragen genoeg informatie zullen geven om de hoofdvraag te beantwoorden;
- alle vragen wel nodig zijn om de hoofdvraag te beantwoorden.

Ter afsluiting van fase 2

Is het plan klaar? Dan heb je jezelf een goede dienst bewezen, want een goed essay- of scriptieplan is het halve werk! Je profiteert optimaal van het werk dat je gedaan hebt als je het plan ook steeds in het vizier houdt en aanpast als het vervolg daar aanleiding toe geeft. Tijdens de uitvoering van het onderzoek of het schrijven, kunnen er aanleidingen zijn om je plan op een of meer punten aan te passen: misschien moet je onderdelen veranderen, verbreden, versmallen, verdiepen, aanscherpen, concretiseren of wat dies meer zij. Dergelijke aanpassingen kun je het beste meteen doorvoeren in je plan. Zo houd je namelijk steeds het overzicht en de grip, en verdwaal je niet onderweg. Het is daarom bij kleine opdrachten slim om het schema met hoofd- en deelvragen, en bij scripties het planplaatje in de buurt te hebben: ophangen boven je bureau? Als openingspagina van je computer?

Als je tevreden bent met je plan en het, indien mogelijk, besproken hebt met je docent of begeleider, kun je overstappen naar de volgende fase: antwoorden zoeken op de vragen die je geformuleerd hebt. Daarover gaat het volgende hoofdstuk: het onderzoek uitvoeren.

FASE 3
Het onderzoek uitvoeren

Het wat, waarom en hoe van de uitvoering van het onderzoek

Wat is onderzoek uitvoeren?

In de oriëntatiefase (fase 1) heb je vastgelegd wat de criteria en randvoorwaarden zijn voor de schrijfopdracht die je moet uitvoeren. Vervolgens heb je een plan gemaakt (fase 2) waarin staat wat je gaat onderzoeken en hoe. Bij grotere opdrachten staat in het plan ook waarom je dat gaat onderzoeken en zijn de methodes uitgebreider beschreven.

Of je nu een plan hebt voor een grote of een kleine schrijfopdracht, centraal in dat plan staat de hoofdvraag van het onderzoek. Deze hoofdvraag is onderverdeeld in deelvragen zodat je stap voor stap kunt toewerken naar een antwoord op de hoofdvraag. De uitvoering van het onderzoek bestaat dan uit het beantwoorden van al die vragen. Dit doe je door informatie te verzamelen, deze te ordenen, te analyseren en te interpreteren. Daarover gaat dit hoofdstuk.

Het vreemde is dat de uitvoering van het onderzoek de meeste tijd vraagt, maar in dit boek de minste aandacht krijgt. Daar zijn twee redenen voor.

In de eerste plaats is de manier waarop een onderzoek uitgevoerd wordt een behoorlijk vakinhoudelijke kwestie. Een chemische analyse goed uitvoeren, een roman of gesprek analyseren, een adequaat psychologisch experiment of een natuurkundeproef opzetten: het zijn allemaal activiteiten waarover alleen experts van het vakgebied kunnen oordelen.

De tweede reden voor de beperkte aandacht voor de uitvoering is gelegen in de uitgebreide aandacht voor de planning van het onderzoek. Een goede planning is erop gericht de uitvoering zo gladjes mogelijk te laten verlopen. De verwachting is dan ook dat een goed plan uitvoeringsproblemen minimaliseert.

Het uitvoeren van onderzoek is in wezen het beantwoorden van vragen. Wat je verzamelt, kun je benoemen als: antwoorden, informatie, data of gegevens. Uiteindelijk zijn deze 'dingen' ook te beschouwen als resultaten, uitkomsten of inhoud.

Waarom onderzoek uitvoeren?

Je moet onderzoek uitvoeren om straks een tekst te kunnen schrijven. Dit lijkt misschien een open deur, maar is het niet. Met name bij kleinere opdrachten en bij literatuuronderzoek zijn sommige wetenschappers van mening dat het uitvoeren van het onderzoek geen aparte activiteit is: het gaat volgens hen hand in hand met het schrijven van de tekst. Dat we daar in dit boek niet van uitgaan, is omdat het samenvoegen van die activiteiten het proces niet gemakkelijker maakt. Veel studenten (en meer ervaren onderzoekers) raken bijvoorbeeld verstrikt in het formuleren van zinnen, terwijl ze nog niet eens zeker weten of ze wel de benodigde informatie hebben. Of ze schrijven zonder goed nagedacht te hebben over wat al die informatie samen betekent voor de hoofdvraag. Verzamelen, denken en schrijven zijn veel efficiënter uit te voeren als ze als aparte handelingen worden beschouwd. Omdat het gaat om ingewikkelde handelingen werkt het beter als je je tijdens elke activiteit volledig kunt concentreren op die activiteit.

Hoe doe je dat?

Wat voor onderzoek het ook is, de uitvoering bestaat uit de volgende onderdelen:
1. informatie verzamelen (bij elkaar zoeken);
2. informatie selecteren (een keuze maken);
3. informatie vastleggen (zorgen dat alles terug te vinden is);
4. informatie ordenen (alles op zijn plek zetten in het schema met deelvragen);
5. informatie analyseren (goed kijken waar de informatie uit bestaat);
6. informatie interpreteren (de informatie beoordelen als potentieel antwoord op de vraag).

In het vervolg worden tips gegeven voor de uitvoering van deze stappen bij literatuuronderzoek en empirisch onderzoek. We nemen daarbij een aantal deelhandelingen samen, omdat dat efficiënter werkt. Als je bijvoorbeeld informatie verzamelt, kun je dat het beste geordend doen. Hetzelfde geldt voor het vastleggen van informatie. Ook dat doe je bij voorkeur meteen in het vragenschema dat je gemaakt hebt. In de volgende paragrafen vind je daarom een tweedeling van activiteiten:
1. informatie verzamelen, ordenen en vastleggen;
2. informatie analyseren en interpreteren.

Het hoofdstuk dat tot deze fase behoort (hoofdstuk 6) begint met een paragraaf over de uitvoering van het onderzoek bij kleine schrijfopdrachten (paragraaf 6.1). Paragraaf 6.2 gaat over het onderzoek bij scripties.

6 Het onderzoek uitvoeren

6.1 Literatuuronderzoek bij kleine schrijfopdrachten
    6.1.1 Informatie verzamelen, ordenen en vastleggen
- Stap 1   Inventariseer wat je hebt
- Stap 2   Zoek aanvullende bronnen
- Stap 3   Verzamel en orden de informatie

    6.1.2 Informatie analyseren en interpreteren
- Stap 1   Bedenk of een standpunt onderbouwd moet worden
- Stap 2   Beschrijf standpunt en argumenten
- Stap 3   Beoordeel de redenering

    6.1.3 Laatste invulling
    6.1.4 Wat levert het op?

6.2 Onderzoek uitvoeren bij een scriptie
    6.2.1 Voor- en hoofdonderzoek
    6.2.2 Literatuuronderzoek als onderdeel van een scriptie
    6.2.3 Empirisch onderzoek
    6.2.4 Onverwachte wendingen

6 Het onderzoek uitvoeren

6.1 Literatuuronderzoek bij kleine schrijfopdrachten

6.1.1 Informatie verzamelen, ordenen en vastleggen

Inleiding

De eerste stap bij de uitvoering van onderzoek is dat je de informatie verzamelt die nodig is om de onderzoeksvragen te beantwoorden. Aangezien onze geheugencapaciteit beperkt is, is het verstandig om tijdens het verzamelen de informatie ook meteen vast te leggen. Dit kun je het beste op een geordende manier doen; dan houd je overzicht over de verzameling. Daarom beschouwen we verzamelen, ordenen en vastleggen als een gecombineerde activiteit.

De hele uitvoering van het onderzoek loopt parallel met de structuur van hoofdvraag en deelvragen die je in de planfase hebt opgezet. Je hoeft in de uitvoeringsfase niet meer of minder te doen dan antwoord te zoeken op de vragen die daarin zijn geformuleerd. Als het goed is, heb je zorgvuldig gecontroleerd of de deelvragen je met zekerheid brengen naar beantwoording van de hoofdvraag. Je kunt nu dus beginnen met het zoeken van de informatie die nodig is om de deelvragen te beantwoorden.

De stappen

1 Inventariseer wat je hebt.
2 Zoek aanvullende bronnen.
3 Verzamel en orden de informatie.

STAP 1
Inventariseer wat je hebt

Het uitgangspunt is dat je bij het maken van een plan al de nodige bronnen (boeken, artikelen) hebt gebruikt. Die informatie vormt, samen met je vragenschema (hoofdvraag en deelvragen), het startpunt voor deze eerste stap.

- Pak het schema van de vragen.
- Vul bij elke vraag in welke bronnen hierover informatie bevatten.

6 Het onderzoek uitvoeren

- Vul bij elke vraag in wat je al weet of gevonden hebt aan antwoorden. Doe dit efficiënt. Dat betekent: ga nog geen stukken tekst schrijven, maar beperk je tot kort samenvatten of knippen en plakken.
- Bekijk welke informatie ontbreekt.
- Inventariseer waar je die informatie kunt vinden: in artikelen die je al hebt gevonden of in artikelen die je nog moet zoeken.

STAP 2
Zoek aanvullende bronnen

Als je nog meer artikelen of boeken nodig hebt om je vragen te kunnen beantwoorden, ga dan op een systematische manier op zoek naar aanvullende literatuur. Enkele tips hiervoor:

Zoeken
- Ga na wat je hebt geleerd over hoe de bibliotheek werkt en hoe je literatuuronderzoek doet in jouw vak.
- Maak gebruik van de kennis die er is in de verschillende universitaire bibliotheken. Er zijn soms workshops of cursussen over het gebruik van bibliotheeksystemen en bibliotheekmedewerkers helpen je meestal graag bij je zoektocht.
- Gebruik de zoekmachines en zoeksystemen die bij jouw discipline horen.
- Zoek op begrippen uit je (deel)vragen.
- Zoek op auteur als er bij jouw onderwerp sprake is van enkele zeer gerenommeerde onderzoekers.
- Zoek vooral naar recente literatuur.

Selecteren
- Lees nog steeds doelgericht: ga de artikelen dus niet van begin tot eind bestuderen en samenvatten. Je bent op zoek naar antwoorden op specifieke vragen.

Vastleggen
- Leg vast hoe je gezocht hebt (zoeksystemen en zoektermen).
- Noteer alle gegevens van bronnen die bruikbaar lijken; die gegevens heb je straks nodig voor de bibliografie en misschien wil je een artikel in een later stadium nog eens nauwkeuriger nalezen.

Tot slot: overleg indien mogelijk je bevindingen met de docent (dat kan soms ook per e-mail); die kan nog ideeën geven over aanvullende literatuur.

STAP 3
Verzamel en orden de informatie

- Vul alles in je vragenschema in. Zo krijg je een overzicht van wat je aan antwoorden hebt gevonden. Zie ook hieronder: de literatuurmatrix.
- Je kunt een aparte categorie 'restanten' maken om informatie in te plaatsen waarvan je denkt dat je die nodig hebt, maar waarvan je nog niet precies kunt bepalen waarvoor.
- Doe deze invuloefening ook in samenvattende vorm; in steekwoorden of door knippen en plakken.

Literatuurmatrix
Een schema waarin literatuur is weergegeven, wordt wel een literatuurmatrix genoemd. Je kunt zo'n schema op verschillende manieren vormgeven. Belangrijk is dat de informatie optimaal geordend is weergegeven. Een voorbeeld:

	Artikel 1: Auteur (jaar)	Artikel 2: Auteur (jaar)	Artikel 3: Auteur (jaar)
Deelvraag 1.1 Wat is het doel of zijn de doelen van personeelsbladen?	3 doelen: a … (p. …)* b … (p. …) c … (p. …)	4 doelen: a … (p. …) d … (p. …) e … (p. …) f … (p. …)	3 doelen: b … (p. …) c … (p. …) g … (p. …)
Deelvraag 1.2			

* Noteer altijd meteen de pagina waar je iets gevonden hebt.
Literatuurmatrix

 Op de website is onder de knop 'Formulieren' een literatuurmatrix opgenomen die je zelf kunt invullen.

6.1.2 Informatie analyseren en interpreteren

Inleiding
Tot nu toe heb je alleen informatie geselecteerd en geordend. Daarmee is het onderzoek nog niet afgerond: je moet ook bekijken wat al die informatie betekent en waard is.

Waarom zou je de informatie (eerst) analyseren en interpreteren? Nogal wat schrijvers slaan deze stap over en beginnen na de verzameling meteen met schrijven. Dit leidt meestal tot teksten die erg opsommerig zijn en niet meer bevatten dan samenvattingen of citaten van wat in andere artikelen staat. Het is al eerder aan de orde geweest: als academicus word je geacht meer te doen dan dat. Door meer aandacht te besteden aan de analyse van de informatie, kun je kritiek van docenten voorkomen. Deze richt zich bij essays en papers (maar ook bij scripties en proefschriften) namelijk vaak op de gebrekkige informatieverwerking. Een paar vaak voorkomende commentaren van docenten zijn:

- De tekst is een aaneenschakeling van citaten.
- Er is weinig diepgang in de tekst.
- De schrijver knutselt alleen maar uittrekselfragmenten aan elkaar.
- Hier wordt alleen maar geknipt en geplakt.
- Er ontbreekt een duidelijke lijn in het verhaal.

Analyseren en interpreteren zijn vormen van **kritisch denken**. Dé leidende vraag bij de analyse en interpretatie van de verzamelde informatie is: is dit voldoende om op een overtuigende manier de (deel)vraag te beantwoorden? In het voorbeeld hierboven zul je de verschillende doelen van personeelsbladen met elkaar moeten gaan vergelijken. Je gaat analyseren op welke punten de doelen overeenkomen en wat de verschillen zijn. Wat je er nog meer mee doet, hangt af van de hele vragenstructuur, maar waarschijnlijk zul je komen tot een lijstje doelen waar je mee verder gaat werken. Dan zul je moeten beargumenteren waarom je die keuze maakt. Het gaat er dus om redeneringen en standpunten van anderen en van jezelf kritisch onder de loep nemen.

De stappen

1 Bedenk of een standpunt onderbouwd moet worden.
2 Beschrijf standpunt en argumenten.
3 Beoordeel de redenering.
(Steehouder e.a., 1999, p. 118 e.v.)

STAP 1
Bedenk of een standpunt onderbouwd moet worden

Je kunt niet elk standpunt onderbouwen, al is het maar omdat elk argument weer een standpunt is dat op zijn beurt onderbouwd kan worden. Op een gegeven moment houdt het op. Wat bepaalt dan of er wel of geen argumenten nodig zijn? In ieder geval moet je uitspraken beargumenteren:
1 Als de *ontvanger* de uitspraak niet zonder meer aanvaardt. Weet je zeker dat je lezers het standpunt accepteren, dan is onderbouwing niet nodig.

2   Als het gaat om een *belangrijke* uitspraak. Gaat het om ondergeschikte uitspraken (antwoorden op subsubsubvragen), dan is argumentatie minder noodzakelijk.
3   Als je een *stellige uitspraak* doet. Doe je heel voorzichtige uitspraken, dan is de plicht om te argumenteren iets minder dwingend.
4   Als het *tekstgenre* erom vraagt. In journalistieke artikelen kun je je bijvoorbeeld meer permitteren dan in een wetenschappelijk stuk. Bij academische schrijfopdrachten zul je vaker wel dan niet met argumenten moeten komen als je iets stelt. Wetenschappers vinden het niet zo interessant wat jij vindt; ze willen weten hoe je op dat idee komt en welke bewijzen of argumenten ervoor zijn.

STAP 2
Beschrijf standpunt en argumenten

Voordat je de argumentatie kritisch kunt beoordelen, moet je precies weten wat die inhoudt. Daarom analyseer je wat het standpunt is dat verdedigd wordt en wat de argumenten zijn die ter ondersteuning worden aangevoerd:
1   Welke conclusie wordt verdedigd?
2   Welke (en wat voor soort) argumenten worden aangevoerd?

STAP 3
Beoordeel de redenering

Bij deze stap gaat het echt om het kritische denken. Om de redenering te beoordelen, stel je de volgende vragen:
1   Zijn de aangevoerde argumenten op zichzelf aanvaardbaar?
2   Volgt het standpunt of de conclusie logisch uit de argumenten? Is het altijd zo dat 'als *argument*, dan *conclusie*'?
3   Wat is ertegenin te brengen?
4   Hoe kun je tegenwerpingen weerleggen?

Op de website vind je onder de knop 'Theorie' een lijstje met controlevragen die specifiek horen bij verschillende soorten argumentatie. Hiermee kun je redeneringen nog kritischer beoordelen. Houd er wel rekening mee dat ieder vakgebied zo zijn eigen regels heeft voor wat aanvaardbaar en logisch is. Zelfs binnen disciplines kan men daarover twisten. Het gaat in de wetenschap dan ook meestal niet om 'de waarheid' maar om een interpretatie van de werkelijkheid die aanvechtbaar is: daarom noemen we dat een 'theorie'. Kritisch denken en goed argumenteren zijn daarom essentieel in het wetenschappelijk debat. Bij kleine schrijfopdrachten kun je jezelf daar al in oefenen.

6.1.3 Laatste invulling

Heb je van alle informatie beoordeeld wat zij waard is, bekijk dan of daarmee je deelvragen zijn beantwoord. Is dat zo, controleer dan of daarmee je hoofdvraag is beantwoord. Kom je erachter dat je nog onvoldoende informatie hebt, dan moet je terug naar de verzamelfase, stap 2. Kortom: voor je de volgende en laatste fase ingaat, namelijk de schrijffase, moet je nog controleren of het verhaal rond is:

- Valt alle informatie uit de deelvragen binnen het onderwerp van de hoofdvraag?
- Vraag je bij elk onderdeel af: wat zou er gebeuren als je dat zou schrappen? Zo weet je zeker dat alles wat overblijft een functie heeft in het verhaal.
- Wat wordt het antwoord op de hoofdvraag?
- Gaat dat antwoord precies over het onderwerp van de hoofdvraag?
- Past het soort antwoord ook bij het soort vraag (paragraaf 5.4.2, stap 1):
  - Beschrijvende vraag? Dan een antwoord in termen van kenmerken, eigenschappen en dergelijke.
  - Vergelijkende vraag? Dan een antwoord in termen van overeenkomsten en verschillen.
  - Definiërende vraag? Dan een antwoord in termen van wel of niet tot een klasse behoren.
  - Evaluerende vraag? Dan een antwoord in termen van positieve en negatieve kenmerken.

6.1.4 Wat levert het op?

Als je op deze manier de informatie verzamelt, ordent en analyseert, heb je:
- de zekerheid dat je straks de hoofdvraag kunt beantwoorden;
- een solide basis voor de inhoud en structuur van de tekst die je gaat schrijven;
- veel denkwerk gedaan, waardoor het schrijfproces bijzonder efficiënt kan verlopen.

Is dit allemaal in orde en hoef je geen empirisch onderzoek te doen, dan ben je optimaal voorbereid om te gaan schrijven. Zie hiervoor hoofdstuk 7 tot en met 9.

6.2 Onderzoek uitvoeren bij een scriptie

6.2.1 Voor- en hoofdonderzoek

Bij grotere schrijfopdrachten is soms een vooronderzoek nodig (zie ook paragraaf 3.2.2, stap 5). Daarom bespreken we dat eerst. In de paragrafen daarna komt de uitvoering van literatuuronderzoek en empirisch onderzoek aan de orde.

Wat is het?
Een vooronderzoek is een onderzoek dat – het woord zegt het al – voorafgaat aan het hoofdonderzoek. Het is een onderzoek dat nodig is om te kunnen bepalen hoe het hoofdonderzoek precies ingericht gaat worden. Je concretiseert een aantal onderdelen van het plan dusdanig dat je met de uitvoering van het hoofdonderzoek kunt beginnen. Daarmee zou het ook te beschouwen zijn als een onderdeel van de planfase. Het vooronderzoek leidt immers nog niet direct tot antwoorden op de hoofdvraag. Het is daardoor ook te zien als afsluitend deel van de planning.

Je kunt besluiten tot een vooronderzoek als je bij de ontwikkeling van je plan merkt dat je een onderdeel niet kunt invullen zonder een uitgebreidere studie van de literatuur of van het verschijnsel dat je onderzoekt. Literatuuronderzoek als voorstudie heeft meestal tot doel om vragen te concretiseren, bijvoorbeeld:
- Beschrijving: welke aspecten zijn relevant/geschikt om het te onderzoeken verschijnsel te beschrijven?
- Vergelijking: welke aspecten zijn relevant/geschikt om de te onderzoeken verschijnselen met elkaar te vergelijken?
- Definiëring: welke classificaties uit welke klasse zijn relevant/geschikt om het te onderzoeken verschijnsel te definiëren?
- Evaluatie: welke criteria zijn relevant/geschikt om het te onderzoeken verschijnsel te beoordelen?
- Verklaring: Welke causale uitspraken uit welke theorieën zijn relevant/geschikt om het te onderzoeken verschijnsel te verklaren?
- Voorspelling: Welke causale uitspraken uit welke theorieën zijn relevant/geschikt om voorspellingen te doen over het te onderzoeken verschijnsel?

Een empirisch vooronderzoek is meestal bedoeld om te kijken of de ontwikkelde modellen of methodes geschikt zijn om de onderzoeksvragen te beantwoorden. Een paar voorbeelden:
- Je probeert een kenmerkenlijstje uit op een paar persberichten om te zien of je daarmee je verzameling persberichten van verschillende kranten goed kunt beschrijven.

- Je kijkt wat er uitkomt als je het eerste deel van een lesboek evalueert met een lijstje criteria uit de literatuur.
- Je analyseert een deel van een toneelstuk met een analysemodel om uit te proberen of je daarmee tot een goede definiëring zou kunnen komen.
- Je probeert een vragenlijst uit op een aantal proefpersonen.

Hoe doe je dat?
Of je nu vooronderzoek doet of bezig bent met de uitvoering van het hoofdonderzoek, twee zaken zijn van essentieel belang voor een efficiënt proces:
1. Weet steeds waarmee je bezig bent. Leg tussendoelen vast en reflecteer regelmatig over de vorderingen: Hoe ver ben je? Wat betekenen de uitkomsten? Wat wordt de volgende stap?
2. Leg zo veel mogelijk vast van wat je doet. Noteer wat je zoekt, wat je vindt en wat je denkt. Het zal je later enorm van pas komen als je kunt reconstrueren hoe het proces verlopen is. Het kan handig zijn om daarvoor een speciaal notitieboekje te gebruiken, in papieren of elektronische vorm. Aan het eind van een werkdag kun je daarin de belangrijkste onderzoeksactiviteiten, gebeurtenissen, uitkomsten en overwegingen noteren.

6.2.2 Literatuuronderzoek als onderdeel van een scriptie

Inleiding
Als we literatuuronderzoek afzetten tegen empirisch onderzoek, dan doen we dat op basis van het criterium dat er sprake is van direct dan wel indirect onderzoek. Bij direct (= empirisch) onderzoek produceert de onderzoeker zelf de gegevens door in de werkelijkheid te kijken. Bij indirect onderzoek beantwoordt de onderzoeker een vraag door te kijken wat anderen erover gezegd hebben. De onderzoeker zoekt de antwoorden in de literatuur.

Voor een scriptie moet je meestal wel wat literatuur lezen en verwerken. In paragraaf 4.1.2 (stap 1) kwam al aan de orde dat die literatuur verschillende functies kan vervullen voor de scriptie. Ook de hoeveelheid te verwerken literatuur verschilt van geval tot geval. De praktijksituaties hieronder laten zien hoe divers de scriptiewerkelijkheid kan zijn.
- Bij natuurkunde krijgt een student aan het begin van zijn afstudeeronderzoek een paar artikelen van de begeleider. Die moet hij even doornemen voordat de experimenten beginnen. Als hij een paar maanden later klaar is met de proefjes en 'uit het lab' tevoorschijn komt, moeten die artikelen verwerkt worden in hoofdstuk 2: 'Theorie'. Tijdens het empirische onderzoek speelt die literatuur geen rol.
- Een studente psychologie meldt dat haar 'scriptie' per definitie een literatuurstudie is. Het andere onderdeel van het afstuderen noemen ze 'onder-

zoek' en de rapportage daarvan 'onderzoeksverslag'. Scriptie en onderzoek gaan bij deze student over hetzelfde onderwerp, maar dat hoeft niet per se.
- Bij onderwijskunde studeert iemand af op een onderzoek naar 'informeel leren' als middel tot professionalisering. De student kiest ervoor een literatuurstudie uit te voeren zonder empirische component.
- Een student Nederlands onderzoekt welke theorieën het beste kunnen verklaren waarom het literaire werk van Jan Wolkers aanvankelijk negatief werd ontvangen. De analyse van de ontvangst is af te lezen uit recensies en wetenschappelijke beschouwingen. Dit is het empirische deel. De zoektocht naar en evaluatie van de theorieën is een vorm van literatuuronderzoek.

Het is dus van tevoren moeilijk te zeggen wat je precies moet doen met die literatuur. Wat je leest kun je op verschillende manieren gebruiken in het onderzoek. Voor de uitwerking van je scriptieplan gebruik je theorieën, maar ook tijdens het onderzoek kunnen theorieën een rol spelen:
1. Met theorieën kun je details van het onderzoek plannen. Bijvoorbeeld hypotheses aanscherpen die in het onderzoek getoetst kunnen worden, modellen ontwikkelen waarmee het te onderzoeken verschijnsel geanalyseerd kan worden, of een ontwerp maken voor een aantal experimenten.
2. Theorieën kunnen ook de bron zijn voor beantwoording van vragen. Dan worden het antwoorden op de onderzoeksvragen (hoofd- en deelvragen) of interpretaties van die antwoorden.

De uitdaging
Onderzoekers verdrinken regelmatig in de literatuur, zeker nu artikelen gemakkelijk in elektronische vorm te vinden en te lezen zijn. Je vindt een artikel, begint te lezen, denkt: 'interessant', vindt verwijzingen naar ander onderzoek, zoekt dat op, begint te lezen, denkt weer: 'interessant', vindt verwijzingen naar ander onderzoek, enzovoort. De grote uitdaging bij literatuuronderzoek is dan ook om efficiënt te werken: weet waarom je leest! Bepaal steeds of het gaat om:
1. planning van details van het onderzoek;
2. beantwoording van onderzoeksvragen.

Literatuur verzamelen, ordenen en vastleggen
Hierna volgen tips en adviezen voor het efficiënt verzamelen, ordenen en vastleggen van de literatuur.

1. Schrijf op waar je naar op zoek bent. Dit wordt meestal de zoekvraag genoemd. Voorbeelden van een zoekvraag zijn:
   - Ik zoek een definitie van goed onderwijs.
   - Ik zoek een voorbeeld van een analyse van een sciencefictionfilm.
   - Ik zoek een antwoord op een inhoudelijke deelvraag.

2 Kijk wat je in een eerdere fase al gevonden hebt: misschien heb je de goede bronnen of globale antwoorden al tot je beschikking.
3 Gebruik zoeksystemen uit je vakgebied (vergelijk de tips in paragraaf 2.9.2, stap 1).
4 Leg zo veel mogelijk vast wat je doet. Dat kost wel wat tijd maar uiteindelijk zul je daar veel profijt van hebben. Geen enkel onderzoek verloopt namelijk strikt lineair. Onderzoekers moeten vaak even een stap terug doen omdat uitkomsten van het onderzoek nieuwe vragen oproepen of een nieuw licht werpen op eerdere gedachten. Je moet er dus rekening mee houden dat je op enig moment terug moet naar eerdere stappen. Niets is frustrerender dan die stappen weer helemaal opnieuw te moeten uitvoeren omdat je niet meer kunt achterhalen wat ze opgeleverd hebben. Dit betekent dat je ook (korte!) aantekeningen maakt van wat je vindt, maar (nog) niet gebruikt.
5 Noteer alle relevante informatie meteen binnen de vragenstructuur die je gemaakt hebt in de planfase. Zo verzamel je niet alleen, maar orden je meteen.
6 Pas op: ga nog geen hele verhalen schrijven, maar geef de geselecteerde relevante informatie in samengevatte vorm weer of in de vorm van citaten.
7 Maak meteen een geannoteerde literatuurlijst, dat wil zeggen: een beschrijving van je bronnen met bij elke titel enkele aantekeningen, bijvoorbeeld:
   - trefwoorden;
   - korte omschrijving (al dan niet rechtstreeks uit de *summary* of het *abstract*);
   - plus- en minpunten;
   - ideeën over wat je ermee kunt doen – in relatie tot je zoekvraag!

   Kijk of er handige **notatieprogramma's** zijn die je hiervoor kunt gebruiken. Bijvoorbeeld *Endnote* of hulpprogramma's bij Word.
8 Sta minimaal elk uur stil bij wat je aan het doen bent.
   - Wat was ook alweer je zoekvraag (vergelijk punt 1)?
   - Wat heb je al gevonden?
   - Wat heb je dan nog nodig?
   - Wat is dus *nu* je zoekvraag?

   Op deze manier houd je controle over het zoekproces.

Literatuur analyseren en interpreteren

Op een bepaald moment heb je voor een bepaald onderdeel (bijvoorbeeld een deelvraag) voldoende literatuur verzameld en geselecteerd. De informatie over de bron (auteur, jaar, enzovoort) is genoteerd en de belangrijke informatie heb je in steekwoorden of citaten ondergebracht in het schema met de deelvragen.

Wat nu? Schrijven dan maar? Nee, liever nog even wachten. Bij veel onderzoekers schiet de verwerking van de informatie er in deze fase bij in. Ze stap-

pen meteen over van selectie naar het schrijven van de tekst. Die aanpak heeft een aantal risico's:
1 Je komt niet toe aan knowledge transforming: de informatie omwerken tot inhoud die past in je verhaal.
2 Het verhaal wordt niet veel meer dan een aaneenschakeling van citaten of samengevatte stukjes literatuur.
3 Verschillende fragmenten uit de literatuur worden niet in onderling verband besproken.
4 Schrijven is ingewikkelder omdat je nog veel denkwerk moet doen.
5 Aan het eind van het verhaal kom je er misschien achter dat bepaalde informatie toch niet bijdraagt aan je redenering.
6 Aan het eind van het verhaal kom je er misschien achter dat bepaalde informatie nog ontbreekt.

Om deze risico's te verminderen, is het beter om in de onderzoeksfase al aandacht te besteden aan het interpreteren van de gevonden informatie. Hieronder volgen enkele vragen die daarbij kunnen helpen. Het uitgangspunt is daarbij dat je vraag voor vraag (deelvraag voor deelvraag) werkt en de geselecteerde informatie in samengevatte vorm hebt ondergebracht onder die (deel)vraag.
1 Wat staat er eigenlijk precies? Probeer de inhoud van elk fragment uit het artikel te parafraseren, dat wil zeggen: in je eigen woorden te vertellen.
2 Kun je het er mee eens zijn of is er sprake van discutabele uitspraken?
3 Hoe verhoudt deze informatie zich tot andere informatie onder deze vraag?
4 Wat betekent deze informatie voor de vraag waar zij bij hoort?
5 Is de informatie nodig voor de vraag die je wilt beantwoorden? Wat zou er gebeuren als je deze informatie niet had?
6 Is de informatie voldoende om de vraag te kunnen beantwoorden?

Door deze vragen kritisch langs te lopen, kom je erachter of je dit deel van het literatuuronderzoek als afgerond kunt beschouwen, of dat je nog andere literatuur moet zoeken, selecteren of verwerken. In het eerste geval kun je het empirisch onderzoek gaan uitvoeren. Maakt dat geen onderdeel uit van je scriptie, dan kun je overspringen naar de slotparagraaf van dit hoofdstuk.

6.2.3 Empirisch onderzoek

Inleiding
Letterlijk betekent empirisch: betrekking hebbend op ervaring. Empirisch onderzoek is onderzoek waarbij de onderzoeker zelf in de werkelijkheid gaat kijken naar het verschijnsel dat hij wil onderzoeken en dat zelf 'ervaart'. Dit in tegenstelling tot literatuuronderzoek, waarbij het gaat om wat andere onder-

zoekers over dat verschijnsel hebben onderzocht en geschreven. Voorbeelden van empirisch onderzoek zijn: observatie, interview, experiment, proef, analyse en enquête.

Zoals aan het begin van dit hoofdstuk is aangegeven, is de uitvoering van (empirisch) onderzoek vooral een vakinhoudelijke kwestie. Voor de meeste vakgebieden zijn er methodologische handboeken beschikbaar waarin je de regels kunt vinden voor het ontwerpen van experimenten, vragenlijsten en andere vormen van empirisch onderzoek. Raadpleeg die naslagwerken in de eerste plaats. In dit boek geven we alleen adviezen die te maken hebben met de plaats die de uitvoering van het empirisch onderzoek inneemt in het gehele scriptieproces.

Empirische gegevens verzamelen, ordenen en vastleggen
1   Noteer zo veel mogelijk van wat je tijdens de uitvoering van het onderzoek 'overkomt'. Zeker ook overwegingen, vragen, ideeën en twijfels die je hebt. Je kunt ervoor kiezen om een logboek bij te houden waarin je na elke onderzoeksdag even opschrijft wat je gedaan hebt, wat eruit kwam en welke bijzonderheden er eventueel waren. Bij bijzonderheden kun je denken aan onverwachte uitkomsten, dreigende of verlokkende zijsporen, vragen of ideeën die bij je opkwamen of opmerkingen van anderen.
2   Werk ook bij de uitvoering van het onderzoek systematisch. Volg de deelvragenstructuur en noteer alle gegevens ook meteen in het raamwerk van die structuur; dan hoef je het niet daarna nog eens te ordenen. Wees je steeds bewust van de stappen die je zet.
3   Als er zich heel onverwachte dingen voordoen, lees dan de laatste paragraaf van dit hoofdstuk.

Empirische gegevens analyseren en interpreteren
Ook empirisch onderzoek begint met het verzamelen van gegevens, maar daarmee is het niet gedaan. Die gegevens moeten geanalyseerd en geïnterpreteerd worden voordat je naar de volgende (schrijf)fase kunt overgaan; soms ook voordat je naar een volgende deelvraag of een volgend deelonderzoek kunt doorgaan. Bij analyse en interpretatie kunnen de volgende vragen helpen:
1   Moeten de gegevens nog bewerkt worden, voorafgaand aan de analyse?
2   Wat betekenen de gegevens precies?
3   Zijn de uitkomsten verwacht of onverwacht?
4   Hoe verhouden de verschillende uitkomsten zich tot elkaar?
5   Is de informatie nodig voor de vraag die je wilt beantwoorden? Wat zou er gebeuren als je deze informatie niet had?
6   Is de informatie voldoende om de vraag te kunnen beantwoorden?

6.2.4 Onverwachte wendingen

Hoe goed je je onderzoek ook hebt gepland, en hoeveel vertrouwen je begeleider ook heeft in een goede afloop, helemaal voorspelbaar is de werkelijkheid niet. Het kan gebeuren dat je tijdens de uitvoering voor verrassingen komt te staan. Bijvoorbeeld:
- Er is veel minder literatuur te vinden dan gedacht.
- Het kost veel meer tijd om het onderzoek uit te voeren dan gedacht (komt heel veel voor).
- Het onderzoeksinstrument is minder geschikt dan gedacht.
- Een vooronderstelling blijkt niet te kloppen.
- Een van de deelvragen blijkt niet te beantwoorden te zijn.
- Bepaalde data zijn toch niet beschikbaar.

enzovoort

Het belangrijkste advies is: **overleg met je begeleider en pas je plan aan!** Zoals je weet, zijn alle elementen uit het planplaatje met elkaar verbonden. Elke aanpassing aan een element heeft dus consequenties voor andere elementen. Ga na op welke manier ieder element aangepast moet worden. Zorg ervoor dat je weer met een volledig kloppend plaatje verder kunt werken.

Twee voorbeelden. Je studeert muziekwetenschap en de hoofdvraag van je scriptie is: *Klopt het dat de pianosonates van Beethoven gaandeweg minder kenmerken hebben van de klassieke sonatevorm?* Je hebt deze verder afgebakend tot:
- drie aspecten van vorm (verdeling, thematische structuur en tonale structuur);
- drie periodes (vroeg, midden, laat);
- drie sonates per periode.

Je merkt al gauw dat het analyseren van een sonate meer tijd kost dan verwacht. Voor de analyse van de beoogde negen sonates heb je al meer dan twee keer zo veel tijd nodig als er voor de hele scriptie staat. Wat nu? Je moet verder afbakenen. Als je een overzichtje hebt als hierboven, dan is het niet zo ingewikkeld om te zien waar je kunt afbakenen.
- minder vormaspecten (bijvoorbeeld alleen het belangrijkste vormaspect);
- minder periodes (bijvoorbeeld de middelste weglaten);
- minder sonates (bijvoorbeeld maar één) per periode.

Op die manier verklein je de variabelen (vormaspecten) en/of het bereikte domein (aantal periodes, aantal sonates). Waarschijnlijk moet je ook het antwoord in je planplaatje aanpassen.

Een tweede voorbeeld van het aanpassen van het planplaatje. Het gebeurt nogal eens dat de gehele structuur onhaalbaar blijkt. Je wilt bijvoorbeeld iets gaan ontwerpen, maar de probleemanalyse en -verklaring hebben al zo veel voeten in de aarde dat je niet meer toekomt aan het daadwerkelijk bedenken van een oplossing. In dat geval schuift het plaatje door: een deelvraag uit het strategieblokje wordt de centrale vraag. De oude centrale vraag verhuist naar de reden (namelijk op termijn die oude vraag beantwoorden).

Het oorspronkelijke plan:

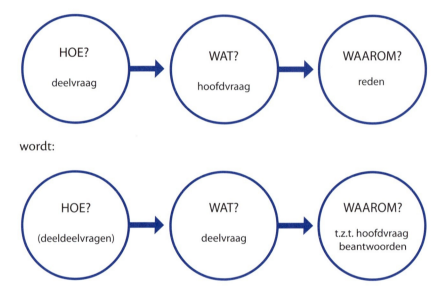

wordt:

Bij de afbakening vanuit het vakgebied is er een inperkstap extra en ten slotte zal het antwoord beperkter zijn; misschien wat betreft de inhoud, maar in ieder geval wat betreft het type antwoord (een verklaring in plaats van een ontwerp).

Heb je op deze manier het plaatje weer op orde, dan kun je verder gaan met het verzamelen en analyseren van je onderzoeksmateriaal.

Ter afsluiting van fase 3

Eigenlijk lopen twee adviezen als een rode draad door dit hoofdstuk:
1 Weet waar je mee bezig bent; werk doelgericht.
2 Noteer zo veel mogelijk van wat je doet, vindt, ziet en denkt.

Dat zijn dan ook de belangrijkste handreikingen om de uitvoering van het onderzoek efficiënt te houden.

Met het noteren maak je al een begin met het schrijfproces: je schrijft immers van alles op. Er is wel een verschil met het schrijven zoals dat in de volgende hoofdstukken aan de orde komt. Schrijven tijdens de uitvoering van het onderzoek heeft vooral een functie voor jou als onderzoeker. Schrijven in de schrijffase moet leiden tot een tekst die bedoeld is voor iemand anders. Niet jij bent de belangrijkste lezer, maar iemand van buiten, in ieder geval een of meer begeleiders. Ondanks dit verschil geldt ook: hoe meer je hebt vastgelegd tijdens de uitvoeringsfase, hoe beter je bent voorbereid op het 'echte' schrijven.

FASE 4
De tekst schrijven

Het wat, waarom en hoe van de tekst schrijven

Wat is schrijven?

De schrijffase is in principe de laatste fase van de schrijfopdracht. In de oriëntatiefase (fase 1) heb je op een rijtje gezet wat voor soort opdracht je hebt: welke procedures, welk proces en welk product gevraagd worden. De planfase (fase 2) leverde bij kleine opdrachten een afgebakend onderwerp op en een hoofdvraag met deelvragen. In het scriptieplan staat het onderzoek centraal: het wat (onderwerp, vraag), het hoe (deelvragen en methodes) en het waarom (relevantie). Misschien heb je ook een tijdsplan, hoofdstukindeling en uitgeschreven scriptievoorstel gemaakt. De uitvoeringsfase (fase 3) heeft de antwoorden opgeleverd op de vragen uit het plan en die heb je bewerkt en geanalyseerd. Daarmee is het belangrijkste voorwerk gedaan om de tekst te schrijven (fase 4): de tekst waarin jij aan anderen (de lezers) vertelt wat je te vertellen hebt. Het grootste verschil met de voorgaande fases is dat de lezer nu echt in beeld komt: je treedt naar buiten om aan de wereld te presenteren wat je bedacht en gevonden hebt. Je gaat communiceren met de buitenwereld.

Maar voordat de tekst voor de buitenwereld klaar is, ga je door een ingewikkeld en soms chaotisch proces waarin je niet alleen communiceert met een lezer maar ook met jezelf, met de onderzoeksgegevens en met de kritische lezer(s) in je hoofd. Schrijven is dus ook schema's maken, kladjes schrijven, zinnen proberen, meelezers inschakelen, herschrijven, praten met mensen, evalueren, herordenen, bijlezen, schrijven en herschrijven en schrijven en herschrijven. 'Schrijven in rondes' wordt dat ook wel genoemd.

Waarom schrijven?

Er zijn twee belangrijke redenen om schriftelijk te rapporteren over je onderzoek(je). Op de eerste plaats is er een wetenschappelijke reden. In de inleiding van dit boek is het doel van academische teksten beschreven: andere wetenschappers overtuigend informeren over onderzoek. Dat is nodig omdat wetenschappers niet geïsoleerd kunnen werken: we hebben elkaar nodig om onze theorieën te ontwikkelen, te toetsen en te verbeteren. Elk onderzoek dat relevant is (paragraaf 2.9), draagt daar iets aan bij en is dus de moeite waard om te delen met andere mensen in het vakgebied.

Dat we dat schriftelijk doen, is vooral omdat deze vorm minder vluchtig is dan de mondelinge vorm, en het verhaal dan op verschillende momenten en plaatsen tot de lezers kan komen. De tweede reden om te schrijven is een meer prozaïsche. Je schrijft ook omdat iemand, een docent of begeleider, dat van je vraagt en het nodig is om studiepunten en diploma's te krijgen.

Hoe schrijven?

Ondanks dat we de planning- en onderzoeksfase al losgekoppeld hebben van de schrijffase, kan het schrijven zelf nog best lastig zijn. De kunst is om alle verschillende deelactiviteiten op een efficiënte manier uit te voeren. Globaal gesproken gaat het daarbij om vijf deelactiviteiten:

1 Oriënteren: kijken wat je moet doen en hoe ver je bent.
2 Plannen: inhoud en structuur van de te schrijven tekst in een schema weergeven.
3 Schrijven: een eerste versie produceren.
4 Reviseren: nakijken en verbeteren van de tekst.
5 Afwerken: puntjes op de i zetten; lay-out, kopjes, spelling, literatuurverwijzingen en dergelijke.

Twee 'regels' zijn belangrijk voor een efficiënt schrijfproces:
1 Probeer niet in één keer een perfecte tekst te maken.
2 Doe zo weinig mogelijk dingen tegelijk: segmenteer de taak en concentreer je steeds op elke deelactiviteit.

Waarom kan schrijven niet in één keer? De reden daarvoor is dat schrijven een ingewikkeld proces blijkt te zijn. Een schrijver denkt na over de inhoud van de tekst, over de structuur, de stijl, over grammatica en spelling. Daarnaast denkt hij nog aan de dingen 'om de tekst heen': Pak ik het wel goed aan? Kan ik niet beter met een ander stuk beginnen? Mag dit woord wel van mijn begeleider? Hoe zat het ook alweer met die voetnoten? Ik wil eigenlijk dat dit ook interessant is voor andere lezers dan mijn begeleider; hoe doe ik dat? Hoe stond het nou precies in dat artikel? Enzovoort, enzovoort.

Als je niet oppast, krijg je geen letter op papier omdat je alleen maar aan het denken bent. Daarom is het handig je werk zo te organiseren dat je aparte denk- en produceermomenten hebt. Denken (analyseren) en schrijven (produceren) zijn allebei even belangrijk, maar verschillen wezenlijk van elkaar. Als je denkt, ben je reflectief bezig en rationeel; schrijven is een creatieve (scheppende), meer intuïtieve activiteit. De denker staat stil bij; blikt kritisch terug. De schrijver zit in een *flow* en gaat vooruit zonder omkijken.

Om tot een goede tekst te komen moet je zowel denker als schrijver zijn, maar niet tegelijkertijd want de twee activiteiten zitten elkaar dan in de weg.

In de volgende hoofdstukken vind je voor elk van de bovengenoemde vijf deelactiviteiten uitleg, procedures, voorbeelden en tips. We gaan achtereenvolgens in op het schrijven van de eerste versie (hoofdstuk 7), de eerste revisie (hoofdstuk 8) en de tweede revisie (hoofdstuk 9). Bij een grotere schrijfopdracht is het meestal verstandig om de revisieactiviteiten per hoofdstuk af te werken of, bij grote hoofdstukken, per paragraaf. De afwerking van de tekst (5) kun je zowel bij kleine als bij grote schrijfopdrachten het beste uitstellen tot het laatste moment, als je begeleider eventuele conceptteksten heeft beoordeeld en de hele tekst af is.

Het is belangrijk dat je voor jezelf op een rijtje zet wanneer je wat gaat doen met welk tekstdeel. Je kunt overzicht houden van je werkzaamheden, door die in een schema te noteren. Daarin schrijf je op wanneer je bepaalde activiteiten van plan bent te gaan doen (P in onderstaand voorbeeld) en wanneer die afgerond moeten zijn (A). Bij kleine schrijfopdrachten kan het voldoende zijn om het werk in drieën te verdelen: inleiding, kern en slot. Bij scripties werk je vaak per hoofdstuk.

In het voorbeeldschema hieronder is het uitgangspunt dat de revisie in drie rondes gaat: revisie van inhoud, structuur en dan pas stijl. In paragraaf 8.1.1 komt aan de orde waarom. Verder is het verstandig om conceptteksten te laten lezen: die 'actie' is als punt 7 ingevoegd. Op de website vind je dit schema onder de knop 'Formulieren'.

Deelstap	Hoofdstuk 1		Hoofdstuk 2		Hoofdstuk 3		Hoofdstuk x	
	P	A	P	A	P	A	P	A
1 Oriënteren								
2 Tekstplan maken								
3 Eerste versie schrijven								
4 Inhoud reviseren								
5 Structuur reviseren								
6 Stijl van de tekst reviseren								
7 Laten lezen								
8 Tekst afwerken								

Planschema schrijffase

7 De eerste versie voorbereiden en schrijven

7.1 Oriënteren op het schrijfwerk
   7.1.1 Inleiding
   7.1.2 De stappen
- Stap 1   Verzamel alles wat je hebt
- Stap 2   Maak of heroverweeg de inhoudsopgave
- Stap 3   Kies met welk tekstdeel je gaat beginnen
- Stap 4   Bepaal of je gaat plannen of opwarmen
- Stap 5   Formuleer de conclusie van de te schrijven tekst
- Stap 6   Schrijf een prullenbakversie
- Stap 7   Ga eventueel terug naar eerdere fases

7.2 Een tekstplan maken
   7.2.1 Inleiding
   7.2.2 De stappen
- Stap 1   Bepaal het hoofdthema van het stuk dat je gaat schrijven
- Stap 2   Noteer de belangrijkste vragen
- Stap 3   Beschrijf kort de antwoorden
- Stap 4   Werk de antwoorden verder uit
- Stap 5   Controleer de samenhangen

7.3 De eerste versie: doorschrijven
   7.3.1 Inleiding
   7.3.2 De stappen

7 De eerste versie voorbereiden en schrijven

7.1 Oriënteren op het schrijfwerk

7.1.1 Inleiding

De oriëntatie op het schrijfwerk is te beschouwen als het 'voorwerk': je maakt de overgang van de onderzoeksfase (fase 3) naar de schrijffase (fase 4). Dit betekent dat je een aantal vragen beantwoordt die belangrijk zijn voor het schrijven:

- Wat staat je te wachten?
- Hoe ver ben je?
- Hoe ga je het in grote lijnen aanpakken?

Waarom oriënteren?
Uit de hierboven gegeven omschrijving is af te leiden wat de reden is om je te oriënteren. Als je in kaart brengt wat er nu is en nog gaat komen, kun je een optimaal proces bedenken. Als je je goed oriënteert, kun je ervoor zorgen dat je niet te vroeg begint met schrijven, maar ook niet te laat. Je kunt ervoor zorgen dat je alle benodigde informatie bij de hand hebt zodat je niet tijdens het schrijven van alles hoeft op te zoeken en je kunt een strategie kiezen die het beste past bij jouw sterke en minder sterke kanten.

7.1.2 De stappen

Om erachter te komen hoe ver je al bent en om je voor te bereiden op het maken van een tekstplan, kun je het volgende doen:

1. Verzamel alles wat je hebt.
2. Maak of heroverweeg de inhoudsopgave.
3. Kies met welk tekstdeel je gaat beginnen.
4. Bepaal of je gaat plannen of opwarmen.
5. Formuleer de conclusie van de te schrijven tekst.
6. Schrijf een prullenbakversie.
7. Ga eventueel terug naar eerdere fases.

STAP 1
Verzamel alles wat je hebt

Begin met inventariseren wat je tot nu toe hebt verzameld:
- de eisen en randvoorwaarden zoals die in de oriëntatie naar voren kwamen (zie fase 1); kijk met name nog even nauwkeurig naar de gewenste lengte en het soort tekst dat je geacht wordt te gaan schrijven;
- het schema met hoofd- en deelvragen (zie fase 2);
- bij scripties het hele planplaatje;
- de uitkomsten van het onderzoek; de antwoorden op de vragen (zie fase 3);
- de analyses van dat materiaal en/of je ideeën of aantekeningen daarover (zie fase 3).

Dit is je bagage voor een logisch en overtuigend verhaal.

STAP 2
Maak of heroverweeg de inhoudsopgave

Voor een kleine schrijfopdracht is deze stap waarschijnlijk niet nodig. De inhoudsopgave kun je in één keer plannen via de stappen in de volgende paragraaf over het tekstplan. Lees voor de zekerheid wel even verder. Misschien is het interessant om je structuur te 'kantelen'.

Werk je aan een scriptie, dan heb je in de planfase (fase 2) waarschijnlijk een inhoudsopgave gemaakt. Die was gebaseerd op de onderzoeksstructuur. Daarin heb je een volgorde gekozen die handig is met het oog op het verzamelen van de antwoorden. In paragraaf 4.1.2 is al aangegeven dat het soms handig kan zijn om die **structuur** te **'kantelen'** omdat de onderzoeksvolgorde niet altijd de meest logische of prettige volgorde is om de gegevens te presenteren aan een lezer. Voor je tekstdelen gaat plannen is het daarom raadzaam die inhoudsopgave nog eens kritisch te bekijken. Misschien leidt een andere tekststructuur tot een beter leesbare scriptie.

Een voorbeeld. Je doet onderzoek naar de ontwikkeling van de structuur van de pianosonates van Ludwig von Beethoven. Je hebt drie vroege sonates, drie uit de middenperiode en drie late sonates en verwacht dat de structuur van de sonates steeds minder lijkt op de klassieke sonatevorm.

7.1 Oriënteren op het schrijfwerk

De negen sonates heb je stuk voor stuk geanalyseerd volgens het volgende onderzoeksschema:

1 Wat zijn de vormkenmerken van de vroege sonates?
   1.1 Wat zijn de vormkenmerken van sonate 1?
      1.1.1 Welke delen heeft sonate 1?
      1.1.2 Hoe is de thematische structuur van sonate 1?
      1.1.3 Hoe is de tonale structuur van sonate 1?
   1.2 Wat zijn de vormkenmerken van sonate 2?
      1.2.1 Welke delen heeft sonate 2?
      1.2.2 Hoe is de thematische structuur van sonate 2?
      1.2.3 Hoe is de tonale structuur van sonate 2?
   1.3 Wat zijn de vormkenmerken van sonate 3?
      1.2.1 Welke delen heeft sonate 3?
      1.2.2 Hoe is de thematische structuur van sonate 3?
      1.2.3 Hoe is de tonale structuur van sonate 3?
2 Wat zijn de vormkenmerken van de sonates uit de middenperiode?
   2.1 Wat zijn de vormkenmerken van sonate 4?
   enzovoort

In schema kun je de uitwerking van vraag 1 ook als volgt weergeven (de vragen staan in telegramstijl weergegeven):

1.1 Sonate 1?	1.2 Sonate 2?	1.3 Sonate 3?
1.1.1 Delen?	1.2.1 Delen?	1.3.1 Delen?
1.1.2 Thematische structuur?	1.2.2 Thematische structuur?	1.3.2 Thematische structuur?
1.1.3 Tonale structuur?	1.2.3 Tonale structuur?	1.3.3 Tonale structuur?

Een nadeel van deze structuur is dat zij waarschijnlijk leidt tot een erg 'opsommerige' tekst; pas na een flink aantal paragrafen kun je iets vergelijkends zeggen. In zo'n geval is het leuk om te kijken of je het schema ook kunt kantelen: de horizontale verdeling wordt de verticale:

1.1 Delen?	1.2 Thematische structuur?	1.3 Tonale structuur?
1.1.1 Sonate 1?	1.2.1 Sonate 1?	1.3.1 Sonate 1?
1.1.2 Sonate 2?	1.2.2 Sonate 2?	1.3.2 Sonate 2?
1.1.3 Sonate 3?	1.2.3 Sonate 3?	1.3.3 Sonate 3?

7 De eerste versie voorbereiden en schrijven

Uitgewerkt als inhoudsopgave ziet dat het er als volgt uit:

1 Wat zijn de vormkenmerken van de vroege sonates?
   1.1 Hoe is de verdeling in delen?
      1.1.1 Welke delen heeft sonate 1?
      1.1.2 Welke delen heeft sonate 2?
      1.1.3 Welke delen heeft sonate 3?
      1.1.4 Wat zijn de verschillen en overeenkomsten?
   1.2 Hoe is de thematische structuur?
      1.2.1 Hoe is de thematische structuur van sonate 1?
      1.2.2 Hoe is de thematische structuur van sonate 2?
      1.2.3 Hoe is de thematische structuur van sonate 3?
      1.2.4 Wat zijn de verschillen en overeenkomsten?
   1.3 Hoe is de tonale structuur?
      1.3.1 Hoe is de tonale structuur van sonate 1?
      1.3.2 Hoe is de tonale structuur van sonate 2?
      1.3.3 Hoe is de tonale structuur van sonate 3?
      1.3.4 Wat zijn de verschillen en overeenkomsten?

2 Wat zijn de vormkenmerken van de sonates uit de middenperiode?
   2.1 Hoe is de verdeling in delen?
      2.1.1 Welke delen heeft sonate 4?
   enzovoort

In de indeling hierboven staan niet de onderzoekseenheden (de sonates) centraal, maar de kenmerken waarop je ze vergelijkt. Dat geeft meestal een boeiender verhaal: leuker om te schrijven, interessanter om te lezen. Je zou dit principe nog verder kunnen doorvoeren door ook alle periodes onder te brengen onder één vormkenmerk. Dan presenteer je de vergelijking per vormkenmerk:

1 Hoe is ontwikkeling in de verdeling in delen?
   1.1 Hoe is de verdeling in delen in de vroege periode?
      1.1.1 Sonate 1?
      1.1.2 Sonate 2?
      1.1.3 Sonate 3?
      1.1.4 Overeenkomsten en verschillen?
   1.2 Hoe is de verdeling in delen in de middenperiode?
      1.1.1 Sonate 1?
      1.1.2 Sonate 2?
      1.1.3 Sonate 3?
      1.1.4 Overeenkomsten en verschillen?
   1.3 Late periode?
   enzovoort

1.4 Wat zijn de overeenkomsten en verschillen tussen de verdeling in delen in de vroege en die in middenperiode?

1.5 Wat zijn de overeenkomsten en verschillen tussen de verdeling in delen in de middenperiode en die in de late periode?

2 Hoe is ontwikkeling in thematische structuur?
enzovoort

Als je de antwoorden hebt, kun je zelfs tot de conclusie komen dat je de tekst het beste 'op z'n kop' kunt zetten ten opzichte van de onderzoeksstructuur: beginnen met deelconclusies en deze beargumenteren met behulp van de uitkomsten van je onderzoek.

Denk dus niet automatisch dat de volgorde waarin je het onderzoek uitvoert ook de volgorde moet zijn waarin je de vragen in de tekst bespreekt. Belangrijke overwegingen daarbij zijn:
- Welke clustering inspireert jou het meest voor het schrijven?
- Welke clustering levert voor de lezers het boeiendste verhaal op?

STAP 3
Kies met welk tekstdeel je gaat beginnen

Maakt het uit met welk deel van de tekst of welk hoofdstuk je begint te schrijven? Bij die keuze spelen verschillende factoren een rol:
- Voor een schrijver is het fijn om te beginnen met het hoofdstuk dat er gemakkelijk uit zal rollen. Op die manier loop je vlot warm en heb je snel resultaat. Deze productie zal motiverend werken.
- Bij een kleine schrijfopdracht die je in één keer moet inleveren bij je docent, is het meestal het verstandigst om met de kern te beginnen. Dat heeft alles met het vorige punt te maken: de kern is vaak het gemakkelijkst omdat dat het verhaal zelf is. De meeste schrijvers vinden de inleiding lastiger om mee te beginnen omdat dan het verhaal er nog niet is.
- Als de inhoud van het ene deel noodzakelijk voorafgaat aan een ander deel, kun je het beste beginnen met het uitwerken van dat ene deel. Dit komt bijvoorbeeld voor als je in een theoretisch hoofdstuk toewerkt naar een model dat je vervolgens gaat gebruiken voor de analyse van je data. In dat geval is het verstandig eerst het hoofdstuk te schrijven waarin je het model afleidt uit de literatuur. Dan weet je zeker dat je dat model goed kunt verantwoorden. Vergelijk hiervoor ook het tijdsplan, paragraaf 4.2.2, stap 3.
- Een vergelijkbare redenering is relevant als er sprake is van meelezers, zoals een studiegenoot of een docent of begeleider. Als die het hele proces willen volgen aan de hand van conceptteksten (hoofdstukken), dan zullen die

teksten in een logische volgorde aangeleverd moeten worden; de volgorde waarin het verhaal voor die lezers te volgen zal zijn.

- Bepaalde stukken tekst zijn belangrijk voor de consensus met begeleider of andere meelezers. Die moeten tijdig gelezen kunnen worden. Dit geldt bij scripties bijvoorbeeld voor de inleiding; die bevat een beschrijving en verantwoording van het 'wat' en 'hoe' van het onderzoek. Daarover kan maar beter overeenstemming zijn voordat je met andere hoofdstukken aan de slag gaat. Zie hiervoor ook paragraaf 4.3.2.

Samengevat komt het eigenlijk neer op het volgende advies: begin met het stuk dat je het gemakkelijkste lijkt, tenzij er inhoudelijke of procedurele redenen zijn om met een ander deel te beginnen.

Een tweede vraag is: in hoeveel rondes en delen ga je het werk uitvoeren? Dat is moeilijk in zijn algemeenheid te zeggen. Straks bij het schrijven van een eerste versie (paragraaf 7.3) gaan we uit van een bladzijde of vijf, die je vervolgens gaat reviseren. Dat neemt niet weg dat het tekstplan (paragraaf 7.2) meer kan omvatten dan die vijf pagina's omdat dat nodig is voor het overzicht van het geheel waar die vijf pagina's deel van uitmaken. Het tekstplan kun je dus verdelen in fragmenten bij het uitschrijven en reviseren. Belangrijk is dat je het werk zodanig organiseert dat je goed overzicht hebt over waar je mee bezig bent.

STAP 4
Bepaal of je gaat plannen of opwarmen

Als je alles bij elkaar hebt, een inhoudsopgave hebt en je hebt gekozen met welk tekstdeel je gaat beginnen, dan kun je in sommige gevallen overstappen naar de volgende fase, waarin de planning van de tekst centraal staat (paragraaf 7.2). De ervaring leert echter dat dit niet altijd direct lukt met de onderzoeksvragen en gegevens. Dan kun je beter even 'voorgloeien'.

Er zijn twee factoren die het lastig kunnen maken om meteen vanuit het ruwe materiaal een tekstschema te maken:
1 het materiaal in combinatie met het tekstdeel waar je aan gaat werken;
2 het type schrijver dat je bent.

Hierna staan een aantal voorbeelden die je helpen om te bepalen of opwarmen nodig is of niet.

Opwarmen is verstandig als het verhaal nog niet direct duidelijk uit het materiaal naar voren komt. Dit is vaak het geval bij:
- interpreterend onderzoek zoals in de geesteswetenschappen of bij kwalitatief sociaalwetenschappelijk onderzoek;
- inleidingen en conclusies; deze zijn meestal meer betogend en beschouwend dan andere tekstdelen;
- theoretische hoofdstukken; deze onderdelen moeten een betoog worden met een kop en een staart (zie ook paragrafen 2.6.1 en 4.1.2, stap 1). In dat opzicht lijkt een theoretisch hoofdstuk op een inleiding of conclusie.

Opwarmen is ook behulpzaam als je niet zo heel erg goed bent in het maken van schema's. Dan heb je er baat bij om eerst een beeld te krijgen van de tekst. Dat kun je doen met de stappen 4 en 5 van deze oriëntatie.

Opwarmen is waarschijnlijk niet nodig als het verhaal direct duidelijk uit het materiaal naar voren komt. Dit is vaak het geval bij:
- kwantitatief empirisch (toetsend) onderzoek; daarbij kun je de methodes en resultaten vaak zonder al te veel tussenstappen op papier krijgen;
- (verwant aan het vorige punt) een resultatenhoofdstuk in empirisch onderzoek; dit volgt vaak strak het schema van de onderzoeksvragen of hypotheses. Voor het beschrijven van de resultaten is dan ook niet veel extra denkwerk nodig.

Als je analytisch sterk bent en op basis van de data de lijn van je verhaal kunt uitzetten, kun je het opwarmen overslaan en meteen proberen om een tekstschema te maken (zie paragraaf 7.2). Mocht dat toch niet goed lukken, dan kun je altijd terugkeren naar de stappen 5 en 6 van deze oriëntatie.

STAP 5
Formuleer de conclusie van de te schrijven tekst

Als opwarming is het zinnig om eerst de conclusie te formuleren van het stuk tekst dat je gaat schrijven. Een (deel)conclusie is een uitspraak waarin alles samenkomt: het slot of de uitkomst van een redenering. Formuleer je de conclusie, dan formuleer je een eindpunt voor je tekst. Dat is zinvol want als je weet je waar je wilt uitkomen – wat de conclusie is – dan geeft dat veel houvast bij het plannen, schrijven en herschrijven. Als je bijvoorbeeld twijfelt over de relevantie van bepaalde informatie, kun je teruggrijpen op die conclusie: helpt de informatie om de conclusie te onderbouwen, dan is deze relevant. Zo niet, dan kan dat onderdeel achterwege blijven.

Bij deze stap, en ook het vervolg van dit hoofdstuk, gaan we ervan uit dat je werkt aan een fragment van een bladzijde of vijf (zie hiervoor stap 3). Is de tekst kort genoeg om in één keer te plannen en te schrijven, dan gaat de conclusie in ieder geval over het antwoord op de hoofdvraag.

Er zijn verschillende manieren om erachter te komen wat de conclusie is van je tekst:
- Stel jezelf de vraag: *Wat wil ik eigenlijk vertellen?*
- Formuleer die vraag in lezerstermen: *Wat is mijn boodschap aan de lezer?*
- Het invullen van een formule kan ook helpen: *Na lezing van deze tekst weten/begrijpen/vinden mijn lezers dat ...*
- Bedenk de kop die boven een krantenartikel zou staan: *Boven een krantenartikel over mijn tekst zou moeten staan: ...*

Misschien denk je: ik heb geen conclusie want ik heb een zuiver informatieve tekst. In dat geval kun je zeggen: de vraag die je in dat tekstdeel beantwoordt, is een zuiver beschrijvende vraag. Dat kan: in hoofdstuk 2 kwam naar voren dat deelvragen soms puur beschrijvend zijn. Maar daarin kwam ook naar voren dat beschrijvingen lastig zijn omdat ze moeilijk te begrenzen zijn en niet nadrukkelijk 'ergens toe leiden'.

Puur informatieve of beschrijvende teksten zijn meestal minder prettig om te schrijven en voor een lezer nogal eens onbevredigend om te lezen omdat die zich steeds afvraagt: 'Waar gaat dit heen en waarom moet ik dit lezen?' Daarom het advies om even door te zoeken naar een mogelijkheid om je tekst als een betoog te zien, met een conclusie als eindpunt. Hieronder staan een paar handreikingen om het betogende in academische tekstdelen te ontdekken.

De inleiding is meestal niet alleen informatief maar is ook bedoeld om de lezer ervan te overtuigen dat het onderzoek relevant en onderzoekbaar is (paragraaf 2.9). De conclusie van de inleiding zou dus iets kunnen zijn als: *onderzoek naar ... is de moeite waard.*

Ook theoretische hoofdstukken zijn te zien als betogen. Een paar voorbeelden: je laat zien **waarom** onderdelen van theorieën (bijvoorbeeld definities) goed bruikbaar zijn voor je onderzoek, je overtuigt de lezer ervan dat je goede hypotheses hebt afgeleid, je toont aan dat een bepaalde vraag nog niet beantwoord is of je beredeneert waarom je voor je analysemodel juist die elementen hebt gekozen.

Methodehoofdstukken zijn ook niet strikt informatief: de lezer moet er ook van overtuigd raken dat de gekozen methodes adequaat zijn.

Bij resultaathoofdstukken lukt het niet altijd om ze als een betoog te zien. Als de onderzoeker alleen weergeeft wat de uitkomsten zijn en daarover is geen discussie mogelijk, kan er geen sprake zijn van een betoog.

STAP 6
Schrijf een prullenbakversie

Een tweede manier om op te warmen is: schrijf een prullenbakversie. Dat betekent: schrijf op wat je weet. Dit schrijven is een soort brainstormen of *free writing*, maar dan niet 'zomaar opschrijven wat je te binnen schiet', maar: 'zomaar' opschrijven wat er uit je (deel)onderzoek is gekomen.

Bijvoorbeeld: je hebt hoofd- en deelvragen geformuleerd voor een literatuuronderzoek en per deelvraag boeken en artikelen gevonden, bestudeerd en de belangrijkste uitkomsten samengevat. Intussen heb je parallellen gezien en/of de waarde van die artikelen voor jouw onderzoek overwogen, maar die dingen waaieren nog wat vaag in je hoofd rond en je weet nog niet precies waar het op gaat uitdraaien. Dan kun je gewoon eens gaan schrijven: **schrijven om te denken**. Niet een tekst die iemand anders zou moeten lezen (en al helemaal geen docent of begeleider), maar een tekst voor jezelf. En om te benadrukken dat die tekst eigenlijk niet meetelt als tekst, noemen we die ook wel de 'nulde versie'.

Waarom een prullenbakversie schrijven?
Het schrijven van een nulde versie is een snelle manier om erachter te komen hoe het ermee staat. Je ontdekt binnen korte tijd wat je nog te doen staat voordat je een tekstschema kunt maken, bijvoorbeeld:
- Heb je genoeg kennis om een tekstplan te maken of moet je nog bijlezen?
- Kan het een samenhangend verhaal worden of moet je de onderzoeksvraag beter formuleren?
- Welke onderdelen staan je helder voor ogen en welke minder; moet je beter nadenken over bepaalde onderdelen?
- Hoe lang zal het verhaal ongeveer worden; moet je op voorhand gaan schrappen of toevoegen?

Hoe doe je dat?
- Bedenk hoeveel tijd je eraan wilt besteden. Een uur is een aardige indicatie voor een tekst van een bladzijde of vier. Kijk op de klok en zet eventueel een wekker.
- Stel je voor dat iemand je in de kantine (of in het café) vraagt: 'Goh, vertel eens wat over je werkstuk.' En ga dan schrijven: schrijf zo vrij mogelijk wat je in je verhaal kwijt wilt.
- Belangrijk is dat er een beetje tempo in zit, anders wordt het moeilijk om de tekst later weg te gooien. Dus: lekker doorschrijven en zo veel mogelijk uit het hoofd.
- Je kunt eerst wat hoofdthema's op papier zetten en daaronder de deelverhaaltjes, maar je kunt ook beginnen met het schrijven van de eerste zin.

- Het is de bedoeling dat je alleen opschrijft wat je in je hoofd hebt; geen boeken of artikelen erbij pakken dus. Je merkt na afloop wel wat je in de volgende fase nodig hebt.
- Ga ervan uit dat deze tekst later weggegooid wordt. Besteed dus geen aandacht aan slecht lopende zinnen, grammaticale of spelfouten of andere uiterlijke mankementen. Het belangrijkste is dat alles wat in je hoofd zit eruit komt. Minder belangrijk is hóe dat gebeurt.
- Bij nogal wat schrijvers werkt dit het beste met pen en papier omdat dat de suggestie wegneemt dat je al een echte tekst aan het produceren bent. Als je achter de computer schrijft, krijg je toch meer de neiging om allerlei 'lay-outdingetjes' te gaan doen. Bovendien kun je op papier veel gemakkelijker pijlen zetten, stukjes tekst omcirkelen, halve schema's maken en dergelijke. Probeer het maar eens uit.
- Kijk aan het einde hoe het ervoor staat (vergelijk de redenen voor een prullenbakversie). Voorbeelden van reflecties naar aanleiding van een prullenbakversie zijn:

> Ik moet toch een andere hoofdstructuur kiezen.
> Het loopt eigenlijk wel lekker.
> Dat stukje over ... moet ik er nog bij hebben, want dat heb ik niet goed in m'n hoofd.
> Inhoudelijk zit het wel goed, maar het zijn nog te veel losse stukjes; hoe kan ik die met elkaar verbinden?
> Ik mis nog een pakkend voorbeeld van ...
> Kan dat tweede stukje er niet uit?
> Moet ik nu ook nog uit gaan leggen ...?
> Hoe krijg ik dit in ... bladzijdes gepropt; heb ik er niet eigenlijk veel meer nodig?
> Die ene alinea is wel absurd lang geworden.
> enzovoort

STAP 7
Ga eventueel terug naar eerdere fases

Het is niet ongebruikelijk dat schrijvers er door de prullenbakversie achter komen dat ze de vorige fase onvoldoende hebben doorlopen: de informatie uit de onderzoeksfase is nog niet nauwkeurig genoeg verwerkt om een (plan voor een) tekst te maken. Dan doe je er goed aan even terug te gaan naar die fase. Beantwoord de vragen die staan beschreven in paragrafen 6.1.2 (stap 3), 6.1.3, 6.2.2 en 6.2.3.

Ook kan de prullenbakversie problemen met het hele plan naar boven brengen. In dat geval moet je terug naar fase 2: een plan maken.

Tot slot: de nulde versie kan je zelfs terugvoeren naar de oriëntatie als je bijvoorbeeld ontdekt dat je niet zeker weet wat voor soort tekst je eigenlijk moet schrijven of hoe lang hij moet of mag zijn.

7.2 Een tekstplan maken

7.2.1 Inleiding

Een tekstplan is een schema van de tekst die je gaat schrijven. Je kunt dat ook een tekstschema noemen, een tekststructuur of een bouwplan. Het begrip 'schrijfplan' kun je ook tegenkomen in deze context, maar dat woord past beter bij een proces (hoe ga je schrijven) dan bij een product (hoe gaat de tekst eruitzien). In een goed tekstplan kun je zien:

1 Welke **inhoud** geselecteerd is: wat komt er wel en niet in de tekst?
2 Wat de **samenhang** is tussen de verschillende onderdelen van de tekst: wat heeft het ene onderdeel met het andere te maken?
3 Wat de **rangorde** is van de verschillende onderdelen van de tekst: wat zijn de hoofdvragen en hoofdthema's in de tekst en wat zijn subvragen en subthema's?
4 In welke **volgorde** de informatie gepresenteerd wordt: wat komt eerst, wat daarna, wat laatst?

Er zijn verschillende 'systemen' voor het maken van een tekstplan of tekstschema. Bijvoorbeeld een schema met onderwerpen (thema's) of een inhoudsopgave met kopjes. Als je dat vergelijkt met wat hierboven staat over wat je moet plannen, dan geeft een schema met onderwerpen, thema's of kopjes wel inhoud (1), rangorde (3) en volgorde (4), maar geen samenhang (2). Dat is een gemis want het meest voorkomende mankement van academische teksten is dat er onvoldoende samenhang in zit. Een veel gehoorde klacht van lezers (docenten of meelezers) is dat een tekst losse flodders bevat of dat de structuur van het verhaal onduidelijk is. Op het Academisch Schrijfcentrum Nijmegen gaat ongeveer 80 procent van de begeleidingsgesprekken over structuur: de structuur van het onderzoek en die van de tekst. Het helpt als je die structuur vooraf bedenkt. Daarvoor is dus nog iets meer nodig dan thema's of kopjes.

De samenhang tussen thema's is weer te geven met **vragen**: een thema is een antwoord op een vraag over een ander thema. Omdat die vragen aangeven wat het verband (de relatie) is tussen de thema's, worden die vragen 'relationele vragen' genoemd. Dit systeem (uitgewerkt door Van Steen, 1987) is gebaseerd op het klassieke idee van Aristoteles van 'topische vragen': als je een verhaal of pleidooi voorbereidt, dan bekijk je wat de belangrijke punten/vragen (de 'topoi') zijn van een onderwerp en daar besteed je aandacht aan in de tekst. Meer over dit systeem in de volgende paragraaf.

Het systeem is een uitstekend instrument voor het plannen van de inhoudelijke samenhang en tegelijk heel goed bruikbaar voor het evalueren van de tekststructuur. Je kunt dus straks, als je de eerste versie geschreven hebt, met dezelfde systematiek je tekst beoordelen en verbeteren; je slaat hiermee twee vliegen in één klap.

Waarom een tekstplan maken?
Het doel van een tekstplan is om je zo goed mogelijk voor te bereiden op het schrijven van een eerste versie. Dat doet een schema omdat je op die manier het nadenken over inhoud en structuur loskoppelt van het produceren van een tekst. Zoals eerder aangegeven, is het schrijven van een tekst een gecompliceerde kwestie: het is verstandig zo'n taak in overzichtelijke deeltaken op te splitsen. Zo kun je je steeds concentreren op een bepaald deel van het schrijfproces zonder afgeleid te worden door zaken die nog niet relevant zijn. Het plannen van je tekst voordat je hem gaat schrijven is zo'n deelactiviteit. In de inleiding op fase 4 ging het over de verschillende soorten activiteiten. Het maken van een tekstplan is echt een analytische activiteit. Denk je voorafgaand aan het schrijven goed na over de inhoud en structuur van de tekst, dan hoef je dat tijdens het schrijven van de eerste versie van je tekst niet meer te doen. Je kunt je dan in de schrijffase volledig concentreren op de productie van de tekst; op het vertellen van het verhaal.

7.2.2 De stappen

Een tekst is te beschouwen als een geheel van antwoorden op vragen over een thema. In een tekst vertel je van alles over een onderwerp (thema) en dat 'van alles' is te zien als antwoorden op vragen over dat thema. Het principe van tekststructuur als een geheel van thema's en vragen wordt hieronder geïllustreerd aan de hand van een bestaand tekstje van een student die onderzoek deed naar televisieprogramma's. Aan het einde van deze paragraaf staat nog een voorbeeld.

> Bij programma's die kinderen als doelgroep hebben, worden andere formal features gebruikt dan bij programma's die bekeken worden door volwassenen. Voor kinderen wordt er veelal gebruikgemaakt van een cluster van features dat zich kenmerkt door opvallendheid. Dit wil zeggen dat er veel gewerkt wordt met features die de aandacht van de kleintjes zullen trekken, zoals een snelle wisseling van beelden, intensiteit, contrast, verandering, nieuwigheid, verrassingselementen (Huston, p. 836).
> Uit een onderzoek van Cambell (Huston, p. 338) blijkt dat programma's voor volwassenen andere features gebruiken dan programma's voor kin-

deren. Voor volwassenen wordt meer gebruikgemaakt van bijvoorbeeld livebeelden, een volwassen mannelijke presentator en rustige achtergrondmuziek (…)

Dit fragment gaat over de *formal features* (vormkenmerken) van programma's voor kinderen en volwassenen (zin 1): deze zijn verschillend (*andere*). Het thema kunnen we dus omschrijven als: *verschillen tussen …*

Wat wordt daarover verteld? Welke vraag wordt daarover beantwoord? Zin 2 gaat over de features bij kinderprogramma's. De vraag die beantwoord wordt is dus: Hoe zijn die features bij kinderprogramma's? Daarvan wordt een kenmerk genoemd: opvallendheid. Opvallendheid betekent (*dat wil zeggen*) dat ze de aandacht trekken. Tot slot worden er voorbeelden gegeven (*zoals*) en een bron. De volgende alinea gaat over de features van programma's voor volwassenen. De structuur van dit tekstje kunnen we als volgt schematiseren:

Verschillen tussen formal features van televisieprogramma's voor kinderen en volwassenen (= thema)
    Hoe zijn die formal features bij televisieprogramma's voor kinderen? (= vraag)
    Opvallend (= subthema)
        Wat betekent dat? (= subvraag)
        Aandacht trekken van kleintjes
            Wat zijn daar voorbeelden van?
            snelle wisseling van beelden, intensiteit, contrast, verandering, nieuwigheid, verrassingselementen
            Waar blijkt dat uit?
            Huston, p. 836
    Hoe zijn die formal features bij televisieprogramma's voor volwassenen? (= vraag)
    Anders
        Wat zijn daar voorbeelden van?
        livebeelden, een volwassen mannelijke presentator en rustige achtergrondmuziek
            Waar blijkt dat uit?
            Onderzoek van Cambell (Huston, p. 338)

Alle stukken informatie worden dus via een vraag gekoppeld aan een thema dat eerder aan de orde is geweest. Het is aan de schrijver (en lezer) om uit te zoeken aan welk thema die nieuwe informatie gekoppeld is en op welke vraag die informatie een antwoord is. Wees gerust: in dit voorbeeldje analyseren we heel kleine eenheden (halve zinnen), maar een tekstplan hoef je niet tot op dat niveau uit te werken. Meestal stopt het bij de alinea (antwoord op de vraag die je daarin beantwoordt). Wel is het handig om de manier van inspringen over te nemen uit het voorbeeld; dan houd je goed zicht op de hoofd- en sub(sub)thema's en dus op de rangorde.

De stappen voor het maken van een tekstplan

1. Bepaal het hoofdthema van het stuk dat je gaat schrijven.
2. Noteer de belangrijkste vragen.
3. Beschrijf kort de antwoorden.
4. Werk de antwoorden verder uit.
5. Controleer de samenhangen.

Schrik niet als het lastig is; het bedenken van een goede structuur is geen sinecure. Als schrijvers die structuur al helemaal klaar in het hoofd zouden hebben, zouden we niet zo moeilijk doen over deze planfase. De beloning van dat denkwerk krijg je straks bij het schrijven van de eerste versie: dat zal een stuk vlotter gaan als je een heldere structuur hebt opgezet.

STAP 1
Bepaal het hoofdthema van het stuk dat je gaat schrijven

Dus: waar gaat dit fragment over? Je kunt dat in ieder geval op twee manieren verwoorden: als een onderwerp of als een stelling. Let op dat een thema geen hele zin is, maar een onderwerp. Als je hiervoor opwarmstap 5 hebt uitgevoerd, dan heb je al een stelling (conclusie) geformuleerd. Schrijf dat hoofdthema of die hoofdstelling boven aan een vel papier. (Ja, het maken van een schema gaat meestal gemakkelijker met pen en papier dan met een computer.)

STAP 2
Noteer de belangrijkste vragen

Kies de belangrijkste (sub)vragen die je over het hoofdthema of de hoofdstelling wilt beantwoorden in je tekst en schrijf die eronder, eventueel elk op een nieuw blad. Houd bij die subvragen veel ruimte over. Bijvoorbeeld:

Onderzoek naar de fietsersairbag
Wat is er bijzonder aan?

Wat zijn de resultaten ervan?

7.2 Een tekstplan maken

Voor de vragen kun je je laten inspireren door:

- de inhoud van de prullenbakversie (paragraaf 7.1.2, stap 6);
- de (hoofd- en) deelvragen van je onderzoek;
- allerlei mogelijke verbanden (relaties) tussen stukjes informatie;
- de te verwachten lezersvragen. Stel jezelf die lezer voor en bedenk welke vragen die zal hebben bij het hoofdthema of de stelling van je tekst.

Ter inspiratie staat hieronder een overzicht van veelvoorkomende verbanden met voorbeelden van hoe je die verbanden in vraagvorm kunt weergeven. Merk op dat het allemaal **open** vragen zijn. De reden hiervoor is eenvoudig: een gesloten vraag leidt niet tot een tekst maar slechts tot een woord: 'ja' of 'nee'. De zeven vraagtypen voor de hoofdvraag (paragraaf 2.6.1) vind je ook terug in het schema.

Soort verband	Relationele vragen
Oorzaak-gevolg (causaal)	Waardoor? Wat is de oorzaak? Wat is het gevolg?
Middel-doel (finaal)	Hoe? Met welk middel? Waartoe? Met welk doel?
Redengeving	Waarom? Met welke reden? Wat is de consequentie?
Voorwaardelijkheid (conditioneel)	Wanneer? Onder welke voorwaarde? Wat onder die voorwaarde?
Tijd	Wanneer? Op welk moment? In welke periode? Sinds wanneer?
Ruimte	Waar? Waarheen?
Omstandigheid	Hoe? Onder welke omstandigheid?
Toegeving	Ondanks wat? Wat ondanks dat?
Wijze	Hoe? Op welke manier?
Kwalificatie	Hoe goed/slecht is het? Hoe te beoordelen?
Specificering	Wat is daar een voorbeeld van? Waar is het een voorbeeld van?
Vergelijking	Wat is de overeenkomst? Wat is het verschil? In hoeverre lijkt het (niet) op elkaar?
Onderschikking	Waarvan/van welke klasse maakt het deel uit? Wat zijn onderdelen ervan?
Identiteit	Wat zijn de kenmerken? Wat is het?
Probleem – oplossing	Wat is het probleem? Hoe kan het probleem opgelost worden?
Opsomming	Hoeveel aspecten/onderdelen zijn ervan?
Argumentatie	Tot welke conclusie leidt dit? Welke argumenten zijn er voor/tegen?
Samenvatting	Hoe is dit samen te vatten?

Overzicht van verbanden en relationele vragen

STAP 3
Beschrijf kort de antwoorden

Het antwoord op de vragen in een tekstplan geef je kort weer, in steekwoorden. Dat zijn dan de subthema's in het schema en straks in je tekst. Bijvoorbeeld:

Onderzoek naar de fietsersairbag
    Wat is er bijzonder aan?
    Veel verschillende deelnemers

    Wat zijn de resultaten ervan?
    Veelbelovend

Let goed op dat die thema's ook echt een antwoord zijn op de vraag die je geformuleerd hebt en dat het geen hele zinnen worden. Zou het schema uit hele zinnen bestaan, dan is het al bijna een tekst en dat is nou juist niet de bedoeling want dan doe je twee dingen in één keer (denken en schrijven).

STAP 4
Werk de antwoorden verder uit

Om dit uit te leggen, gaan we even terug naar het doel van het tekstplan: je zo goed mogelijk voorbereiden op het schrijven van een eerste versie. Je moet straks vlot die tekst kunnen uitschrijven. Alle handvatten die je daarvoor nodig hebt, moeten in het schema staan. Dus gaat het steeds om twee vragen: (1) moet of wil ik over dat (subsub)thema nog meer zeggen? Zo ja, (2) vliegt dat er straks zo uit of moet ik daarvoor toch even een structuurtje plannen? Op die manier kun je ervoor zorgen dat je straks met alleen dit schema een eerste versie kunt schrijven die ook substantiële inhoud bevat.

Als je het schema verder uitwerkt, is het verstandig om de rangorde goed zichtbaar te maken, bijvoorbeeld door bij een subvraag steeds in te springen. Zie hiervoor ook het voorbeeld van de formal features. Dit is straks handig omdat het aanknopingspunten biedt voor de verdeling in paragrafen, tekstblokken en alinea's. Veel schrijvers vinden het lastig om vast te stellen waar alinea's beginnen en ophouden. Als je vooraf nadenkt over de tekstindeling door de rangorde al in je schema weer te geven, heb je daar steun aan bij het uitschrijven en reviseren van de tekst.

STAP 5
Controleer de samenhangen

Het belangrijkste van het schema is dat alle onderdelen onderling samenhangen (vergelijk paragraaf 2.7.1). Gebrekkige samenhang is een veelvoorkomend mankement in teksten. Je kunt dit controleren in het schema, want de vragen vormen de verbinding tussen de thema's. Maak dat goed zichtbaar in je schema door in de vraag begrippen uit het betreffende thema te herhalen of in de vraag te verwijzen naar het thema. Je kunt in het voorbeeld over de formal features zien hoe je dat kunt doen:

> Hoe zijn **die** formal features bij televisieprogramma's voor kinderen?
> Wat betekent **dat**?
> Wat zijn **daar** voorbeelden van?
> Waar blijkt **dat** uit?

De vetgedrukte woorden verwijzen allemaal naar het thema dat erboven staat. Controleer altijd of er in de vragen van je schema zo'n verwijzing staat en of je daar ook echt het thema kunt invullen dat erboven staat.

Tot slot nog een voorbeeldje van hoe een deel (bijvoorbeeld het begin) van zo'n tekstschema eruit kan zien: hoe het verder ging met het onderzoek naar de fietsersairbag.

> *Onderzoek naar de fietsersairbag*
>   Wat is er bijzonder aan?
>   *Veel verschillende deelnemers*
>   Wie zijn dat?
>   1 *TNO*
>   Wat is hun belang?
>   *Technisch wetenschappelijk*
>   2 *Autoliv*
>   Wat is hun belang?
>   *Verkoop en winst*
>   3 *Fietsersbond*
>   Wat is hun belang?
>   *Veiligheid voor fietsers*
>   4 *Ministerie van VWS*
>   Wat is hun belang?
>   *Wet- en regelgeving*
>   5 *Achmea*
>   Wat is hun belang?
>   *Minder letsel, minder vergoedingen*

Wat zijn de resultaten ervan?
Veelbelovend
    Waarom is dat zo?
    1   *Minder doden onder fietsers en voetgangers*
        In vergelijking met wat is dat zo?
        1   *Voetgangersairbag*
            Wat is daar mis mee?
            Kussen te kort voor fietsers
        2   *Automatisch remsysteem*
            Wat is daar mis mee?
            Leidt tot kop-staartbotsingen
    2   *Lijkt technisch haalbaar*
        Hoe ver is het onderzoek daarnaar?
        1   *Sensoren uittesten*
        2   *Camera's in auto's uittesten*

Herken je de vier aspecten van structuur?
- de inhoud zit in de thema's (cursief);
- de samenhang in het soort vragen en de verwijzingen (*er, dat, hun, daar* en dergelijke);
- de rangorde in het inspringen en nummeren;
- de volgorde in het schema zelf.

Nog een opmerking over dat laatste aspect. Probeer in deze fase te kiezen in welke volgorde je de informatie wilt presenteren. Met stukken schema kun je namelijk veel gemakkelijker schuiven dan met stukken tekst. Misschien denk je als schrijver van het stuk over de fietsersairbag wel: het is eigenlijk veel beter om met die resultaten te beginnen. Dan pak je dat hele stuk schema op en zet je het bovenaan.

7.3   De eerste versie: doorschrijven

7.3.1 Inleiding

We zijn nu aanbeland bij wat eigenlijk het eenvoudigste is van het schrijfproces: schrijven. Plannen en herschrijven zijn namelijk veel moeilijker en dat hoef je tijdens het schrijven niet te doen. Dat doe je respectievelijk voor- en achteraf. Wat is schrijven dan wel? Schrijven is: tekst produceren waar je mee verder kunt. Je hebt nagedacht over wat er in de tekst komt (selectie van de inhoud), over de samenhang, de volgorde en de rangorde van de elementen, en dat verhaal ga je nu voor het eerst vertellen.

7.3 De eerste versie: doorschrijven

Het belangrijkste in deze fase is: in hoog tempo produceren. Dat betekent: tijdens het schrijven zo weinig mogelijk nadenken. Niet over stijl, niet over inhoudelijke problemen en al helemaal niet over afwerkingsproblemen zoals spelling en literatuurverwijzingen. Dat komt allemaal later. Je moet in een soort 'flow' proberen te komen. Om in die flow terecht te komen, is het belangrijk dat je blijft dóórschrijven. Dat betekent dat je tijdens het schrijven ook geen dingen opzoekt of naleest. Daarmee zou je het schrijven onderbreken en uit de flow raken, of erger, er helemaal niet inkomen. Doorschrijven is dus ook schrijven zonder boeken. Natuurlijk is schrijven zonder boeken eng, maar wees gerust: in de revisiefase kun je alles aanvullen wat nodig is.

Waarom doorschrijven?
Op tempo doorschrijven zonder boeken heeft een aantal voordelen:
1. Je produceert meer.
2. Je verwerkt de inhoud goed.
3. Teksten worden beter gestructureerd.
4. Schrijven is leuker.
5. Je kunt straks met meer afstand naar je tekst kijken.
6. Je verliest weinig tijd als het toch niet in orde blijkt te zijn.

1. Het belangrijkste voordeel van doorschrijven is dat je niet aan alles tegelijk hoeft te denken en dat maakt het schrijven veel eenvoudiger om te doen. Omdat niet alles meteen goed hoeft te zijn, schrijf je veel meer dan je normaal gesproken in dezelfde tijdspanne doet. Dat werkt bevredigend. Voor veel schrijvers blijkt het ook een verademing te zijn om op een bepaald moment alleen maar te hoeven produceren.
2. Doorschrijven zonder je boeken en artikelen erbij heeft ook enorme voordelen in termen van het beheersen van de inhoud van je tekst. Als je tijdens het schrijven de boeken er niet naast hebt liggen, word je gedwongen om het materiaal echt te verwerken. Dat is een voordeel want je moet kunnen navertellen wat erin staat; zeker studenten die hun scriptie moeten verdedigen tegenover een commissie. Je moet dus goed weten wat je opschrijft en wat de inhoud is van de literatuur die je hebt gelezen en gebruikt voor je onderzoek. Als je de eerste versie zonder boeken schrijft, dwing je jezelf tot echte tekstverwerking (knowledge transforming versus knowledge telling, zie paragraaf 5.1).
3. Schrijven zonder boeken levert beter gestructureerde teksten op. Als je alleen maar brokken informatie uit de literatuur knipt en plakt zonder goed te lezen wat er eigenlijk staat, krijg je nogal eens onsamenhangende teksten die vol zitten met stijlbreuken. Docenten zitten daar ook niet op te wachten. Zij beklagen zich vaak over teksten met veel 'knip- en plakwerk' of over teksten die slechts bestaan uit een 'aaneenschakeling van citaten'.

4 Als je schrijft vanuit de verhaallijn die je zelf bedacht hebt, is schrijven veel leuker. Het knippen en plakken van tweedehands kennis lijkt misschien wel gemakkelijk, maar vrijwel niemand vindt dat interessant om te doen.
5 Veel schrijvers vinden het moeilijk om met een beetje afstand naar hun eigen tekst te kijken. Dit wordt gemakkelijker als je tijdens het schrijven een hoog tempo aanhoudt; hierdoor raak je namelijk minder diep betrokken bij en minder verstrikt in die tekst.
6 Hoe goed je ook probeert te plannen, de inhoud en structuur kunnen weerbarstiger blijken dan verwacht. Dit wordt dan meestal pas duidelijk als de eerste versie klaar is. Hoe sneller je de eerste versie schrijft, hoe sneller je er dus achter komt of de basisstructuur in orde is. En hoe minder risico je loopt je tijd te vergooien met het mooi maken van een eerste versie die weer helemaal op de schop moet.

Heb dus het lef om voor de eerste versie andermans gedachten in je eigen woorden te verwerken in jouw eigen verhaal. Herken je je in een of meer van de onderstaande omschrijvingen?

- Het schrijven gaat zo langzaam.
- Het schiet niet op want ik ben de hele tijd bezig om dingen op te zoeken en na te lezen.
- Het is zo lastig om al die citaten met elkaar te verbinden.
- Ik vind het moeilijk om dingen in eigen woorden te zeggen.
- Mijn teksten zijn erg van de hak op de tak.
- Ik vind er niks aan om alleen maar citaten aan elkaar te plakken.

De oplossing is binnen handbereik: schrijf een eerste versie in één moeite door, zonder boeken of artikelen erbij.

7.3.2 De stappen

De procedure voor doorschrijven ziet er als volgt uit:

1 Pak je tekstschema.
2 Pak een wekker en stel hem in op twintig à dertig minuten. Het is een kwestie van uitproberen wat voor jou een prettige duur is.
3 Leg verder alles weg wat je af kan leiden – ook boeken en artikelen.
4 Schrijf, als warming-up, een inleiding op de tekst die je zo gaat maken. Die inleiding is een samenvatting vooraf van een paar zinnen. Bijvoorbeeld als volgt te formuleren: *In dit/deze hoofdstuk/paragraaf/paper beschrijf ik … [thema]. Ik zal achtereenvolgens aangeven …*
5 Begin dan met het schrijven van de tekst zelf en schrijf door zonder pauzes, tot de wekker gaat.
6 Probeer zo weinig mogelijk bezig te zijn met de formulering, anders stokt de gedachtestroom. Er is nog een hele revisiefase om de tekst bij te schaven

op allerlei punten. Nú hoef je alleen te zorgen dat er tekst komt om bij te schaven.

7. Kijk regelmatig op je schema om de rode lijn goed vast te kunnen houden. Gebruik ook gerust de formulering van de vragen. Staat er bijvoorbeeld als vraag 'Waar blijkt dat uit?', dan kun je die zin gewoon beginnen met 'Dat blijkt uit …' Maak het jezelf dus zo gemakkelijk mogelijk (herschrijven doe je later).
8. Probeer zo weinig mogelijk te schrappen en te veranderen. Als je ergens spijt van krijgt, schrijf dan maar iets op als: *onzin, opnieuw*. Je mag nu geen tijd verliezen met nadenken en overdoen.
9. Als je in de knoop komt, het niet meer weet, schrijf je dát maar op, dan schrijf je tenminste door. Bijvoorbeeld: *ik weet het niet meer, moet ik nog opzoeken, wat is het hier warm, wat een rotopdracht*. Maakt niet uit.
10. Als het je niet lukt om vooruit te schrijven (als je steeds terugleest en verbetert), zet dan je computerscherm op zwart. Dan kun je niet meer teruglezen. Beschouw je computer als een bandrecorder, of als iemand die tegenover je zit en aan wie jij je verhaal vertelt. Dan ga je ook niet steeds terugspoelen of je woorden terugnemen.
11. Neem na het eerste schrijfblok even een korte pauze (vijf à tien minuutjes) en zet dan de wekker opnieuw op twintig à dertig minuten en schrijf het tweede blok.
12. Als je fysieke conditie het toelaat, herhaal dan stap 11 een derde keer.

Heb je deze procedure gevolgd, dan heb je één à anderhalf uur geschreven. Dat is eigenlijk niet zo lang (zeker niet op een scriptieproces van enkele maanden), maar in cursussen blijken studenten dan zo'n zeshonderd tot vijftienhonderd woorden te schrijven. Veel meer dan wat ze normaal gesproken produceren, zeggen ze. Dat geeft dus meer materiaal voor de revisie straks. De tekst vertoont natuurlijk nog mankementen, maar omdat je schrijft aan de hand van een zorgvuldig overwogen structuurschema, zit er meestal wel lijn in.

8 De eerste revisie: inhoud, structuur en uiterlijke structuur

8.1 Over het reviseren van de eerste versie
    8.1.1 Inleiding op de procedures
    8.1.2 Voorbereiding van de revisie

8.2 **Inhoud reviseren**
    8.2.1 Informatie reviseren
- Stap 1   De informatie beschrijven
- Stap 2   De informatie beoordelen
- Stap 3   De oordelen verklaren
- Stap 4   De informatie verbeteren

    8.2.2 Argumentatie reviseren
- Stap 1   De argumentatie beschrijven
- Stap 2   De argumentatie beoordelen
- Stap 3   De oordelen verklaren
- Stap 4   De argumentatie verbeteren

8.3 **Structuur reviseren**
    8.3.1 De samenhang reviseren
- Stap 1   De samenhang beoordelen
- Stap 2   De oordelen verklaren
- Stap 3   De samenhang verbeteren

    8.3.2 De rangorde reviseren
    8.3.3 De volgorde reviseren
    8.3.4 Samengevat

8.4 **Uiterlijke structuur reviseren: tussen structuur en stijl**
    8.4.1 Inleiding
    8.4.2 Hoe maak je de structuur zichtbaar?
    8.4.3 Indeling, titels en inleidingen
    8.4.4 Toelichting op de structuur, overkoepelende zinnen, kernen op voorkeursplaatsen
    8.4.5 Signaalwoorden en verwijzingen
    8.4.6 Puntsgewijze opsommingen, typografische ondersteuning en schema's
    8.4.7 Samengevat

8.5 Laten lezen

8 De eerste revisie:
inhoud, structuur en uiterlijke structuur

8.1 Over het reviseren van de eerste versie

8.1.1 Inleiding op de procedures

Niet ieder revisieproces verloopt hetzelfde. Daarom gaan we in deze paragraaf eerst wat uitgebreider in op het revisieproces zelf. Vanaf paragraaf 8.2 komen alle verschillende revisierondes en stappen meer in detail aan de orde.

Uitgebreide en verkorte procedures voor revisie
Hoe het revisieproces verloopt, hangt van een aantal zaken af. De belangrijkste zijn:
1 de kwaliteit van de eerste versie;
2 je schrijf- en reviseerervaring;
3 de mate waarin je de zwakke en sterke kanten van je eigen teksten kent.

Als je bijvoorbeeld (1) een heel goed tekstschema hebt gemaakt en je hebt je bij het schrijven aan dat schema gehouden, dan hoef je meestal niet uitgebreid je eigen tekst te analyseren om erachter te komen of de structuur in orde is. Anderzijds heb je mogelijk wel veel werk bij het reviseren van de stijl van je tekst. Als je (2) veel ervaring hebt met schrijven en reviseren, zie je eerder waar de problemen zitten, waardoor ze veroorzaakt worden en hoe ze opgelost kunnen worden. En, tot slot, naarmate je (3) je eigen zwakke en sterke kanten beter kent, kun je bij de revisie meteen op de zwakke aspecten letten en kun je andere controlevragen misschien overslaan.
    Om tegemoet te komen aan dergelijke variatie in schrijfprocessen en schrijfervaring, komen in dit hoofdstuk regelmatig verschillende varianten van revisieprocedures aan bod.

Onderdelen van het revisieproces
In zijn algemeenheid kun je zeggen dat het belangrijk is om:
- te reviseren wat niet goed genoeg is;
- op zo'n manier te reviseren dat de tekst ook beter wordt.

Om dit te bereiken moet je: (1) kunnen zien wat niet voldoende is, (2) begrijpen hoe het beter moet en (3) in staat zijn dat dan ook daadwerkelijk te verbeteren. Er komt dus veel denkwerk en vaardigheid aan te pas.

De meest uitgebreide procedure voor een revisie bestaat uit vier onderdelen:
1 **beschrijven** of analyseren van inhoud, structuur en stijl van de tekst;
2 **beoordelen** van inhoud, structuur en stijl van de tekst;
3 **verklaren** van problemen die je vindt bij het beoordelen (2);
4 **oplossen** van die problemen door het wegnemen van de oorzaken die je vindt bij het verklaren (3).

Misschien herken je in dit lijstje de deelvragen bij een ontwerpvraag (paragraaf 3.1.2). Dat is ook niet zo gek, want zowel bij tekstrevisie als bij ontwerp ben je op zoek naar een goed onderbouwd plan voor verbetering.

Het is niet altijd nodig om voor elk aspect van de tekst de hele procedure te doorlopen. De uitgebreide procedure kan echter veel houvast geven, zeker als je nog niet zo ervaren bent in academisch schrijven. Je kunt gaandeweg experimenteren met het verkorten van bepaalde gedeeltes. En mocht blijken bij het oplossen van de problemen dat je analyse toch onvoldoende doordacht was, dan kun je altijd teruggrijpen op die uitgebreide procedure. Een paar voorbeelden van hoe zo'n revisieproces kan verlopen.

Je ontdekt dat de laatste alinea vooraan moet. In dat geval vind je een oplossing (stap 4). Je hoeft dan in principe de voorgaande stappen niet meer uit te voeren. Het is wel verstandig om nog even na te denken over de vraag waarom je denkt dat die alinea naar het begin verplaatst moet worden. Een reden kan zijn dat je ontdekt dat die alinea eigenlijk de kern van het verhaal bevat en je weet dat het voor de lezer handig is als de hoofdzaak meteen aan het begin staat. Zo voer je achteraf en meer of minder bewust, toch nog 1, 2 en 3 uit:
1 beschrijven: het is de kernalinea van het stuk;
2 beoordelen: die staat op de verkeerde plek, want;
3 verklaren: hij staat achteraan en voor de lezer is het duidelijker als de tekst ermee begint.

Als je niet op een vergelijkbare manier kunt beredeneren waarom je een bepaalde ingreep wilt plegen, wees dan terughoudend: misschien was het zomaar een opwelling en wordt je tekst niet echt beter van de ingreep.

Je ontdekt dat je halverwege de eerste pagina het aanvankelijke thema loslaat en dat het verhaal een andere kant opgaat. In dat geval heb je de structuur al beschreven (de thema's herkend), beoordeeld (geen goede samenhang) en verklaard (themaverschuiving). Dan kun je kijken hoe je het probleem gaat oplossen, bijvoorbeeld:
- een van beide thema's kiezen en het andere verwerken in een ander deel;
- het eerste thema veranderen;
- het tweede thema veranderen;

- het tweede thema verbinden aan het eerste;
- het tweede thema duidelijk als een nieuw thema presenteren.

Je ontdekt dat een bepaald stuk een puinhoop is. In dat geval heb je alleen een oordeel (2) en moet je op zoek gaan naar de oorzaken (3) voordat je het probleem kunt gaan oplossen (4). Een puinhoop heeft meestal te maken met de structuur: niet alle zinnen hangen goed samen. Dat kun je ontdekken door je tekst te analyseren in thema's en vragen (hier is de tweede vlieg van de ene klap uit paragraaf 7.2.1). Hiervan volgen verderop nog verschillende voorbeelden.

Maar het zootje kan ook veroorzaakt worden doordat je in iedere zin iets anders beweert. Dan heb je een inhoudelijk probleem en moet je nog eens goed nadenken: wat is eigenlijk je boodschap? Terug naar de oriëntatie dus (paragraaf 7.1.2, stap 5).

Ook kan het stilistisch een bende zijn, bijvoorbeeld doordat de ene zin heel chic (formeel) geformuleerd is en de andere weer erg spreektalig is. Dan zitten er zogenoemde stijlbreuken in je tekst die zorgen dat een tekst een rommelige indruk maakt (zie voor stijl hoofdstuk 9).

Volgorde van de revisiestappen
De revisie splitsen we op in rondes: eerst revisie van inhoud, dan revisie van structuur en pas daarna revisie van stijl en taalgebruik.

Dat stijl pas aan het einde van het proces aan bod komt, heeft de volgende reden. Als je de inhoud en structuur van de tekst kritisch bekijkt, kun je tot de conclusie komen dat bepaalde stukken tekst verplaatst moeten worden of toch niet in de tekst thuishoren. Het is jammer als je dat ontdekt nádat je die fragmenten stilistisch helemaal verfraaid hebt. Dan zijn het de spreekwoordelijke 'darlings' geworden die zo moeilijk te 'killen' zijn. Werken aan een goede stijl kun je het beste doen met tekstfragmenten waarvan je zeker weet dat ze erin blijven en op die plek blijven staan. Vergelijk het met het opknappen van een oude stoel. Als je die heel mooi gaat opschilderen en hij stort in elkaar op het moment dat je erop gaat zitten, is je fraaie schilderwerk ook verwoest. Je kunt beter eerst de stoel goed in elkaar zetten en daarna pas in de lak.

Het reviseren van de eerste versies gaat dus in rondes. Dit is een al even 'cyclisch' proces als bijvoorbeeld het maken van een plan voor het onderzoek (fase 2). Je blijft steeds nieuwe versies evalueren en verbeteren als er iets niet goed is. Met name bij grote schrijfopdrachten is het met de tweede versie meestal nog niet gedaan. Het kan zijn dat de derde, vierde of tiende versie pas de definitieve blijkt te zijn.

8.1.2 Voorbereiding van de revisie

Voordat je begint met de uitgebreide revisie van je eerste versie moet je eerst afkoelen en vervolgens snel de tekst doorkijken en noteren wat je opvalt.

Afkoelen

Begin niet direct na het schrijven van de eerste versie met nakijken en verbeteren. Je moet even afkoelen. Las bewust een paar uur pauze in voordat je gaat herlezen wat je geschreven hebt. Zo creëer je afstand tot wat je geschreven hebt en dat maakt het gemakkelijker om er fris tegenaan te kijken. Dus: ga eerst even boodschappen doen, een ander klusje doen voor je werkstuk, met iemand een kopje koffie drinken of – dat is het allerbeste – slaap er een nachtje over voor je met reviseren begint.

Eerste globale beoordeling

Als je afgekoeld bent, kun je de tekst heel globaal en snel doorkijken. Dat geeft een eerste indruk van de sterke en zwakke kanten van de tekst. Je kunt daarvoor het beste de tekst even uitprinten. Dat heeft minstens twee voordelen:

- Je hebt veel beter overzicht over de tekst.
- Je kunt er aantekeningen bij schrijven.

Als je papier of inkt wilt besparen, print dan twee bladzijdes op een pagina, dubbelzijdig en in lagere afdrukkwaliteit ('klad snel').

Vervolgens ga je de tekst lezen. Lees een beetje vlot en geef de dingen aan die je meteen opvallen, maar verbeter nog niets (dat is de volgende fase). Beperk je tot korte krabbels als +, -, ?, *onzin, moet uitgebreider, puinhoop, inkorten, onduidelijk, mooi* en dergelijke. Het gaat erom dat je even snel door de tekst gaat en je eerste opwellingen noteert. Eenvoudige type- en spelfouten kun je wel direct verbeteren als je dat wilt.

Heb je nu alles gezien wat 'niet voldoende' is? Meestal niet, helaas. Er is een groot risico dat die globale blik een te toevallige verzameling mankementen oplevert. Het is immers moeilijk om met afstand naar je eigen tekst te kijken. Bovendien kun je in zo'n eerste ronde nooit op alles letten, dus het is aan te raden om daarna een systematischer controle uit te voeren: de 'echte' revisie. Maar je hebt nu in ieder geval weer even een beeld van de tekst die je een tijdje geleden zo snel hebt geschreven.

8.2 Inhoud reviseren

Bij het beoordelen van de inhoud, gaat het om twee zaken: (1) de informatieve en (2) de argumentatieve inhoud. Bij het reviseren van de informatieve inhoud stel je jezelf vragen over de kwantiteit van de inhoud: staat er genoeg en is alles nodig? Bij de argumentatieve inhoud gaat het meer om de kwaliteit: klopt de inhoud?

8.2.1 Informatie reviseren

De stappen voor het reviseren van de informatie zijn:
1. De informatie beschrijven.
2. De informatie beoordelen.
3. De oordelen verklaren.
4. De informatie verbeteren.

STAP 1
De informatie beschrijven

Om de informatie te kunnen beoordelen, moet je haar eerst beschrijven. Daarvoor kun je het systeem van thema's en vragen gebruiken dat je ook gebruikt hebt voor het maken van een tekstschema. Geef in de kantlijn aan waar elk stukje over gaat, dus wat het *thema* van dat stukje is en/of welke *relationele vraag* je daarin beantwoordt (vergelijk paragraaf 7.2.1 en 7.2.2). Bij deze stap maak je dus een analyse van je tekst. Als je alinea's hebt gemaakt, kun je die analyse misschien per alinea uitvoeren.

STAP 2
De informatie beoordelen

Om iets te kunnen beoordelen, heb je een norm nodig (vergelijk het deelvragenschema voor een evaluerende vraag, paragraaf 3.1.2 en 5.4.1). In het algemeen gelden de volgende criteria voor de informatie in academische teksten:
- Er moet voldoende informatie staan om het tot een begrijpelijk verhaal te maken.
- Alle informatie moet functioneel zijn binnen het verhaal.

Dit is natuurlijk heel abstract, maar het is ook lastig om vooraf precies te zeggen wat er in elke tekst moet staan. Daarvoor zijn academische teksten te verschillend. Je moet dat zelf beredeneren. Daarvoor zijn er twee aanknopingspunten: (1) informatie van de opleiding en (2) het tekstdoel.

8 De eerste revisie: inhoud, structuur en uiterlijke structuur

1 Misschien heb je bij de oriëntatie op de opdracht (fase 1) aanwijzingen gevonden voor wat er in de tekst moet staan, bijvoorbeeld een lijstje met verplichte tekstonderdelen. Als het goed is heb je die ook gebruikt bij de voorbereiding van het tekstplan (paragraaf 7.1.2, stap 1). Gebruik dat lijstje nu ook om te kijken of alles erin staat wat erin moet staan.
2 Als je stap 5 van diezelfde voorbereiding hebt uitgevoerd, dan heb je het doel van de tekst omschreven (*Na lezing van deze tekst weten/begrijpen/ vinden mijn lezers dat …*). Op basis daarvan kun je ook controlevragen formuleren.

Controlevragen voor beoordeling van de inhoud
Om te beoordelen of de informatie begrijpelijk en functioneel is, loop je de volgende vragen langs:

Het totaalbeeld
1 Wat is het informatieve doel van de tekst? Vergelijk de 'formule': *Na lezing van deze tekst weten/begrijpen/vinden mijn lezers dat …*
2 Wat is nodig om dat doel te bereiken?
3 Hoe verhoudt dit zich tot wat er in je tekst staat?
4 Heb je genoeg informatie gegeven om het inzicht te verschaffen dat je wilde verschaffen; wordt inderdaad duidelijk dat …?
5 Draagt alle informatie bij aan het verschaffen van dat inzicht; vraag je bij elk fragment af: wat zou er gebeuren als dit er niet in stond?

Bij alle begrippen
1 Is het met het oog op je lezers nodig om die begrippen uit te leggen?
2 Zo ja, heb je dat ook (duidelijk) gedaan? Zo nee, heb je dat ook nagelaten?

Om deze vragen te kunnen beantwoorden, moet je je goed inleven in je lezer(s). Je kunt overwegen in deze evaluatiefase al een meelezer of meedenker te zoeken, die je kan helpen inschatten welke informatie wel en niet nodig is in de tekst. Bij voorkeur is dat een lezer die niet betrokken is bij de beoordeling – je hebt immers nog maar een eerste versie. Je kunt hierbij denken aan een medestudent, iemand met wie je een schrijfgroepje vormt, een bevriende meelezer die het academisch niveau aankan of een tutor of schrijfcoach op een schrijfcentrum.

Heb je deze vragen beantwoord, maak dan een overzichtje van je oordeel over de informatie:
- Wat komt voldoende aan de orde?
- Wat komt nog onvoldoende aan de orde?
- Wat is voldoende uitgelegd?
- Wat is nog niet voldoende uitgelegd?

STAP 3
De oordelen verklaren

Bij de revisie hoort ook het verklaren van je oordelen. Dat kan twee kanten op gaan: Waarom vind je de tekst zo slecht/goed (product)? En: Hoe komt het dat de tekst zo is (proces)? Beide vragen kunnen je helpen om heel gericht aan de verbetering te werken.

Een voorbeeld. Stel dat je in je tekst over fietsersairbags een heel verhaal hebt geschreven over de geschiedenis van het bedrijf Autoliv, en je merkt bij de evaluatie dat dit overbodig is. Verklaringen hiervoor zouden kunnen zijn:
- De geschiedenis van Autoliv is niet nodig om te begrijpen wat hun belang is bij de ontwikkeling van de fietsersairbags (product).
- Het stuk staat daar uitgebreid omdat je zo lekker aan het (door)schrijven was en ineens schoten je allerlei dingen te binnen die je over dat bedrijf had gelezen (proces).
- Het stuk staat daar zo uitgebreid omdat je gewend bent om altijd de geschiedenis van iets te beschrijven, terwijl dat bij nader inzien in dit tekstdeel eigenlijk niet functioneel is (proces).

De verklaring vanuit het product levert bij inhoudelijke kwesties soms niet zoveel extra's op. Oordeel en verklaring overlappen elkaar namelijk bijna: het is overbodig omdat het niet nodig is.

Verklaringen vanuit het proces zijn daarentegen wel van belang. Misschien blijk je bijvoorbeeld toch op twee gedachten te hinken. Je stuk gaat weliswaar over fietsersairbags, maar de uitgebreide passage over de geschiedenis van het bedrijf staat er omdat jij dat zo interessant vindt. Eigenlijk is je vraag misschien wel meer: hoe komt het dat bedrijven investeren in een innovatie als de fietsersairbag? Autoliv is dan voor jou misschien een heel mooi voorbeeld van hoe een bedrijf zover kan komen. In dat geval moet je opnieuw kiezen wat het perspectief voor je tekst wordt en op basis daarvan kun je beslissen hoe je de tekst gaat verbeteren: een andere opzet of toch maar dat verhaaltje eruit, hoe interessant ook (kill your darlings).

STAP 4
De informatie verbeteren

Gaat het om relatief eenvoudige inhoudelijke problemen, dan zijn de oplossingen niet zo moeilijk te bedenken:
- Wat overbodig is, moet je schrappen.
- Als er iets ontbreekt, moet je dat toevoegen.

Het is wel verstandig om stukken tekst niet definitief weg te gooien. Maak een apart bestandje of een aparte map met restanten. Als later blijkt dat je een stuk ten onrechte geschrapt hebt, kun je het weer terugzetten. Bij toevoegingen begint er eigenlijk weer een nieuw schrijfprocesje. Het is dus verstandig om die aanvullingen ook weer te plannen, snel op te schrijven en later te reviseren.

Nog een belangrijke waarschuwing: bij het toevoegen van citaten of stukjes uit de literatuur moet je goed opletten dat die toevoegingen de lijn van het verhaal niet vertroebelen. Schrijvers doen met dergelijke toevoegingen vaak teniet wat ze zo zorgvuldig hebben opgebouwd in de voorbereiding: een eigen, hecht gestructureerd verhaal. Door niet goed doordachte toevoegingen wordt de tekst dan toch weer een onsamenhangende aaneenschakeling van wat er in de literatuur zoal te vinden is over het onderwerp.

Een verkorte procedure
In deze fase kun je je ook beperken tot het beschrijven, beoordelen en verbeteren van de punten waarvan je weet dat je er niet zo goed in bent. Als je bijvoorbeeld weet dat je geneigd bent om te veel te vertellen en te uitgebreid te schrijven, dan kun je je beoordeling beperken tot de vraag of alles wel noodzakelijk is voor de eindconclusie. Het zal duidelijk zijn dat je voor deze variant moet weten wat de sterke en zwakke kanten van je teksten zijn (vergelijk punt 3 aan het begin van paragraaf 8.1.1). Meestal ontdek je die door (negatieve) feedback die je krijgt van docenten, begeleiders of medestudenten.

Negatieve feedback hoeft overigens niet te betekenen dat zo'n tekstkenmerk altijd en overal negatief is. Uitgebreid schrijven kan ook wel eens functioneel zijn, bijvoorbeeld als je iets wilt uitleggen aan lezers die weinig of niets van een onderwerp weten. Feedback kan dus heel specifiek horen bij de opdracht die je uitvoerde. Ook kan feedback persoonsafhankelijk zijn: wees niet verbaasd als de ene docent andere dingen afkeurt dan de andere. De verkorte procedure is dus riskant als je je beoordelaar niet kent.

8.2.2 Argumentatie reviseren

De stappen voor het reviseren van de argumentatie zijn:

1 De argumentatie beschrijven.
2 De argumentatie beoordelen.
3 De oordelen verklaren.
4 De argumentatie verbeteren.

STAP 1
De argumentatie beschrijven

Streep de gedeeltes aan waarin je aan het betogen bent; dit zijn alle fragmenten die niet puur feitelijk zijn. Markeer daarbinnen de uitspraken die te bestempelen zijn als standpunten: de uitspraken waar de lezer het mee eens zou moeten zijn.

STAP 2
De argumentatie beoordelen

Bij de revisie van de informatie ging het om de begrijpelijkheid van de tekst. Argumentatie reviseren doe je met het oog op de aannemelijkheid van de tekst. Bij het beoordelen van de argumentatie gaat het erom of alle standpunten voldoende onderbouwd zijn. Dit controleer je eerst voor het totaalbeeld en vervolgens voor elk standpunt (elke aanvechtbare uitspraak) in je tekst. De controlevragen zijn hieronder uitgewerkt en geïllustreerd met twee voorbeelden.

Controlevragen voor het totaalbeeld
1. Wat is het argumentatieve doel van de tekst? Voeg de stelling toe aan de 'formule' uit paragraaf 7.1.2: *Na lezing van deze tekst vinden (geloven) mijn lezers dat ...*
2. Welke vragen zal de lezer bij die stelling hebben?
3. Geeft je tekst voldoende antwoord op die vragen; heb je genoeg ondersteuning gegeven om je lezer te overtuigen van wat hij geacht wordt te vinden?
4. Draagt alle informatie bij aan die overtuiging?
5. Is alles inhoudelijk consistent met elkaar; doe je geen tegenstrijdige beweringen?

Controlevragen bij alle aanvechtbare uitspraken
1. Is het met het oog op je lezers nodig om argumenten te geven? In veel gevallen zal dat antwoord 'ja' zijn omdat het gaat over academisch schrijven. In de wetenschap zijn standpunten op zichzelf niet belangrijk; de lezer wil zich vooral een beeld vormen van de aannemelijkheid van een standpunt.
2. Zo ja, heb je dat ook gedaan? Zo nee, heb je dat ook nagelaten?

Controlevragen bij alle argumenten (zie ook paragraaf 6.1.2)
1   Zijn de aangevoerde argumenten op zichzelf aanvaardbaar?
2   Volgt het standpunt of de conclusie logisch uit de argumenten? Is het altijd zo dat 'als *argument*, dan *conclusie*'?
3   Wat is ertegenin te brengen?
4   Hoe kun je tegenwerpingen weerleggen?

Op de website zijn deze vragen uitgewerkt voor verschillende soorten argumentatie (je vindt deze onder de knop 'Theorie'). Hiermee kun je de argumentatie nog nauwkeuriger beoordelen.

Ook bij deze vragen is het belangrijk je een goed beeld te vormen van je lezers. Hoe denken jouw lezers? Met welke uitspraken zullen ze het eens zijn? Welke meningen delen ze niet op voorhand? Waarmee zijn ze te overtuigen? Houd er rekening mee dat ieder vakgebied zo zijn eigen regels heeft voor wat aanvaardbaar en logisch is. Mogelijk kan een meelezer je ook hierbij helpen.

Voorbeelden
Een student presenteert de volgende redenering:

> In dit belevingsonderzoek zijn 4 tennisverenigingen en 96 kinderen benaderd. Er is voor deze hoeveelheid gekozen omdat het een reëel beeld kan geven over hoe kinderen in het algemeen tegen hun tennissport zullen aankijken.

De eerste zin beschrijft een keuze. De student vindt die kennelijk aanvechtbaar, want die keuze wordt beargumenteerd ('omdat'). De eerste controlevraag is dan: is op zichzelf aanvaardbaar dat het benaderen van vier tennisverenigingen en 96 kinderen een reëel beeld geeft van de manier waarop kinderen in het algemeen tegen hun tennissport zullen aankijken? Dat vraagt nog wel om extra onderbouwing: is deze steekproef groot genoeg (hoeveel tennissende kinderen en tennisverenigingen telt Nederland)? Zijn deze vier verenigingen representatief voor tennissende kinderen in het algemeen?

Nog een voorbeeld uit een studententekst:

> Het drugsbeleid in Nederland is een beleid met een 'coulante' benadering. Er zijn dan ook veel drugsverslaafden.

Bij een redenering van dit type komen we op het terrein van de verklaringen: 'dan ook' geeft aan dat het grote aantal drugsverslaafden het gevolg is van de coulante benadering van het Nederlandse drugsbeleid. De eerste vraag is: zijn er in Nederland 'veel' drugsverslaafden? Je hoort ook wel andere verhalen: dat het meevalt in vergelijking met bijvoorbeeld Frankrijk, Spanje en de Verenigde Staten. Hier zou dus wel een ondersteuning bij mogen, want een lezer neemt dat standpunt waarschijnlijk niet zomaar aan. Als toch bewezen blijkt dat Nederland 'veel' drugsverslaafden heeft, dan zal de kritische lezer vragen op basis waarvan de schrijver denkt dat een coulant beleid daar automatisch toe leidt: controlevraag 2. Wat is dat coulante beleid en welke aspecten daarvan leiden waardoor tot dat gevolg? Zijn er in landen met een strenger beleid dan ook minder drugsverslaafden? Zo nee, dan is dat een mogelijk tegenargument (vergelijk controlevraag 3).

STAP 3
De oordelen verklaren

Hoe komt het dat de onderbouwing onvoldoende is? Daar kunnen verschillende oorzaken voor zijn. Misschien is het een logisch gevolg van het schrijftempo en heb je er tijdens het schrijven niet bij stilgestaan dat er argumentatie nodig was. Dan haal je dat in stap 4 gewoon in. Misschien ontdek je dat je in de vorige fase van het uitvoeren van het onderzoek (fase 3) onvoldoende aandacht besteed hebt aan het verwerken en interpreteren van de gegevens. In dat geval moet je terug naar die analyse. Misschien heb je geen argumenten gegeven omdat de tekst dan te lang zou worden. Dat is weer een ander verhaal: een waar dilemma. Als je geen 'plek' hebt voor argumentatie kun je eigenlijk maar twee dingen doen: je schrapt andere informatie uit de tekst zodat je weer 'ruimte' hebt en voegt argumentatie toe, of je schrapt het hele standpunt. Halve oplossingen zijn om heel bondig te argumenteren of de maximale tekstlengte te overschrijden. Een aanvechtbaar standpunt laten staan zonder onderbouwing is geen optie: dan stort het bouwwerk in en verliest je tekst aan overtuigingskracht.

STAP 4
De argumentatie verbeteren

Als je ontdekt dat belangrijke uitspraken onvoldoende onderbouwd zijn, dan moeten er nieuwe of betere argumenten bedacht worden. Dat kan op verschillende manieren: denkend, pratend of lezend. Je kunt brainstormen over de uitspraak: welke zaken hebben ermee te maken, wat kun je erbij bedenken? Een tweede manier om argumenten op het spoor te komen, is via een gesprekspartner die met je meedenkt of advocaat van de duivel speelt. Het meest gebruikelijk echter bij academisch schrijven is de derde manier: lezen.

In academische teksten bestaat een groot deel van de argumentatie uit verwijzingen naar betrouwbare bronnen (referenties, literatuur). Dit kunnen autoriteiten zijn op het vakgebied, maar het feit dat een autoriteit iets beweert is voor kritische lezers onvoldoende. Wat je zoekt is empirische ondersteuning voor een bewering: feiten die staven dat bijvoorbeeld de schooluitval toegenomen is, de Nederlander zich gelukkig voelt of de rekenvaardigheid achteruit is gegaan.

Is er niets te bedenken of te vinden, dan is de beste oplossing om de hele bewering te schrappen. Je kunt haar immers niet hard maken en dan hoort zij niet thuis in een academische tekst.

8.3 Structuur reviseren

Heb je aangevuld wat noodzakelijk was en het overbodige geschrapt? Dan kun je bekijken of de eerste versie een goede structuur heeft. Je doet dat eerst op globaal niveau: de grote lijnen. Daarna analyseer je de structuur binnen alinea's. Dit komt aan de orde in paragraaf 8.4.

De revisie van de structuur op globaal niveau gebeurt volgens de eerder genoemde vier stappen (beschrijven, beoordelen, verklaren en verbeteren), maar het beschrijven van de structuur kunnen we eigenlijk overslaan omdat dat al gebeurd is bij de beschrijving van de inhoud. Heb je dat gedaan in termen van thema's en vragen, dan geeft die analyse namelijk ook de structuur weer tot op alineaniveau: samenhang, rangorde en volgorde. Heb je dat niet op die manier gedaan, dan kun je dat hier alsnog doen.

8.3.1 De samenhang reviseren

Je begint met de samenhang: de manier waarop alle onderdelen van de tekst met elkaar te maken hebben. Anders gezegd: de relaties tussen de tekstelementen. Hoe beter je tekstschema is, hoe meer kans dat je op dit globale niveau een goed samenhangende tekst aantreft. Als je tenminste tijdens het schrijven het schema goed hebt gevolgd.

De stappen voor het reviseren van de samenhang zijn:
1 De samenhang (beschrijven en) beoordelen.
2 De oordelen verklaren.
3 De samenhang verbeteren.

STAP 1
De samenhang beoordelen

Wat is de norm? De samenhang is in orde als duidelijk is wat alle tekstelementen zowel thematisch als inhoudelijk met elkaar te maken hebben. Bij **thematische samenhang** gaat het erom dat tekstelementen over hetzelfde thema gaan (uiteindelijk moet immers alles met het ene hoofdthema te maken hebben). Maar we willen ook kunnen begrijpen wat twee uitspraken over hetzelfde thema met elkaar te maken hebben: dat noemen we de **inhoudelijke samenhang**. Voor dit type samenhang zijn eerder de soorten verbanden en relationele vragen gebruikt (paragraaf 7.2.1 en 7.2.2). We willen niet alleen dat een tekst rond één thema gestructureerd is, maar ook dat er niet willekeurig van alles over dat thema gezegd wordt. In een encyclopedie kan dat nog wel, maar in een academische tekst is dat zelden de bedoeling. Een voorbeeld op zinsniveau: *De koffie zit al uren in de kan. Al die tijd heeft het geregend.* Hier is wel thematische overlap (*uren* en *al die tijd*) maar wat de twee beweringen met elkaar van doen hebben, is niet duidelijk. Dit is te herkennen aan het 'nou en?'- gevoel dat zo'n gebrekkige samenhang oproept.

Wat gaat er vaak mis?
- Er staan stukken tekst in die niet meer met het hoofdthema verbonden kunnen worden (probleem met de thematische samenhang).
- Er is weinig verband tussen de alinea's (probleem met de inhoudelijke samenhang).

Vooral bij inleidingen van scripties of onderzoeksverslagen gaat dat laatste vaak fout. Alinea na alinea wordt geschreven, elke alinea heeft weer een nieuw subthema en bij alinea 3 of 4 denk je als lezer 'Nou en?' Ofwel: waar gaat dit heen? De inhoudelijke samenhang is dan niet duidelijk. Onderstaande vragen zijn bedoeld om te controleren of er voldoende thematische (vraag 1) en inhoudelijke (vraag 2 en 3) samenhang is.

Controlevragen voor de beoordeling van de samenhang
1 Gaat elke alinea over het hoofdthema, de hoofdvraag of de eindconclusie van het fragment (al dan niet via subthema's of subvragen)?
2 Is van elke alinea duidelijk via welke vraag die samenhangt met het hoofdthema?
3 Is van elke alinea duidelijk wat die te maken heeft met andere alinea's?

STAP 2
De oordelen verklaren

Wat kunnen oorzaken zijn van structuurgebreken? Als je zonder schema of tekstplan hebt geschreven, zijn structuurgebreken hoogstwaarschijnlijk het gevolg van ondoordacht schrijven. Een tekstplan is bedoeld om voorafgaand aan het schrijven goed na te denken over hoe alles in je verhaal samenhangt en wat de functie is van alles. Maar weinig mensen zijn in staat om uit het hoofd een goed gestructureerde tekst te schrijven. Dit worden wel de mozartianen genoemd, omdat Mozart zijn composities in één keer op papier kreeg en er dan ook niks meer aan hoefde te veranderen. Maar Mozart was hier tamelijk uniek in.

Heb je wel een tekstplan gemaakt en de structuur is op een bepaald punt niet goed, dan kunnen er twee dingen aan de hand zijn:
1 Je hebt daar het schema niet gevolgd.
2 Achteraf bezien was het schema op dat punt nog niet helemaal goed.

Wat te doen?

STAP 3
De samenhang verbeteren

Hoe je de samenhang gaat verbeteren, hangt af van de oorzaak van de gebreken. Heb je het schema niet gevolgd (verklaring 1), bekijk dan of dat schema een betere samenhang heeft dan de tekst die je geschreven hebt. Zo ja, dan kun je op basis van je tekstschema de structuur verbeteren: probeer de 'losse onderdelen' weer te verbinden aan het thema.

Bij verklaring 2 is het schema niet goed. Dat kan ook weer twee oorzaken hebben. Het schema kan mankementen vertonen doordat je tijdens het maken ervan gedwongen wordt om te abstraheren van losse, misschien meer verhalende, details. Dat helpt voor het maken van een tekstplan, maar af en toe blijken die details toch essentieel en dat merk je pas als de tekst uitgeschreven is. Daarom is het ook zo belangrijk om de eerste versie in hoog tempo uit te schrijven. Mocht het verhaal toch niet kloppen, dan is de schade beperkt (niet meer dan 2 uur werk).

Het schema kan ook haperingen vertonen omdat het niet nauwkeurig genoeg is. Bijvoorbeeld omdat je nog niet zo ervaren bent in het maken van schema's of omdat je er niet zo goed in bent of het geduld er niet voor hebt. Dit hoeft helemaal niet rampzalig te zijn, maar het is wel belangrijk om dat van jezelf te weten. Dan heb je gewoon de eerste versie nodig om het schema te verfijnen. Houd er met je planning wel rekening mee dat je na het schrijven van de eerste versie wat extra tijd nodig hebt om de structuur te verbeteren. Hoe dan ook: weer een reden om die eerste versie snel te schrijven.

In al deze gevallen is er werk aan de winkel: je moet het denkwerk deels overdoen. Ga opnieuw nadenken over de bijdrage die elke alinea levert aan de hoofdvraag of de hoofdgedachte van het tekstfragment. Dat kan best een lastige puzzel zijn omdat informatie vaak op verschillende manieren met elkaar verbonden is of kan worden. Eigenlijk moet je terug naar de denkfase: nieuwe kladjes en schemaatjes maken. Vaak helpt het ook om even met iemand te praten over je verhaal: zo ontdekken veel schrijvers wat de logica is. Lukt het helemaal niet om een alinea te verbinden aan de rest, dan heb je waarschijnlijk te maken met een echte losse flodder. Die kun je het beste schrappen (ook al is het een 'darling').

8.3.2 De rangorde reviseren

Hoe kun je controleren of alle onderdelen van je tekst in een goede rangorde staan – het tweede aspect van structuur? Deze vraag heeft te maken met de vraag hoe je de structuur in de tekst presenteert, met name met de vraag hoe je de tekst indeelt. In paragraaf 8.4, waar de controle van de uiterlijke structuur wordt geïllustreerd, komen we hier uitgebreid op terug. Ter informatie hier alvast de controlevragen, maar de feitelijke controle kan het beste worden gedaan via de analyse van de uiterlijke structuur.

Controlevragen voor de rangorde
1 Is het verschil duidelijk te zien tussen hoofdzaken en bijzaken?
2 Is steeds duidelijk te zien of elementen nevengeschikt zijn (dan kun je ze optellen) of ondergeschikt?

8.3.3 De volgorde reviseren

Tot slot van de structuurcontrole: hoe kun je beoordelen of alle onderdelen van je tekst in een goede volgorde staan? Dit is weer zo'n vraag waarbij je je in het perspectief van de lezer moet verplaatsen. Gaat het om het informatieve aspect dan controleer je of de lezer steeds alle informatie tot zijn beschikking heeft die nodig is om de tekst te kunnen volgen. Kijk bijvoorbeeld bij alle begrippen of je ze meteen definieert of uitlegt. Let ook op of je noodzakelijke voorinformatie op het goede moment geeft en of je informatie niet op verschillende plekken in de tekst bespreekt. Dit laatste is te herkennen aan herhalingen van thema's of vragen. Ook is het voor lezers lastig als je eerst een heel stuk informatie geeft en pas daarna de vooronderstellingen waarop die informatie gebaseerd is, of die de informatie relevant maken. Bijvoorbeeld wanneer je in een stuk over probleemgedrag bij demente bejaarden eerst twee alinea's wijdt aan de huisvesting en pas daarna uitlegt dat je veronderstelt dat die huisvesting veel invloed heeft op de mate van probleemgedrag. Als je de volgorde in informatieve tekstdelen wilt beoordelen, let er dan vooral op:
- dat uitleg of een definitie direct volgt op het noemen van het begrip of verschijnsel dat uitgelegd of gedefinieerd wordt;
- dat onderwerpen niet verspreid door de tekst staan;
- dat vooronderstellingen voorafgaan aan stellingen.

Bij meer betogende passages zit de keuze vooral in de plaatsing van de stelling of conclusie. Het meest helder is het als een stelling of conclusie aan het begin van het stuk genoemd wordt; de lezer weet dan waar het stuk naartoe gaat. Maar als die stelling of conclusie controversieel is, loop je het risico dat je zo veel weerstand oproept bij de lezer dat hij afhaakt en je stuk niet uitleest. In dat geval kun je proberen om de lezer stap voor stap mee te nemen in de redenering, waarbij hij aan het einde de conclusie min of meer 'moet' omarmen. Anderzijds moet je de lezer niet al te lang in het ongewisse laten, want dan wordt hij ongeduldig (zie hiervoor ook paragraaf 8.4.3 over de werking van kopjes en titels). Een middenweg is om te beginnen met een 'zachte' vorm van de stelling, en via argumentatie te eindigen met een veel stelliger uitspraak. Bijvoorbeeld starten met een formulering als: *Het is de moeite waard om te onderzoeken of er een andere afweging gemaakt kan worden in het debat over kernenergie.* En eindigen met: *Nederland moet zo snel mogelijk drie nieuwe kerncentrales bouwen.*

8.3.4 Samengevat

Het reviseren van structuur op globaal niveau gebeurt op basis van van de analyse in thema´s en vragen. Het kan blijken dat er toch losse onderdelen in de tekst zitten, of dat er te weinig inhoudelijke samenhang is tussen de alinea's. Ook kan de volgorde niet optimaal zijn. Mogelijke ingrepen in deze fase zijn:

- Verbind alles aan het hoofdthema of de hoofdgedachte.
- Zorg ervoor dat er een verband is tussen alinea's onderling.
- Lukt dat niet zomaar, heroverweeg de structuur, probeer een nieuw schema te maken en kijk of je dan de onderdelen met elkaar kunt verbinden.
- Soms is het beter om stukken opnieuw te plannen en te schrijven.
- Soms is het nodig tekstelementen te schrappen omdat ze nergens bij passen.
- Zet bij elkaar wat bij elkaar hoort: alles over één thema bij elkaar; alle antwoorden op één vraag bij elkaar.
- Geef noodzakelijke voorinformatie vooraf.
- Zet controversiële uitspraken niet aan het begin; deze liever afzwakken of verplaatsen.

8.4 Uiterlijke structuur reviseren: tussen structuur en stijl

8.4.1 Inleiding

In de voorgaande paragrafen ging het steeds om de vraag of er structuur zit in de tekst. Om nauwkeuriger te bekijken of die structuur ook helder is, moeten we de blik richten op de verwoording van de tekst; op de formulering. Daarmee stappen we langzaam het terrein van de stijl binnen. Een handig instrument om aan je stijl te werken, is het schema met de zogenoemde *stijldimensies* (Steehouder e.a., 1999, p. 170-200). In dat schema staan zes aspecten (dimensies) van stijl. Een van de dimensies van schrijfstijl is de mate waarin en de precisie waarmee de structuur in de tekst zichtbaar gemaakt is. Dat noemen we de **uiterlijke structuur**. De andere vijf stijldimensies komen in hoofdstuk 9 aan bod.

Wat is uiterlijke structuur?

Uiterlijke structuur omvat dezelfde aspecten als structuur (vergelijk paragraaf 7.2.1 en 8.2): de samenhang, rangorde en volgorde van de onderdelen van de tekst. Deze aspecten kunnen in een tekst heel duidelijk zichtbaar zijn (= nadrukkelijke uiterlijke structuur) of nauwelijks zichtbaar (= onopvallende uiterlijke structuur). Als een tekst linksboven begint en alsmaar doorloopt tot rechtsonder aan de pagina, dan zie je daar geen structuur in: de structuur heeft het uiterlijk van één groot blok. Je ziet niet of het verhaal uit onderdelen bestaat (geen rangorde). Dit wil niet zeggen dat er geen structuur in zit; de structuur is alleen niet visueel waarneembaar.

Uiterlijke structuur in academische teksten

In de academische wereld vindt men het heel prettig als de structuur van de tekst gemakkelijk en goed te volgen is. Academici zijn namelijk druk bezette mensen die veel moeten lezen, dus ze hebben geen tijd en geen zin om te moeten puzzelen om erachter te komen hoe een verhaal in elkaar steekt. Het verhaal moet gemakkelijk te volgen zijn. Bovendien willen academici ook zonder al te veel moeite kunnen selecteren wat wel en niet de moeite van het lezen waard is. Dus moet snel duidelijk zijn uit welke onderdelen de tekst bestaat en waar die te vinden zijn. De lijn van je verhaal moet dus goed te zien zijn.

Is dat altijd zo?

Nee, algemene regels voor academische teksten moeten altijd met de nodige voorzichtigheid en wijsheid worden toegepast. Pas dus op met de verschillende middelen die je kunt gebruiken om de structuur goed zichtbaar te maken. De ene opdracht is de andere niet en de ene docent de andere niet. Soms is het bij een essay niet de bedoeling om kopjes te gebruiken, soms ook wel. Sommige docenten zien liever geen puntsgewijze opsommingen, andere hebben daar geen problemen mee. Sommige lezers hebben een hekel aan toelichtingen op de structuur (zie verderop), andere lezers vinden dat juist prettig. De meningen over het gebruik en de dosering van deze middelen zijn dus verdeeld. Controleer **altijd** wat op dit gebied de criteria zijn van de opdracht en de voorkeuren van je docent (vergelijk ook de oriëntatie op het product, paragraaf 1.4).

8.4.2 Hoe maak je de structuur zichtbaar?

Om de structuur goed zichtbaar te kunnen maken, moet je om te beginnen een helder beeld hebben van de innerlijke structuur van je tekst. Uit welke onderdelen bestaat je tekst? Waar begint het een en eindigt het ander? Hoe verhouden de onderdelen zich hiërarchisch tot elkaar en wat is hun inhoudelijke relatie? Als het goed is, heb je dat allemaal gecontroleerd bij de revisie van de structuur.

Hieronder staat een overzicht van de middelen die je ter beschikking staan om die structuur meer of minder zichtbaar te maken. Het is, net als de overzichten in hoofdstuk 9, gebaseerd op *Leren communiceren* (Steehouder e.a., 1999). In de volgende paragrafen lees je meer over het wat, hoe en waarom van deze tekstkenmerken.

Uiterlijke structuur

Nadrukkelijk		**Onopvallend**	
1	Indeling van de tekst	1	Doorlopende tekst
2	Titels en subtitels	2	Geen titels of kopjes
3	Inleiding(en)	3	Geen inleidingen en samenvattingen
4	Veel toelichting op de structuur	4	Geen toelichting op de structuur
5	Overkoepelende woorden en zinnen	5	Geen overkoepelende woorden of zinnen
6	Kernen op voorkeursplaatsen	6	Kernen moeilijk te vinden
7	Veel signaalwoorden en verwijzingen	7	Geen signaalwoorden en verwijzingen
8	Opsommingen puntsgewijs	8	Opsommingen verborgen
9	Structuur typografisch ondersteund	9	Typografie eentonig of juist erg rommelig
10	Gebruik van schema's	10	Uitsluitend tekst

8.4.3 Indeling, titels en inleidingen

Met tekstindeling (1) wordt verwezen naar de manier waarop de indeling van de tekst zichtbaar is gemaakt met witregels en inspringen. De betekenis van titels (2) en inleidingen (3) zal bekend zijn. De functie van deze eerste drie punten is om de kern van de tekst zo snel mogelijk duidelijk te maken aan de lezer. De tekstindeling (witregels, inspringen) maakt zichtbaar wat de onderdelen van het geheel zijn, titels geven vaak het onderwerp (thema) weer en inleidingen geven aan waar de tekst over gaat (thema en de belangrijkste vragen of subthema's).

Hoe werkt dat?
Het effect van deze stijlmiddelen is te verklaren uit theorieën over de manier waarop mensen lezen: theorieën over onze tekstverwerking. We kunnen teksten (en andere informatie) alleen begrijpen als we de nieuwe informatie kun-

8.4 Uiterlijke structuur reviseren: tussen structuur en stijl

nen koppelen aan bestaande kennis: kennis over woordbetekenissen (de taal kennen), maar ook kennis over de wereld om ons heen. Een zin als 'Kandinsky hangt rechts' krijgt pas betekenis als je weet dat Kandinsky een schilder was, dat schilderijen soms worden aangeduid met de naam van de maker, schilderijen vaak opgehangen worden en rechts verwijst naar de rechterkant van een vlak. Al die kennis van de wereld zit in onze hersens, maar in die hersens zit nog onmetelijk veel meer kennis die we op dat moment niet nodig hebben. De kennis die nodig is om deze zin te begrijpen, de zogenoemde voorkennis, moet **geactiveerd** worden. Woorden zetten deze activering in gang.

Als we een tekst voor het eerst onder ogen krijgen, weten we nog niet waar die over gaat. Onze hersens moeten met alle mogelijkheden rekening houden en alle lijntjes naar de 'voorkennis' staan open. Dat kost cognitieve energie en geeft je als lezer een 'zwabberig' gevoel. Je weet namelijk niet waar je je op moet richten, wat het juiste kader is om de informatie te begrijpen. Het is daarom gunstig wanneer de lezer (de tekstverwerker) zo snel mogelijk een aantal luikjes in de hersenen kan afsluiten en alleen nog maar de lijnen open hoeft te houden die relevant zijn voor de boodschap waar het om gaat. Goede titels geven onmiddellijk signalen over welke 'referentiekaders' geactiveerd moeten worden, en welke sluimerend kunnen blijven.

Controlevragen
- De indeling:
    1. Heb je paragrafen, tekstblokken en alinea's onderscheiden?
    2. Heb je een consequente lay-out toegepast die de indeling goed zichtbaar maakt? (Zoek eventueel een voorbeeldtekst en kijk welke combinatie van witregels, nieuwe regels [harde returns] en inspringen [tabs] gebruikt wordt.)
    3. Is het een logische indeling (vergelijk: de rangorde):
        - Staat alles bij elkaar wat bij elkaar hoort?
        - Gaat elke alinea over slechts één thema?
        - Gaat alles in die alinea over dat thema?
- De titels en nummering
    4. Geven de titels goed weer waar de tekst over gaat?
    5. Geeft de nummering de rangorde goed weer?
- De inleiding
    6. Geeft die aan wat het hoofdthema van de tekst is?
    7. Geeft die aan wat de volgorde is waarin de diverse elementen besproken worden?
    8. Klopt dat met hoe de tekst werkelijk in elkaar zit?

De laatste controlevraag lijkt misschien triviaal, maar hij blijkt in de praktijk zeer noodzakelijk. Zo eenvoudig als deze regeltjes zijn, zo vaak worden ze geschonden. Een student schrijft bijvoorbeeld in haar eerste versie:

> In deze paragraaf wil ik ingaan op de verschillen en overeenkomsten tussen het separeren van kinderen en adolescenten en het separeren van volwassenen.
> Daarbij wil ik ingaan op de begrippen: waar vindt de separatie plaats? onder welke omstandigheden? de duur van de separatie en de verschillende aanleidingen die worden gebruikt om kinderen, adolescenten en volwassenen af te zonderen of te separeren.
> Zoals hiervoor reeds beschreven zijn er geen richtlijnen te vinden die in de Nederlandse situatie specifiek voor kinderen gelden.
> Wel kwam naar voren dat er richtlijnen zijn voor separeren in het algemeen, maar dat dit geldt voor volwassenen (...)

De inleiding (*In deze paragraaf ... Daarbij wil ik ingaan ...*) komt niet overeen met het directe vervolg van het verhaal. Dat gaat namelijk over richtlijnen. Bij een goede controle van de inleiding merk je zo'n inconsistentie op en kun je bedenken hoe je die op gaat lossen. Je verandert de inleiding zodat hij past bij de inhoud of je verandert de inhoud zodat hij past bij de inleiding.

8.4.4 Toelichting op de structuur, overkoepelende zinnen, kernen op voorkeursplaatsen

Toelichting op de structuur
Dit is een passage (vaak een inleiding), zoals:

> In dit hoofdstuk worden de drie belangrijkste oorzaken van de huidige crisis besproken. Bij elk van deze oorzaken ga ik in op de vraag op welke manier deze heeft bijgedragen aan de crisis en in hoeverre het mogelijk is de negatieve invloed van deze factor te verminderen.

In een toelichting op de structuur legt de schrijver uit hoe de tekst in elkaar zit. Een belangrijke vraag is: waar moet je zo'n toelichting geven? Overlaad je de lezer met dergelijke zinnetjes dan wordt hij waarschijnlijk ongeduldig ('vertel nou maar wat je te melden hebt'). Hier zijn geen algemene richtlijnen voor maar een aardige indicatie is om in ieder geval een toelichting op de structuur te geven aan het begin van ieder hoofdstuk. Verder na een bladzijde of twee à drie en/of aan het begin van een nieuwe paragraaf. Laat je hierbij inspireren door teksten die als voorbeeld kunnen dienen.

Overkoepelende zin
Voor dit begrip zijn verschillende woorden in omloop, bijvoorbeeld kernzin, basiszin, basisuitspraak en topiczin. Deze begrippen verwijzen allemaal naar hetzelfde, namelijk naar de zin waar de rest van de tekst mee samenhangt. Anders gezegd: de zin die alle informatie in een bepaald stuk tekst aan zich bindt (de kapstok waar alles aan hangt). Er zijn twee soorten kernzinnen:
1 De zin die de hele tekst (of het hele tekstdeel of de hele alinea) samenvat.
2 De zin die in de rest van de tekst (of alinea) wordt 'uitgewerkt', bijvoorbeeld geïllustreerd, uitgelegd, verklaard of onderbouwd (vergelijk het overzicht met relationele vragen in paragraaf 7.2.2 en hierna in paragraaf 8.4.5).

Door een handig gebruik van dergelijke kernzinnen kun je het de lezer gemakkelijker maken. Dan hebben ze namelijk eenzelfde werking als titels en inleidingen: ze zetten de lezer meteen op het goede spoor waardoor de 'luikjes' bij de juiste voorkennis opengaan.

Kernen op voorkeursplaatsen
Gezien de werking van een kernzin, vergelijkbaar met een titel, is het begin de voorkeursplaats voor een kernzin. Een tekst kent verschillende beginnen, afhankelijk van de lengte en de verdeling in onderdelen. De eerste bladzijde is een begin, maar elk nieuw hoofdstuk, elke nieuwe paragraaf en zelfs elke alinea is te beschouwen als een nieuw begin, waarbij je de aandacht van de lezer kunt sturen door met je kernzin te openen.

Daar komt bij dat lezers op die voorkeursplaatsen ook een kernzin verwachten. Je kunt dat ook bij jezelf observeren. Stel je voor dat je een tekst leest en de alinea begint met de volgende zin: *Simon Schijnvoet (1652-1727) was een veelzijdig man.* Wat verwacht je dan in het vervolg van de alinea?

Van Simon Schijnvoet werd verder gezegd:

> Zijn portret in medaillon afgebeeld bij Van Loon toont een man/gelaat dat bepaald werd door een grote markante neus. Het portret wordt eveneens beschreven door Hans Nieuwenhuis die nog 5 andere beschrijvingen geeft, die verloren zijn gegaan. Het bestaan van het portret getuigt van de roem die Schijnvoet verwierf tijdens zijn leven.

Was je als lezer op het verkeerde been gezet? Waarschijnlijk wel. De meeste lezers verwachten na de eerste zin dat in het vervolg voorbeelden zullen worden gegeven van de veelzijdigheid van Simon Schijnvoet. De veelzijdigheid van Simon Schijnvoet blijkt niet het overkoepelende van deze alinea; de eerste zin van de alinea is dus niet de kernzin.

Wat zou dan wel een goede kernzin zijn? Alle drie de zinnen bevatten het woord 'portret' en ook Schijnvoet speelt een rol. Die twee thema's zijn te combineren, bijvoorbeeld: *Er bestaat een portret van Simon Schijnvoet (1652-1727).* Of, afhankelijk van de context, een zin als: *In ... is een portret gevonden van Simon Schijnvoet (1652-1727).* Of: *Een van de portretten bevat een beeltenis van Simon Schijnvoet (1652-1727).* De overige drie zinnen van deze alinea sluiten daar goed bij aan.

Als je wilt dat de lezer de lijn van je verhaal heel gemakkelijk kan volgen, dan doe je er goed aan om in elke alinea een kernzin te formuleren en daar bij voorkeur die alinea mee te beginnen. Op die manier is de hele lijn van het verhaal eenvoudig te zien aan de eerste zinnen van alle alinea's. Een voorbeeld van een alinea die begint met een goede kernzin:

> Motivatieproblemen op school worden veroorzaakt door een gebrekkige vervulling van basisbehoeften. Stevens (...) noemt de volgende drie psychologische behoeften als basis voor de ontwikkeling van motivatie: de behoefte aan competentie, de behoefte aan relatie en de behoefte aan autonomie. De behoefte aan competentie wordt vervuld wanneer een leerling in staat wordt gesteld te laten zien wat het kan. Het ervaren van eigen kunnen brengt tevredenheid en is een basisingrediënt voor de ontwikkeling van zelfvertrouwen. De behoefte aan relatie wordt vervuld wanneer een leerling zeker kan zijn van de beschikbaarheid van volwassenen die vertrouwen in hem/haar hebben. De behoefte aan autonomie wordt vervuld wanneer een leerling wordt betrokken bij beslissingen en mee mag denken: de ervaring dat ze zelf verantwoording dragen voor het leerproces.

Bij het lezen van deze tekst kun je bijna niet op het verkeerde spoor terechtkomen. De eerste twee zinnen geven precies aan waar de rest over gaat: de drie psychologische behoeften worden in dezelfde volgorde uitgewerkt als ze zijn aangekondigd. Helemaal helder dus. Misschien vind je dit tekstje wel een beetje saai? Tja, dat kan het nadeel zijn van een zeer nadrukkelijke uiterlijke structuur. In paragraaf 9.3.5 komen we hierop terug.

Dan een voorbeeld waarbij het mis is gegaan:

> De evaluatie moet vier componenten bevatten: het verloop, het effect, de kosten en baten, en de generaliseerbaarheid.
> 1 Productevaluatie
>   ....
> 2 Procesevaluatie
>   ....
> 3 Kosten-batenanalyse
>   ....

4   Maatschappelijk bereik
    ....

De lijn is hier niet zo goed te volgen omdat drie van de vier de begrippen uit de eerste zin (waarvan we verwachten dat hij min of meer overkoepelend zal zijn) niet terugkomen in de uitwerking. Nu moeten we gissen: worden de vier componenten in de aangegeven volgorde uitgewerkt? Dat zou je verwachten, maar de eerste component ('het verloop') lijkt beter te passen bij de tweede uitwerking ('procesevaluatie'). Kortom: als lezer blijf je met vragen zitten. De oplossing? In de aanhef dezelfde begrippen in dezelfde volgorde gebruiken als in de uitwerking. Of andersom.

Controlevragen
1   Begint je tekst/paragraaf met een toelichting op de structuur?
2   Onderstreep van elke alinea de kernzin; bevat elke alinea een (en ook maar één) kernzin?
3   Zet de eerste zin van elke alinea de lezer op het goede spoor? Los je steeds de verwachtingen in die de eerste zin oproept? Werk je inderdaad die uitspraak verder uit?
4   Werk je onderdelen in dezelfde volgorde uit als je ze aankondigt? Gebruik je ook dezelfde woorden?

8.4.5   Signaalwoorden en verwijzingen

Signaalwoorden en verwijzingen zijn middelen om de inhoudelijke en thematische structuur binnen een tekst duidelijk te maken. **Signaalwoorden** expliciteren wat het inhoudelijke verband is tussen onderdelen in een tekst. Ze zijn direct te verbinden aan de relationele vragen (paragraaf 7.2.2) en drukken dus ook die vragen uit. In onderstaand schema staan enkele voorbeelden van signaalwoorden, gekoppeld aan verbanden en relationele vragen.

Soort verband	Relationele vragen	Mogelijke signaalformuleringen
Oorzaak – gevolg (causaal)	Waardoor? Wat is de oorzaak? Wat is het gevolg?	daardoor, doordat, dus, met als gevolg dat, dat leidt tot, daaruit volgt dat, daaruit kunnen we afleiden dat, waardoor, op grond van, ten gevolge van, een gevolg van deze
Middel – doel (finaal)	Hoe? Met welk middel? Waartoe? Met welk doel?	opdat, zodat, om te bereiken dat, om een einde te maken aan, om ervoor te zorgen dat, dat helpt om, wat ertoe zal bijdragen dat, waardoor … zal ontstaan, waardoor er een einde zal komen aan
Redengeving	Waarom? Met welke reden? Wat is de consequentie?	daarom, daaruit volgt dat, dat leidt ertoe dat, daaruit kunnen we afleiden dat, want, immers, daar, aangezien, op grond van, ten gevolge van, een gevolg van deze …
Voorwaardelijkheid (conditioneel)	Wanneer? Onder welke voorwaarde? Wat onder die voorwaarde?	onder die voorwaarde, in die gevallen, als, indien, dan, onder die conditie, …
Tijd	Wanneer? Op welk moment? In welke periode? Sinds wanneer?	daarna, vervolgens, daarvoor, later, eerder, toen, op dat moment, tegelijk, intussen
Ruimte	Waar? Waarheen?	daarnaast, naast, boven, langs, verder weg, in de aangrenzende gebieden, daar, precies waar, op diezelfde plek
Omstandigheid	Hoe? Onder welke omstandigheid?	onder die omstandigheid, in die situatie, zo, op die manier
Toegeving	Ondanks wat? Wat ondanks dat?	maar, niettemin, echter, evenwel, toch, al, hoewel, ofschoon, ondanks, daarentegen, desondanks, niettegenstaande
Wijze	Hoe? Op welke manier?	op die manier, zo
Kwalificatie	Hoe goed/slecht is het? Hoe te beoordelen?	de waarde ervan is, dit is te beschouwen/beoordelen/evalueren als
Specificatie	Wat is daar een voorbeeld van? Waar is het een voorbeeld van?	bijvoorbeeld, zo, zoals, net zo, neem, met andere woorden, ter illustratie, als concreet voorbeeld, om een voorbeeld te noemen
Vergelijking	Wat is de overeenkomst? Wat is het verschil? In hoeverre lijkt het (niet) op elkaar?	eveneens, evenals, net als, net zo, vergelijk, op dezelfde manier, dit komt overeen met, dit lijkt op

8.4 Uiterlijke structuur reviseren: tussen structuur en stijl

Soort verband	Relationele vragen	Mogelijke signaalformuleringen
Onderschikking	Waarvan/van welke klasse maakt het deel uit? Wat zijn onderdelen ervan?	dit behoort tot, dit valt onder, een onderdeel hiervan is, dit bestaat uit, daartoe behoort, dit valt uiteen in, een aspect is
Identiteit	Wat zijn de kenmerken? Wat is het?	kernmerkend is, heeft de volgende kenmerken/ eigenschappen, ziet eruit als, is te beschrijven als
Probleemoplossing	Wat is het probleem? Hoe kan het probleem opgelost worden?	probleem daarvan is, nadeel daarvan is, dit is op te lossen door, we zouden daarom
Opsomming	Hoeveel aspecten/onderdelen zijn ervan?	en, ten/als eerste, ten/als tweede, allereerst, vervolgens, bovendien, daarnaast, ook, achtereenvolgens, ten slotte, in de eerste plaats, in de laatste plaats
Argumentatie	Tot welke conclusie leidt dit? Welke argumenten zijn er voor/tegen?	derhalve, dus, kortom, hieruit volgt dat, hieruit valt af te leiden dat, dit voert ons tot de volgende conclusie, concluderend, namelijk, want, aangezien, op basis van, dat volgt uit, de volgende argumenten bestaan daarvoor, dat leid ik af uit
Samenvatting	Hoe is dit samen te vatten?	dus, samenvattend, kortom, al met al, alles overziend, afsluitend, uiteindelijk, de balans opmakend, alles op een rijtje gezet, het volgende beeld ontstaat

Verbanden, relationele vragen en signaalformuleringen

Als een tekst weinig signaalwoorden bevat, is het voor de lezer moeilijk te zien wat de samenhang en dus het verhaal is.

Een voorbeeldje: een student psychologie beschrijft in een eerste versie de symptomen van een 'borderlinestoornis' (de nummering van de zinnen is toegevoegd om er gemakkelijker naar te kunnen verwijzen):

Moeilijk in de omgang
(1) Borderliners leggen moeilijk contact met anderen: (2) voor een deel wordt dit veroorzaakt door verlatingsangst. (3) Interpersoonlijke relaties zijn verstoord. (4) Kennissen bestaan ook niet. (5) Het zijn of vrienden of helemaal niets. (6) Ze hebben weinig interesse in anderen behalve als dit goed voor zichzelf is, egoïstisch denken. (7) Ze voelen zich onverantwoordelijk voor de dingen die ze doen.

Dit stukje roept wel wat vragen op over de inhoudelijke samenhang. Op welke manier bijvoorbeeld hangt zin 3 samen met zin 1 en/of 2? Is het een voorbeeld van 'moeilijk contact leggen'? Is het een gevolg van zin 1 of 2? Hetzelfde geldt voor de andere zinnen: het gaat weliswaar allemaal over mensen met een borderlinestoornis, maar verder zijn het allemaal losse zinnen. Wij als lezers moeten maar raden wat het verband is. En daarmee loop je als schrijver het risico dat je tekst verkeerd begrepen wordt.

Verwijzingen maken ook iets duidelijk over de samenhang, maar alleen over de thematische samenhang. Waar signaalwoorden duidelijk maken wat de samenhang is tussen twee of meer beweringen, geven verwijzingen alleen aan dat beweringen over hetzelfde thema gaan. Een verwijzing verwijst altijd naar iets anders en daardoor weet de lezer dat hetzelfde thema aan de orde is. Daarmee maak je dus zichtbaar dat er thematische overlap is tussen zinnen.

Twee voorbeelden waarbij de schrijver de verwijzingen niet heeft gecontroleerd:

1 Vooroordelen ten aanzien van hoogbegaafdheid hebben niet alleen betrekking op het verschijnsel hoogbegaafdheid zelf, ze kunnen ook betrekking hebben op sekse (Rogers, 1993; Freeman, 1995), ras (German, 1993), of sociale klasse (Wallace & Adams, 1993). De ondervertegenwoordiging van meisjes in onderzoek naar en programma's voor hoogbegaafden is **daar** een voorbeeld van.

In bovenstaand fragment is 'daar' een onduidelijk verwijswoord. Normaal gesproken verwijst dat naar het laatste onderdeel van de voorgaande zin of naar de hele voorgaande zin. In dit geval zijn beide opties betwijfelbaar: de ondervertegenwoordiging van meisjes lijkt geen voorbeeld van vooroordelen die betrekking hebben op sociale klasse, noch op de hele groep van sekse, ras én sociale klasse.

2 Je hebt publiek dat voor veel voorstellingen gaat en dat voor weinig voorstellingen gaat, de een geeft meer uit dan de ander op een avond. Het is de taak van de marketingafdeling ook **die** mensen eens over te halen een keer vaker naar een voorstelling te gaan of juist eens een ander soort voorstelling te bezoeken.

Welke mensen? De een en/of de ander?

Controlevragen
1 Zijn de verbanden tussen alle zinnen en alinea's geëxpliciteerd met signaalformuleringen?
2 Is er thematische overlap tussen alle opeenvolgende zinnen?
3 Bij alle verwijzingen: is in de voorgaande zin het begrip genoemd waarnaar verwezen wordt; is er geen misverstand mogelijk over waarnaar verwezen wordt?

8.4.6 Puntsgewijze opsommingen, typografische ondersteuning en schema's

Over de laatste drie middelen om de uiterlijke structuur goed zichtbaar te maken, is erg weinig consensus in de academische wereld. Verschillen van mening zijn er niet alleen tussen de disciplines, maar ook binnen de verschillende vakgebieden. Soms hangt dat samen met het soort tekst dat je moet schrijven.

Een paar voorbeelden. Puntsgewijze opsommingen (met cijfers of 'bullets') zie je zelden in een juridisch werkstuk. Typografische ondersteuning van de structuur door bijvoorbeeld het onderstrepen of vet maken van woorden wordt door lang niet iedereen geapprecieerd. Schema's zijn in de exacte en sociale wetenschappen meer gangbaar dan in de geesteswetenschappen. Voor de keuzes op dit terrein geldt: bekijk teksten uit je vakgebied en/of vraag je docent of begeleider wat gebruikelijk en gewenst is.

Controlevragen
1 Wat zijn de conventies met betrekking tot typografie en lay-out voor jouw schrijfopdracht?
2 Voldoet jouw tekst aan die kenmerken?

8.4.7 Samengevat

Als je de uiterlijke structuur goed zichtbaar wilt maken zodat de lijn goed te volgen is, doe dan het volgende:
- Achterhaal eerst de eisen voor de opdracht en de voorkeuren van je docent.
- Onderscheid paragrafen, alinea's en tekstblokken van elkaar door witregels en/of inspringen.
- Gebruik voor die indeling een consequente lay-out.
- Controleer of alles binnen één alinea over één thema gaat.
- Zet alles wat bij een thema hoort bij elkaar.
- Zorg ervoor dat de vlag (titel) de lading (inhoud) dekt.
- Zorg ervoor dat eventuele nummering overeenkomt met de rangorde van de tekstonderdelen.

- Zorg ervoor dat de inleiding precies weergeeft wat ook werkelijk in de tekst staat.
- Zorg ervoor dat je in de inleiding de onderwerpen in dezelfde volgorde presenteert als waarin ze in de tekst aan de orde komen.
- Houd er rekening mee dat lezers verwachten dat de eerste zin een kernzin is; controleer of je de lezers niet op een dwaalspoor brengt.
- Voeg in elke zin een signaalwoord toe (tenzij het verband evident en ondubbelzinnig is voor alle lezers).
- Voeg in elke zin een herhaling van het thema uit de vorige zin toe of een verwijzing ernaar.

8.5 Laten lezen

Zijn de inhoud en structuur van de tekst herzien en heb je de uiterlijke structuur opgeknapt, dan is dat een goed moment om je tekst eens aan een ander te laten lezen, ook al is de stijl nog niet helemaal gereviseerd. Een betrokken lezer kan je wel vertellen of het verhaal te volgen is en overtuigend overkomt. Daarna kun je, indien nodig, een tweede revisie uitvoeren van de uiterlijke structuur. Zo kun je er nog zekerder van zijn dat de overige stijlrevisies worden uitgevoerd op een tekst die goed in de steigers staat en zo kan blijven. De meelezer kan een medestudent zijn, een vriend of kennis, een schrijfcoach (tutor) of je eigen docent/begeleider. Geef hem of haar wel duidelijk mee dat de stijl nog gereviseerd moet worden en dat het vooral gaat om de lijn van het verhaal. Je kunt bijvoorbeeld je eigen controlevragen voorleggen aan de kritische meelezer. Op de website staat onder de knop 'Theorie' een voorbeeld van een verzoek aan een meelezer met de vragen die je die lezer mee kunt geven.

Nog één tip: **haal de typefouten eruit.** Die leiden af en zorgen niet zelden voor irritatie bij lezers. Daar wordt de feedback niet beter van.

Fase 1
Oriënteren op de opdracht

Fase 2
Een plan maken

Fase 3
Het onderzoek uitvoeren

Fase 4
De tekst schrijven

9 De tweede revisie: stijl en afwerking

9.1 Wat is stijl?
9.1.1 Inleiding
9.1.2 Exactheid
9.1.3 Moeilijkheid
9.1.4 Informatiedichtheid
9.1.5 Aantrekkelijkheid/levendigheid
9.1.6 Afstandelijkheid

9.2 De norm stellen voor je eigen tekst

9.3 De stijl beoordelen en verbeteren
9.3.1 Inleiding
9.3.2 Exactheid
9.3.3 Moeilijkheid
9.3.4 Informatiedichtheid
9.3.5 Aantrekkelijkheid/levendigheid
9.3.6 Afstandelijkheid
9.3.7 En soms komt alles samen

9.4 Algemene herschrijftips

9.5 Afwerking van de tekst
9.5.1 Taalgebruik
9.5.2 Lay-out
9.5.3 Literatuurverwijzingen en titelbeschrijvingen
9.5.4 Laatste onderdelen

9 De tweede revisie: stijl en afwerking

9.1 Wat is stijl?

9.1.1 Inleiding

Stijl is te omschrijven als de manier waarop een boodschap in een tekst wordt verwoord. De meeste mensen hebben zich in de loop van de tijd een bepaalde schrijfstijl eigen gemaakt, maar elk genre, elk soort lezers en elk tekstdoel kan vragen om aanpassingen van die eigen stijl. Het is daarom verstandig stil te staan bij de vraag welke stijl jouw tekst zou moeten hebben. Daarmee definieer je de norm om te bekijken op welke punten de stijl van je tekst overeenkomt met wat er voor jouw schrijfopdracht (en jouw docent!) gewenst is, en op welke punten de stijl daarvan verschilt. Dat helpt om de stijl in de gewenste richting te veranderen. Voor al deze activiteiten is het nuttig om meer te weten over wat elementen zijn van schrijfstijl in het algemeen en van academische stijl in het bijzonder.

Stijldimensies
Een handig instrument om aan je stijl te werken, is het schema met de zogenoemde *stijldimensies* (Steehouder e.a., 1999, p. 170-206). In het schema staan zes aspecten (dimensies) van stijl. De eerste, uiterlijke structuur, is al uitgebreid aan bod geweest in hoofdstuk 8. Van elke dimensie kun je de waarde bepalen en je kunt een prioriteitenlijst aanleggen. Hieronder staat eerst het schema. Dit schema vind je ook op de website (onder de knop 'Formulieren') zodat je het voor jezelf kunt invullen.

9 De tweede revisie: stijl en afwerking

Stijldimensie	Score					Prioriteit (Top-6)
Uiterlijke structuur	☐ nadrukkelijk	☐	☐ ↔	☐	☐ onopvallend	
Exactheid	☐ vaag	☐	☐ ↔	☐	☐ precies	
Moeilijkheid	☐ eenvoudig	☐	☐ ↔	☐	☐ complex	
Informatiedichtheid	☐ breedvoerig	☐	☐ ↔	☐	☐ bondig	
Aantrekkelijkheid/levendigheid	☐ levendig	☐	☐ ↔	☐	☐ droog	
Afstandelijkheid	☐ formeel	☐	☐ ↔	☐	☐ informeel	

Schema met stijldimensies

In de kolom 'score' staat voor iedere stijldimensie een vijfpuntsschaal waarop je kunt aangeven welke score die dimensie in jouw ogen moet hebben. In de rechterkolom geef je aan hoe belangrijk iedere stijldimensie is in vergelijking met de andere dimensies. Dit is van belang omdat de dimensies elkaar soms 'bijten' en dan is het goed om vast te stellen welke van die dimensies de belangrijkste is. Als je bijvoorbeeld een heel bondige tekst wilt of moet schrijven (weinig woorden, veel informatie), dan heb je waarschijnlijk geen 'ruimte' om voorbeelden toe te voegen die je verhaal zouden kunnen verlevendigen (aantrekkelijker maken). Je moet dan kiezen wat de hoogste prioriteit krijgt: informatiedichtheid of levendigheid.

Het stijlschema kun je op verschillende manieren gebruiken in een schrijfproces. Je kunt ermee beschrijven:
- welke kenmerken de stijl van je tekst zou moeten hebben naar jouw idee (stijlplan);
- welke kenmerken de stijl van je tekst feitelijk heeft (stijlbeschrijving); dit kun je ook door een lezer laten doen, bijvoorbeeld een studiegenoot, een schrijftutor of docent; in de prioriteitenkolom kun je laten invullen welke stijldimensie het meest in het oog springt;
- welke stijl je docent van je verwacht (stijlwensen docent).

Academische smaakverschillen en consensus
Het schema hierboven is in de loop der jaren ingevuld door talloze schrijvers en begeleiders die meededen aan cursussen en workshops over academisch

schrijven of het begeleiden ervan. De vraag daarbij was: Hoe zou de stijl van de academische tekst moeten zijn?

De uitkomsten blijken zeer vergelijkbaar, ongeacht of het schema wordt ingevuld door studenten, aio's of begeleiders. Als voorschotje op de uitgebreidere uitleg verderop, staan hier vast in het kort de uitkomsten:
- Over de hele linie wil men exacte teksten waarvan de uiterlijke structuur gemakkelijk herkenbaar is; dat krijgt bij iedereen ook de hoogste prioriteit.
- De teksten zouden niet te moeilijk en aan de bondige kant moeten zijn.
- Men is het binnen elke groep totaal niet eens over de gewenste mate van aantrekkelijkheid en afstandelijkheid. Op deze dimensies zijn de grootste verschillen te zien, zowel in de scores als in de prioriteitsstelling.

Verderop in deze paragraaf vind je uitleg over de stijldimensies: wat houdt elke dimensie in en welke stijlvoorkeuren zijn er in de academische wereld? Zoals gezegd staan de stijldimensies niet los van elkaar: sommige zitten elkaar in de weg, andere versterken elkaar juist. Hoe dat werkt komt aan de orde onder de kopjes die beginnen met 'raakvlakken'.

Al deze informatie is bedoeld als voorbereiding op de revisie van de stijl. Meer technische details over **hoe** je die stijl kunt veranderen, komen aan de orde in paragraaf 9.3 (over de feitelijke beoordeling, verklaring en verbetering van je tekst).

9.1.2 Exactheid

De uitleg van de uiterlijke structuur is al aan bod geweest in hoofdstuk 8, dus we gaan verder met de tweede stijldimensie: exactheid.

Exactheid is de mate waarin een schrijver de inhoud precies formuleert. *Precies* betekent dat de lezer zich een exacte voorstelling kan maken van de bedoeling van de schrijver en er geen ruimte is voor verschillende interpretaties. Neem een zin als *Bepaalde vormen van supportersgeweld kunnen ernstige problemen opleveren.* Bij deze zin zal een serieuze lezer zich afvragen: Welke vormen van supportersgeweld? Welk soort supporters? Hoe groot is het risico dat dat kan? Hoe ernstig? Welke problemen? In de voorbeeldzin zijn de volgende woorden te vaag of te algemeen: *bepaalde, supporters, kunnen, ernstige* en *problemen*.

Exactheid in academische teksten
Exactheid is de tweede dimensie waarover veel consensus bestaat binnen de academische gemeenschap. Men is het erover eens dat het heel belangrijk is dat een tekst zeer nauwkeurig geformuleerd is: vaagheden horen niet thuis in een academische tekst (wat helaas niet betekent dat ze daarin nooit voorkomen).

Waarom willen academici dat de formulering zeer nauwkeurig is? Daarvoor gaan we terug naar de vraag: waarom schrijven wetenschappers? Waarom informeren we elkaar? De belangrijkste reden is dat we elkaar nodig hebben (vergelijk paragraaf 1.2.2). Een enkele wetenschapper kan maar een heel klein gedeelte van zijn/haar wetenschapsgebied bestrijken. Om tot nuttige kennis te komen, bouwen we daarom voort op wat anderen onderzocht hebben. Een wetenschapper moet dan precies kunnen beoordelen hoe sterk dat fundament is voordat hij erop kan voortbouwen. Dat is de reden waarom precisie in academische teksten zo belangrijk is.

Een tweede reden voor grote nauwkeurigheid is dat onderzoek reproduceerbaar moet zijn. Een onderzoeker moet jouw onderzoek nogmaals kunnen doen om te kijken of er dan hetzelfde uitkomt. Daarom moet precies beschreven zijn wat het onderzoek inhoudt en hoe het is uitgevoerd.

Raakvlakken met eerder genoemde stijldimensies
Exactheid heeft raakvlakken met uiterlijke structuur op het gebied van precieze samenhangen. Als de samenhang niet zichtbaar is (onopvallende uiterlijke structuur), kan hij vaag zijn voor lezers. Dit is te illustreren met het volgende fragment:

> (1) In de jaren zeventig begint de sportsponsoring aan een stormachtige ontwikkeling. (2) Dit heeft verschillende oorzaken. (3) Er is een explosieve groei in sportbeoefenaren. (4) Bij de georganiseerde sport bestaat er behoefte aan externe financiële ondersteuning.

Zin 1 en 2 maken duidelijk dat dit stukje gaat over de oorzaken van de stormachtige ontwikkeling van de sportsponsoring in de jaren zeventig. Zin 3 zal dan zo'n oorzaak zijn, maar er is geen expliciete verwijzing naar het thema en de lezer vraagt zich waarschijnlijk af op welke manier explosieve groei van sportbeoefenaren leidt tot groei van sponsoring. Je kunt evengoed beredeneren dat veel sportbeoefenaren leiden tot veel contributie en dus tot minder behoefte aan extra financiering. Vervolgens kun je je afvragen of zin 4 een volgende oorzaak bevat, of dat er misschien sprake is van een gevolg van zin 3. Kortom: op het moment dat de schrijver dit aspect van de innerlijke structuur (samenhang) niet zichtbaar maakt, is er sprake van vage verbanden en beperkte exactheid.

9.1.3 Moeilijkheid

Moeilijkheid spreekt eigenlijk voor zich: deze dimensie verwijst naar de vraag of de stijl ingewikkeld, complex of juist eenvoudig, gemakkelijk is. We onderscheiden moeilijkheid op woordniveau en moeilijkheid op zinsniveau: moeilijke woorden en moeilijke zinnen.

Moeilijkheid in academische teksten
De dimensie moeilijkheid bevat een academische paradox. Enerzijds gelden hierbij namelijk de voorkeuren die ook gelden bij uiterlijke structuur: academici hebben weinig tijd en willen zo snel mogelijk kunnen doordringen tot de kern van een verhaal. In dat opzicht verdient een eenvoudig geschreven tekst de voorkeur. Anderzijds is er ook nog zoiets als het imago van de schrijver of onderzoeker. In de praktijk blijken veel academische lezers gevoelig voor de gedachte 'Wie simpel schrijft, zal wel simpel zijn.' Terwijl men het er ook wel over eens is dat niets moeilijker is dan ingewikkelde inhoud eenvoudig beschrijven: *Easy reading is damn hard writing* (Nathaniel Hawthorne).

Kortom: bij deze dimensie is het raadzaam een gulden middenweg te zoeken. De stijl moet zo eenvoudig zijn dat lezers niet struikelen over zinnen en woorden – niets is irritanter dan dat je elke zin meermaals moet lezen – maar enige eruditie (belezenheid) kan een goede indruk maken. Geef de lezer niet de kans je te beschuldigen van jip-en-janneketaal.

Raakvlakken met eerder genoemde stijldimensies
Hierboven is al het verband aangegeven tussen moeilijkheid en uiterlijke structuur. Hoe nadrukkelijker die laatste, hoe eenvoudiger de tekst wordt. De raakvlakken met exactheid liggen wat gecompliceerder. Vaktermen worden meestal onder de moeilijke woorden gerekend, maar het zijn vaak woorden die voor vakgenoten een heel precies omschreven inhoud hebben. Veel vaktermen maken een tekst dus moeilijker, maar ook exacter. Anderzijds zijn abstracte moeilijke woorden soms weer vaag. Daarmee doel ik op woorden als *competentie*, *dimensie*, *indicatie*, *adequaat* of *constellatie* waarvan niet altijd helder is wat ze precies inhouden of toevoegen.

9.1.4 Informatiedichtheid

Informatiedichtheid verwijst naar de verhouding tussen het aantal woorden en de hoeveelheid informatie. Als een tekst in weinig woorden veel informatie geeft, dan is de informatiedichtheid hoog. Andere woorden daarvoor zijn: bondig, beknopt en to the point. Bevat een tekst veel woorden en niet zoveel informatie, dan heet dat met een chic woord 'redundant'. Andere termen hiervoor zijn breedvoerig, breedsprakig, wijdlopig of wollig.

Een voorbeeld van een wat redundante zin: *De theorie van De Leeuw geeft de mogelijkheid een besturingssituatie te beschrijven omdat hij termen weergeeft waarmee de besturing in een organisatie beschreven kan worden.* Een bondiger alternatief is bijvoorbeeld: *De theorie van de Leeuw bevat termen waarmee een besturingssituatie in een organisatie beschreven kan worden.*

Informatiedichtheid in academische teksten
Gezien de noodzaak tot efficiënte tijdsbesteding hebben de meeste academici een voorkeur voor bondige teksten. Let wel op de volgende belangrijke kanttekeningen.

Raakvlakken met eerder genoemde stijldimensies
Er is een sterk verband tussen informatiedichtheid en uiterlijke structuur. Alle informatie over de structuur van de tekst (metacommunicatie) is strikt genomen overbodig. Zinnen als 'Achtereenvolgens ga ik in op ...' voegen geen informatie toe aan de rest van de tekst – daarin kan de lezer namelijk zien dat je ingaat op die punten. Dergelijke zinnen maken een tekst dus minder bondig, maar wel gemakkelijker te volgen! Ook samenvattingen, overkoepelende zinnen en dergelijke voegen geen inhoud toe, maar verhogen slechts het leesgemak. Te grote bondigheid kan dus ten koste gaan van de leesbaarheid als de structuur daardoor onvoldoende zichtbaar wordt.

Bondige teksten zijn soms ook moeilijker doordat er geen herhaling is: je moet alles dus in één keer goed kunnen begrijpen. Tot slot: het gebruik van abstracte begrippen in plaats van concrete beschrijvingen maakt een tekst bondiger, maar ook minder precies. Hierin beïnvloeden informatiedichtheid en exactheid elkaar.

9.1.5 Aantrekkelijkheid/levendigheid

Bij de dimensie aantrekkelijkheid gaat het om de mate waarin de stijl van de tekst de lezer naar de tekst toe trekt. Dit kan een schrijver doen door het verhaal tot leven te brengen voor de lezer; vandaar het equivalent levendigheid voor aantrekkelijkheid. De polen zijn levendig aan de ene kant en saai of droog aan de andere.

Aantrekkelijkheid in academische teksten
Deze stijldimensie roept van alle dimensies de meeste discussie op. Binnen de universitaire wereld verschilt men enorm van mening over de vraag hoe aantrekkelijk een academische tekst mag of moet zijn. In paragraaf 1.4 is dit al geïllustreerd aan de hand van de discussie tussen de hoogleraren Mathijsen en Lagendijk. Over het algemeen wordt een hogere mate van levendigheid (mooischrijverij) wel gewaardeerd in de geesteswetenschappen (letteren, filosofie en dergelijke) en in bijvoorbeeld sociaalwetenschappelijke richtingen, waarbij het belangrijk is om de geobserveerde culturen in 'levenden lijve' te schilderen (bijvoorbeeld in de culturele antropologie).

Nog enkele waarschuwingen. Houd altijd rekening met grote verschillen tussen de ene docent en de andere. Wees je ook ervan bewust dat levendigheid vaak als 'extra' wordt gezien en dus niet de hoogste prioriteit zal hebben voor je docent. Besteed dus meer aandacht aan inhoud, structuur en dimensies als exactheid. En als laatste: aantrekkelijk schrijven is best een kunst. Als je niet veel schrijfervaring hebt en/of niet zo gemakkelijk schrijft, kun je je teksten beter wat sober houden. Dan zijn ze meestal toch effectief. Voor de liefhebbers die graag hun stijl in dit opzicht willen verbeteren, is het *Handboek Stijl* van Burger en De Jong (1997, zie literatuurlijst) van harte aan te bevelen!

Raakvlakken met eerder genoemde stijldimensies
De eerder genoemde stijldimensies kunnen allemaal invloed hebben op de aantrekkelijkheid van de stijl. Eigenlijk komt het erop neer dat je met een extreme keuze in een van de andere dimensies riskeert dat de tekst te droog wordt.

Een erg nadrukkelijke uiterlijke structuur kan de tekst saai maken: 'steeds maar die ten eerste, ten tweede, ten derde ...' We zagen dit in het tekstje over motivatieproblemen in paragraaf 8.4.4. Maar ook een tekst zonder uiterlijke structuur kan de lezer in slaap wiegen. Vage teksten (exactheid) worden gauw droog omdat de lezer zich daarbij niets kan voorstellen; hij kan zich niet inleven. Teksten met veel precieze details kunnen ook saai zijn. Heel simpele teksten (moeilijkheid) kunnen saai worden als bijvoorbeeld de zinsbouw eenvoudig is en er steeds korte zinnen zijn die op dezelfde manier zijn opgebouwd, maar erg moeilijke teksten zijn ook weer taai. Hetzelfde geldt voor informatiedichtheid: een tekst met veel overbodige woorden komt gauw ambtelijk en saai over. Maar bondige teksten kunnen ook droog worden: voorbeelden voegen geen echt nieuwe informatie toe, maar verlevendigen de tekst wel.

Als bij jouw schrijfopdracht een bepaalde dimensie vraagt om een extreme keuze en je wilt ook dat de tekst een beetje levendig is, moet je dus speciale aandacht besteden aan die aantrekkelijkheid.

9.1.6 Afstandelijkheid

Afstandelijkheid is de mate waarin de schrijver afstand creëert tot de lezer(s). De uitersten op deze schaal zijn formeel en informeel, of: onpersoonlijk en persoonlijk, of: schrijftaal en spreektaal. Er ontstaat meer afstand naarmate schrijver en lezer minder als persoon met elkaar te maken hebben. Als je jezelf als schrijver 'laat zien' kom je dicht bij de lezer. Als je de lezer toespreekt, maak je de afstand ook kleiner. Zijn lezer en schrijver allebei onzichtbaar als persoon, dan is er grote afstandelijkheid.

Afstandelijkheid in academische teksten
Bijzonder aan afstandelijkheid is dat deze dimensie op de prioriteitenschaal meestal zeer laag scoort en tegelijk vaak aanleiding geeft tot heftige discussies in de academische wereld. Waar de een gruwt van 'ik' en 'wij' in de tekst, vindt een ander dat heel normaal omdat 'ik' en 'wij' toch het onderzoek hebben uitgevoerd en daarover berichten. Veel academici maken zich ook bijzonder

druk over woorden en zinnen die naar spreektaal neigen. Maar ook het gebruik van 'deftige' woorden valt niet overal in goede aarde: men kan dat gewichtigdoenerij vinden. Bij deze dimensie zijn wel wat disciplinaire verschillen te zien. Juristen bijvoorbeeld schrijven over het algemeen formeler dan schrijvers uit andere vakgebieden.

Raakvlakken met eerder genoemde stijldimensies
Een afstandelijke, formele stijl wordt al gauw geassocieerd met ambtenarentaal en daarbij is de exactheid in het geding. Zinnen als *In dit kader zouden mogelijkheden nader onderzocht moeten worden* zijn onpersoonlijk maar – mede daardoor – ook vaag: wie moet wanneer welke mogelijkheden hoe in welk kader nader onderzoeken? Pas daar dus voor op bij academische teksten waarbij de exactheid juist zo belangrijk is.

Afstandelijke taal is vaak saai, maar dat hoeft niet zo te zijn, zoals bijvoorbeeld de boeken van Gerard van het Reve en, meer academisch, Frits van Oostrom, laten zien. Wel is een formele stijl vaak moeilijker dan een informele.

9.2 De norm stellen voor je eigen tekst

Om straks de stijl van je eigen tekst te kunnen beoordelen, moet je nadenken over hoe die stijl eigenlijk zou moeten zijn: hoe zou je willen 'scoren' op elke stijldimensie en waar liggen de prioriteiten?

Het kan verstandig zijn om te kiezen voor een nadrukkelijke uiterlijke structuur en een zeer precieze stijl. Deze twee dimensies krijgen in principe ook de hoogste prioriteit. Meestal is een niet al te moeilijke, maar ook niet te simpele stijl gewenst, en mag de tekst aan de bondige kant zijn. De gewenste afstandelijkheid en aantrekkelijkheid zijn moeilijk te voorspellen. Dat is als volgt te schematiseren (√ geeft de gewenste score aan):

Stijldimensie	Score					Prioriteit (Top-6)
Uiterlijke structuur	☐ nadrukkelijk	☑	☐ ↔	☐	☐ onopvallend	2
Exactheid	☐ vaag	☐	☐ ↔	☐	☑ precies	1
Moeilijkheid	☐ eenvoudig	☐	☑ ↔	☐	☐ complex	
Informatiedichtheid	☐ breedvoerig	☐	☐ ↔	☑	☐ bondig	

9.2 De norm stellen voor je eigen tekst

Aantrekkelijkheid/levendigheid	☐	☐	☐	☐	☐
	levendig		↔		droog
Afstandelijkheid	☐	☐	☐	☐	☐
	formeel		↔		informeel

Ingevuld schema met stijldimensies

Let wel: dit is een voorkeursschema voor de gemiddelde academische tekst. Een journalist, een schrijver van handleidingen of iemand die een reclamefolder schrijft, zal er een heel andere invulling aan geven. Dat is ook het leuke aan zo'n schema: je kunt het voor iedere tekst weer opnieuw invullen en op die manier even stilstaan bij de gewenste stijl van elke nieuwe tekst die je schrijft. Maar, nogmaals, ook voor academische teksten kan de stijl afwijken van dit schema. Daarnaast zijn er nog wat vakjes oningevuld gebleven omdat daar veel variatie mogelijk is.

Hoe je het schema precies invult, hangt onder meer af van het tekstgenre, het tekstdeel, de voorkeur van je docent en je eigen voorkeur. Om je een idee te geven, volgen hieronder wat voorbeelden van variaties op het thema 'academische stijl':

- Een essay is een onduidelijk tekstgenre zoals je kon zien in fase 1, maar het kan de bedoeling zijn dat je daarin een levendige stijl hanteert en de uiterlijke structuur niet al te opvallend maakt (bijvoorbeeld geen kopjes). Dit wijkt dus af van de algemene beschrijving.
- Bij een inleiding is het misschien wel belangrijk om meteen de aandacht van de lezer te trekken: een levendige stijl dus.
- Bij een theoretisch hoofdstuk is soms de samenhang tussen alle stukjes literatuur niet goed te zien: de uiterlijke structuur behoeft daar dan extra aandacht.
- Een methode- of resultatensectie moet vooral heel nauwkeurig (exact) zijn. Aantrekkelijkheid heeft dan een lagere prioriteit.
- Sommige docenten houden van hyperbondige teksten ('liever een scriptie van vijftien dan van vijftig pagina's'). Dat zal grotendeels te bereiken zijn met een strenge inhoudsselectie, maar ook stilistisch kun je dan maar beter niet te lang van stof zijn.
- En dan ben je er zelf ook nog. Wat vind je zelf eigenlijk een prettige stijl? Heb je daar wel eens op gelet? Als je een tekst tegenkomt die je erg prettig vindt om te lezen of die je juist erg tegenstaat, is het wel eens interessant om te achterhalen of dat ook met de stijl te maken heeft. Kun je dat markeren in termen van de stijldimensies? Misschien houd je wel van mooischrijverij of ben je daar juist wars van. Misschien heb je een hekel aan een informele stijl of vind je het prettig lezen. Goed om daar meer over te weten als je zelf schrijft.

Vind je het moeilijk om uit al die variabelen een keuze te maken, zoek dan eens voorbeeldteksten om te bekijken welke stijl daar gehanteerd wordt en probeer te achterhalen wat de voorkeur van je docent of begeleider is. Misschien kun je je stijlplan voorleggen aan de docent; het kan een goed middel zijn om een gesprek over schrijfstijl wat concreter te maken.

9.3 De stijl beoordelen en verbeteren

9.3.1 Inleiding

Tijd om terug te gaan naar je eigen tekst. Dat zal inmiddels waarschijnlijk een tweede (of derde of zoveelste) versie zijn waarbij je de inhoud, de structuur en de uiterlijke structuur al hebt verbeterd. Hoe kun je de stijl van de tekst verbeteren op de andere dimensies?

Deze paragraaf besteedt vooral aandacht aan de dimensie exactheid omdat die zo belangrijk is in academische teksten. Bovendien hebben veel schrijvers daar moeite mee; niet alleen studenten, maar ook promovendi en andere academische schrijvers. Om zeer nauwkeurig te schrijven, moet je je eigen teksten heel kritisch kunnen bekijken, zoals je verderop zult zien.

De andere dimensies worden in de academische wereld over het algemeen minder belangrijk gevonden dan uiterlijke structuur en exactheid. Er is ook meer variatie in mogelijk. Een student zal zelden als feedback krijgen dat hij vager moet schrijven, maar het gebeurt wel dat de ene student bondiger moet schrijven en de ander minder bondig; de ene moeilijker en de ander gemakkelijker; de ene formeler of droger, de ander informeler of levendiger. Deze stijldimensies worden hieronder daarom summier besproken. Uitgebreidere informatie en herschrijfvoorbeelden kun je naar believen vinden op de website.

Een kleine waarschuwing. Verderop staan voorbeelden van teksten waaraan iets mankeert en die dus illustreren wat te vaag, te breedvoerig, enzovoort is. Dat lijkt misschien op het afkraken van die schrijvers, maar dat is het niet: alle eerste versies hebben grote mankementen in de stijl. Dat is een rechtstreeks gevolg van de hele procedure met uitgebreid plannen en snel doorschrijven. Daarbij is het uitgangspunt juist dat je snel een eerste versie hebt en dat je die later uitgebreid op stijl gaat reviseren. De uitdaging is misschien niet zozeer om een goede schrijver te worden, maar om een goede redacteur van je eigen werk te worden. Het voordeel van het snel produceren van de eerste versie is dat je veel tijd overhoudt voor de revisie.

9.3.2 Exactheid

Academische teksten moeten dus zo exact zijn dat wetenschappers het onderzoek kunnen reproduceren en precies kunnen beoordelen of de gegevens voldoende gefundeerd zijn om op voort te bouwen.

Hoe kun je aan die wens voldoen?
Bij ieder woord moet je je afvragen: wat betekent dat concreet? Lezers zullen dat namelijk ook doen; lezen is proberen te begrijpen wat de schrijver zegt. Op het moment dat er een risico is dat de lezer niet kan invullen wat een zin eigenlijk betekent, of met een heel andere interpretatie komt dan jij bedoeld had, moet je preciezere woorden en formuleringen zoeken. Nauwkeurig formuleren vraagt een alertheid die je kunt ontwikkelen door een aantal keren heel bewust alle woorden in je tekst na te lopen. Dit is vooral de moeite waard in fragmenten waarin je werk van anderen bespreekt; samenvattingen van literatuur worden gemakkelijk abstract en algemeen. De voorbeelden uit studentteksten hierna illustreren dat.

Allereerst een voorbeeld met vaagheid in een samenvatting van andermans werk. In dit geval was de verklaring dat de student zomaar wat dingen uit de literatuur aan elkaar geplakt had, zonder daar erg goed over na te denken; zonder die knowledge echt te 'transformen'.

> Nauw gerelateerd aan het voorgaande is het bestaan van vooroordelen, stereotypen en mythen ten aanzien van hoogbegaafdheid (Freeman, 1985; George, 1992) die een goede relatie in de weg kunnen staan. De Hoop en Janson (1993) geven aan dat cultuuraspecten van zowel de samenleving in het algemeen als de school in het bijzonder, attitudeaspecten van opvoeders en ontwikkelingsaspecten van het kind een belemmerende rol kunnen spelen bij een goede opvang van hoogbegaafde leerlingen.

Bij dit stukje tekst is het heel lastig om je een voorstelling te maken van wat er bedoeld wordt; het fragment roept dan ook vooral vragen op:
- *Vooroordelen, stereotypen en mythen*: zijn dit verschillende begrippen? Wat betekenen ze?
- *Kunnen*: kan het ook niet?
- *Een goede relatie in de weg staan*: een goede relatie tussen wie en wie? Op welke manier staan die vooroordelen dat in de weg (voorbeeld) en doen alle drie de vooroordelen dat op dezelfde manier?
- *Cultuuraspecten*: wat zijn dat? Erg ruim begrip.
- *De samenleving in het algemeen*: ook een erg ruim begrip.
- *Attitudeaspecten*: wat zijn dat? Welke aspecten van welke attitude(s)?

- *Ontwikkelingsaspecten*: wat zijn dat? Welke aspecten van welke ontwikkeling?
- *Een belemmerende rol bij een goede opvang*: hoe werkt dat dan?

Kortom: hier zijn zo veel abstracte (vage) begrippen gebruikt dat we ons geen beeld kunnen vormen van wat er gebeurt bij die relaties en de opvang. Ook zijn er zo veel grote woorden gebruikt dat de uitspraken nauwelijks meer te weerleggen zijn. Dat kom je vaker tegen in studentteksten; dan staan er zinnen als 'de wereld verandert snel en daarom is communicatie steeds belangrijker geworden'. Of: 'het milieu heeft grote invloed op ons leven'. Ze herbergen een compleet universum aan interpretatiemogelijkheden en zijn daardoor eigenlijk betekenisloos geworden. Pas dus op voor al te grote algemeenheden.

In de volgende twee zinnen zijn veel 'alarmwoorden' voor vaagheid te vinden. Als je die woorden gebruikt, moeten er belletjes gaan rinkelen bij het overlezen van je tekst.

> (1) Deze groepen samenscholende jongeren zoeken veelal bepaalde locaties op in de wijk onder andere afhankelijk van het jaargetijde. (2) Groepen jongeren trekken met regelmaat weer naar andere plekken.

De alarmwoorden zijn:
- *Veelal*: niet altijd?
- *Bepaalde*: welke?
- *Onder andere*: welke nog meer?
- *Afhankelijk van het jaargetijde*: op welke manier hangt welke locatie af van welk jaargetijde?
- *Met regelmaat*: hoe vaak is dat?
- *Andere plekken*: welke?

Bovendien kunnen we ons afvragen wat precies het verband is tussen zin 1 en zin 2. Het is niet duidelijk wat de schrijver hier kwijt wil: jongeren zwerven door de wijk? Dan is de dimensie informatiedichtheid hier ook aan de orde. Het is overigens niet ongebruikelijk dat teksten breedvoeriger worden als de schrijver nog niet scherp voor ogen heeft wat hij wil zeggen.

Een derde voorbeeld om het lexicon van vage woorden nog wat uit te breiden:

> In de telematische leeromgeving is meestal geen mondelinge en non-verbale communicatie mogelijk. Allerlei dingen die de docent geneigd is via deze kanalen te doen verlies je in eerste instantie. Sommige boodschappen kunnen waarschijnlijk wel in een schriftelijke vorm. Maar een aantal boodschappen verlies je, vooral in de ondersteunende sfeer.

9.3 De stijl beoordelen en verbeteren

De vragen hierbij:
- *Meestal*: wanneer wel en wanneer niet?
- *Allerlei dingen*: welke dan?
- *In eerste instantie*: verlies je het in tweede instantie niet?
- *Sommige*: welke?
- *Waarschijnlijk*: hoe groot is die kans, en waarom denk je dat dat waarschijnlijk is?
- *Een aantal*: hoeveel? welke dan?
- *Vooral*: in welke mate? Waar wel en niet?

Behalve vage woorden is 'inconsistente terminologie' ook een aandachtspunt bij de exactheid. Als je veel verschillende termen gebruikt met dezelfde betekenis, weet de lezer niet zeker of je steeds hetzelfde bedoelt of dat het toch gaat om termen met verschillende betekenissen. In onderstaand voorbeeld lijken de vetgedrukte woorden naar hetzelfde te verwijzen, maar zeker weten kunnen we dat niet.

> Direct verbonden met het bestaande curriculum in de klas zijn de **onderwijsstrategieën en -methodes** van de leerkracht. Butler-Por geeft in haar bijdragen over onderprestatie aan (1987, 1993 a & b), dat **onderwijsstijlen** verveling en frustratie kunnen oproepen en demotiverend kunnen werken. Kinderen die creatief zijn en een divergente leer- en denkstijl hebben, kunnen moeilijk uit de voeten met leerkrachten die convergente **denk- en leerprocessen** benadrukken. Freeman (1993) geeft aan dat een flexibele **onderwijsbenadering** essentieel is voor de competentie van leerlingen. De rolverandering van de leerkracht als uitlegger naar begeleider van het leerproces, zoals die zich momenteel ontwikkelt in het gebeuren van 'Het Studiehuis', benadrukt dezelfde flexibiliteit, die voor hoogbegaafde kinderen zo onmisbaar is (Baldwin, 1993).
> Naast de teleurstelling heeft een niet uitdagend curriculum en weinig gedifferentieerde **onderwijs- en leerstrategieën** tot gevolg dat ...

In dit geval staan er waarschijnlijk verschillende woorden omdat de auteurs waaraan de schrijfster refereert, verschillende woorden gebruiken. Bij tekstfragmenten met literatuurverwerking moet je dus extra beducht zijn op inconsistente terminologie. Ga precies na hoe die begrippen zich ten opzichte van elkaar verhouden (dit hoort eigenlijk bij de analyse van de informatie, fase 3) en leg de lezer uit wat de overeenkomsten en verschillen zijn.

Samengevat: de volgende tekstkenmerken leiden tot een vage stijl en zijn dus de controlepunten bij exactheid:
- abstracte begrippen als *aspecten*, *dimensies*;
- vage woorden als *mogelijk*, *kan*, *misschien*;

215

- onduidelijke uitdrukkingen als *een rol spelen*;
- grote woorden als *de samenleving, de cultuur*;
- onduidelijke kwantiteit zoals in *sommige, bepaalde, vaak*;
- stoplappen als *in eerste instantie*;
- onduidelijke verwijzingen: controleer altijd woorden als *deze, die, in dat opzicht* (zie ook paragraaf 8.4.5).

Tref je dergelijke begrippen aan in je tekst, dan moet je er wat mee doen: de tekst reviseren op deze dimensie. De meest voor de hand liggende oplossing is om de abstracte begrippen te concretiseren: vul in wie, wat, waar, hoe, hoeveel, hoe groot de kans is, in welke gevallen wel en niet, enzovoort. Lukt dat niet, dan geldt hetzelfde als bij stellingen waarvoor je geen onderbouwing kunt vinden: weg ermee. De wetenschap is niet gebaat bij vage taal.

9.3.3 Moeilijkheid

De stijl moeilijker maken	De stijl gemakkelijker maken
Korte zinnen samenvoegen tot lange zinnen.	Lange zinnen splitsen in twee of meer zinnen.
Ingewikkelde zinnen maken: tangconstructies en lange aanloop.	Ingewikkelde zinnen vereenvoudigen.
Eenvoudige woorden vervangen door moeilijke woorden.	Moeilijke woorden vervangen door eenvoudige woorden.
Veel vaktermen gebruiken.	Vaktermen vervangen door gewone woorden.
Veel ouderwetse woorden gebruiken (formeel).	Ouderwetse woorden vervangen door meer hedendaagse of alledaagse woorden.
Zorgen dat de structuur moeilijk zichtbaar is.	De structuur goed zichtbaar maken.
Vaag schrijven.	Helder schrijven.

Om te beginnen een kanttekening bij het eerste punt. Korte zinnen maken een tekst namelijk niet altijd gemakkelijk. Uit onderzoek naar de begrijpelijkheid van schoolboeken voor het vmbo komt naar voren dat leerlingen deze boeken moeilijk vinden, terwijl de zinslengte in die boeken uiterst beperkt is en moeilijke woorden ook zeldzaam zijn. Wat de teksten moeilijk blijkt te maken, is dat de verbanden tussen de zinnen niet worden geëxpliciteerd. Het zijn dus teksten met korte, los van elkaar staande zinnen. En dan kunnen lezers geen betekenis verlenen aan de informatie. Eenvoudig taalgebruik is dus zo simpel niet.

9.3 De stijl beoordelen en verbeteren

Vind je de derde zin hierboven aan de lange kant? Dan kun je hem splitsen. De oorspronkelijke zin:

> Uit onderzoek naar de begrijpelijkheid van schoolboeken voor het vmbo komt naar voren dat leerlingen deze boeken moeilijk vinden, terwijl de zinslengte in die boeken uiterst beperkt is en moeilijke woorden ook zeldzaam zijn.

wordt dan bijvoorbeeld:

> Er is onderzoek gedaan naar de begrijpelijkheid van schoolboeken voor het vmbo. Daaruit komt naar voren dat leerlingen deze boeken moeilijk vinden. Dat is opmerkelijk omdat de zinslengte in die boeken uiterst beperkt is en moeilijke woorden ook zeldzaam zijn.

Wil je de laatste zin nog gemakkelijker (zonder de niet-alledaagse woorden *opmerkelijk*, *uiterst beperkt* en *zeldzaam*)?

> Dat is opvallend omdat de zinnen in die boeken kort en de woorden makkelijk zijn.

Of:

> Dat is onverwacht, want de zinnen zijn kort. Ook staan er geen moeilijke woorden in.

Lange zinnen zijn ook niet per definitie moeilijk. Als een lange zin bestaat uit een opeenvolging van zinnetjes die gewoon achter elkaar door gelezen kunnen worden, is er geen probleem. Zo kunnen we de korte zinnen hierboven weer aan elkaar knopen zonder dat dat een bijzonder moeilijke zin oplevert:

> Er is onderzoek gedaan naar de begrijpelijkheid van schoolboeken voor het vmbo **en** daaruit komt naar voren dat leerlingen deze boeken moeilijk vinden, **wat** opmerkelijk is omdat de zinslengte in die boeken uiterst beperkt is en moeilijke woorden ook zeldzaam zijn.

Zinnen worden moeilijk als je niet achter elkaar door kunt lezen. Hieronder staan daarvan twee voorbeelden. Met dergelijke moeilijke zinnen moet je altijd voorzichtig zijn. Ze zijn namelijk niet alleen moeilijk voor de lezer, maar ook voor de schrijver, zoals blijkt uit onderstaande voorbeelden uit studentteksten. De zinsbouwfouten zijn vetgedrukt.

9 De tweede revisie: stijl en afwerking

> **Problemen** van sociale isolatie, afwijzing door leeftijdgenoten, eenzaamheid en vervreemding waar zeer hoogbegaafden door gekweld kunnen worden **komt** niet voort uit hun bekwaamheid, maar **is** een resultaat van de reactie van de samenleving op hen.

> Na drieëntwintig jaar een kinderloos huwelijk te hebben, **beloofde** Anna van Oostenrijk, de vrouw van Lodewijk XIII, aan God **dat** wanneer zij zwanger mocht worden, **een kerk** ter ere van Hem **te laten bouwen**.

Hoe los je dat op? In deze gevallen is het fout gegaan doordat twee zinsdelen die eigenlijk bij elkaar horen uit elkaar gedreven zijn door allerlei woorden die ertussen zijn gezet (een zogeheten tang- of klemconstructie). Daardoor overzie je de zin niet meer. De oplossing is tweeledig: zet de woorden die bij elkaar horen weer bij elkaar. Meestal zal dat ertoe leiden dat je de zin ook in tweeën (of zelfs drieën) moet knippen, bijvoorbeeld:

> Zeer hoogbegaafden kunnen gekweld worden door (problemen van) sociale isolatie, afwijzing door leeftijdgenoten, eenzaamheid en vervreemding. Deze problemen komen niet voort uit hun bekwaamheid, maar zijn een resultaat van de reactie van de samenleving op hen.

> Na drieëntwintig jaar een kinderloos huwelijk te hebben, deed Anna van Oostenrijk, de vrouw van Lodewijk XIII, een belofte aan God. Wanneer zij zwanger mocht worden, zou zij ter ere van Hem een kerk laten bouwen.

Ook op woordniveau kun je je stijl moeilijker en gemakkelijker maken. Snel geschreven eerste versies zijn meestal tamelijk eenvoudig. Dan kun je misschien kijken of je wat erg eenvoudige formuleringen moeilijker kunt maken. Je schreef bijvoorbeeld: *Doen alsof het slachtoffer gewoon helemaal niet bestaat*. Dat zou je iets moeilijker kunnen maken: *Het slachtoffer volstrekt negeren*. Op woordniveau raakt moeilijkheid heel erg aan afstandelijkheid, ofwel het verschil tussen spreektaal (makkelijke woorden) en schrijftaal (moeilijkere woorden).

Voor andere schrijvers is het weer nuttiger om de stijl op woordniveau juist gemakkelijker te maken. Een voorbeeld:

> Echter, sinds de jaren zeventig wordt er een steeds toenemende dominantie van de grassoort Brachypodium pinnatum geconstateerd.

Dit kan eenvoudiger, als je dat zou willen:

> Sinds de jaren zeventig komt de grassoort Brachypodium pinnatum steeds meer voor.

Of:

> Sinds de jaren zeventig wordt de grassoort Brachypodium pinnatum steeds dominanter.

Op internet en in de boekhandels zijn synoniemenwoordenboeken en woordenlijsten beschikbaar waar je meer inspiratie kunt opdoen als je moeilijker of gemakkelijker wilt schrijven. Zie daarvoor ook de informatie op de website onder de knop 'Verder lezen'.

9.3.4 Informatiedichtheid

De stijl breedvoeriger maken	De stijl bondiger maken
Parafrases, voorbeelden en vergelijkingen toevoegen.	Parafrases, voorbeelden en vergelijkingen schrappen.
Zin beginnen met lange aanloop.	Lange aanloop schrappen.
Stukjes herhalen.	Herhalingen schrappen.
Stoplappen toevoegen.	Stoplappen schrappen.
Van werkwoorden zelfstandige naamwoorden maken.	Nominalisaties terugbrengen tot werkwoorden.
Voorzetseluitdrukkingen gebruiken.	Voorzetsels gebruiken.
Verbanden expliciteren.	Grote stappen maken; gedachtesprongen maken.
Structuur in woorden zichtbaar maken.	Structuuraanduiders en overkoepelende zinnen schrappen.
Ouderwetse woorden en zinnen toevoegen.	Ouderwetse woorden en zinnen vervangen door meer hedendaagse of alledaagse.

Informatiedichtheid is een stijldimensie die vaak een natuurlijke schrijfneiging weerspiegelt: de ene schrijft heel bondig, de andere uitgebreider. Beide stijlen hebben zo hun risico's. Bondig schrijven is op zichzelf positief, want dan gaat er geen leestijd verloren, maar het kan de tekst ook onbegrijpelijk maken. Bijvoorbeeld als er gedachtesprongen in zitten, als er te weinig herhaling van tekst is of als uitleg over de structuur ontbreekt waardoor de lezer niet ziet hoe de tekst in elkaar zit. Dit laatste kwam al aan de orde als belangrijk 'raakvlak' tussen uiterlijke structuur en informatiedichtheid.

Gedachtesprongen zijn vaak moeilijk bij jezelf te ontdekken. De tussenstappen in de redenering zijn bij jezelf geautomatiseerd en onbewust geworden. Meestal heb je lezers nodig om je bewust te worden van een te bondige schrijfstijl; ze zullen de tekst vermoedelijk niet goed kunnen volgen. Wat je kunt doen is steeds nagaan of de ene zin automatisch volgt uit de andere, of dat er bepaalde zaken verondersteld worden die de samenhang logisch maken.

Zoals je aan de hier gebruikte woorden al kunt zien, raken gedachtesprongen ook aan inhoud (selectie) en structuur (samenhang tussen zinnen). Heb je wel eens commentaar gekregen dat iets te kort door de bocht was? Let op, dat lijkt misschien een stijlkwestie (te bondig schrijven) te zijn, maar vaker is het probleem dat er inhoud ontbreekt.

Een ander advies ter voorkoming van gedachtesprongen is al gegeven in eerdere hoofdstukken: schrijf ook in fase 2 en 3 al zo veel mogelijk op. Daarmee voorkom je dat je aan het einde van het onderzoek niet meer kunt terughalen welke redeneringen er allemaal achter zaten.

Breedvoerig taalgebruik kom je in studentteksten eigenlijk meer tegen dan te bondige formuleringen. Dat hoeft geen probleem te zijn, maar je kunt je wel afvragen of je je lezers met overbodige woorden moet 'lastigvallen'.

Een voorbeeld van herhaling:

> Daarentegen is een **algemeen kenmerk** van rurale gebieden in Afrika dat zij **getypeerd worden door** communaal landbezit.

Dat kan korter, bijvoorbeeld:

> Daarentegen worden rurale gebieden in Afrika gekenmerkt door communaal landbezit.

Of:

> Daarentegen is communaal landbezit kenmerkend (of: typerend) voor rurale gebieden in Afrika.

Een voorbeeld met overbodige woorden en een lange aanloop (in de tweede zin):

> Zo is een oma van mening dat haar kleindochter geen verkering dient te hebben met allochtonen. Het hierachter liggende idee heeft te maken met het feit dat oma denkt dat ...

Dat kan korter, bijvoorbeeld:

> Zo vindt oma dat haar kleindochter geen verkering mag hebben met allochtonen omdat ze denkt dat ...

9.3 De stijl beoordelen en verbeteren

Een gemakkelijke manier om de tekst bondiger te maken, is om voorzetseluitdrukkingen (bijvoorbeeld *ten aanzien van, met betrekking tot*) te vervangen door voorzetsels, bijvoorbeeld *voor* of *over*. Voorzetselketens leiden namelijk vaak tot overbodige woorden. Dit komt omdat er dan meestal sprake is van zogenoemde nominalisaties: van een werkwoord wordt een zelfstandig naamwoord gemaakt. Bijvoorbeeld: *uitvoeren – de uitvoering; onderzoeken – het onderzoek; verklaren – de verklaring*. Deze nominalisaties worden vrijwel altijd gevolgd door een voorzetsel: het werk uitvoeren – de uitvoering **van** het werk; de publieke opinie onderzoeken – het onderzoek **naar** de publieke opinie; de crisis verklaren – de verklaring **van** de crisis.

> ... waarbij de rechter de nodige vrijheid moet worden gelaten **bij** de beoordeling of de kosten **van** een alternatieve bestemming **voor** het betreffende gebied redelijkerwijs **voor** vergoeding **in** aanmerking komen.

Dat kan met minder voorzetsels, bijvoorbeeld:

> ... waarbij de rechter de nodige vrijheid moet krijgen om te beoordelen of er reden is om de kosten **van** een alternatieve bestemming **van** het betreffende gebied te vergoeden.

Een rechtendocent zal dan misschien zeggen dat dit geen juridisch sluitende herformulering is, maar het is de vraag hoe relevant dat is voor teksten die zelf geen wetgeving zijn, maar gaan over de rechtspraak.

Meer voorbeelden staan op de website (onder de knop 'Voorbeelden').

9.3.5 Aantrekkelijkheid/levendigheid

De stijl verlevendigen	De stijl droger maken
Verschillende zinstypen gebruiken.	Alleen volledige bewerende zinnen schrijven.
Zinnen splitsen en samenvoegen om de zinslengte te variëren.	Steeds even lange zinnen maken.
Opbouw van de zinnen variëren.	Standaardvolgorde gebruiken voor de zinsbouw.
Woordkeus variëren.	Steeds dezelfde woorden gebruiken.
Vergelijkingen, beeldspraak en voorbeelden toevoegen.	Vergelijkingen, beeldspraak en voorbeelden schrappen.

In het kort is levendig schrijven:
- gevarieerd schrijven: variëren in woordkeus, zinslengte en zinsbouw;
- je verhaal tot leven brengen: concreet schrijven, voorbeelden geven en schrijven over mensen.

Een tekst wordt droog als alle zinnen even lang zijn, steeds dezelfde woorden herhaald worden, alle zinnen dezelfde opbouw hebben en er geen levende ziel in de tekst te herkennen is.

Hoe het zit met de zinslengte kun je eenvoudig achterhalen door alle punten of beginwoorden van de zinnen te markeren in de tekst. Dan zie je het ritme van de tekst en kun je bekijken of het nodig is die puls eens te doorbreken door af en toe een zin in tweeën te knippen of twee (of meer) zinnen samen te voegen. Een voorbeeld waarbij steeds het begin van de zin vet is gedrukt:

> **De** miscommunicatie ontstaat dan doordat er een verkeerde betekenis wordt gegeven aan het gedrag van de ander. **Omdat** het gedrag geïnterpreteerd wordt vanuit je eigen normen, waarden en gebruiken. **Daarnaast** spreken mensen uit een andere cultuur dan de Nederlandse soms geen of niet goed Nederlands. **Het** taalprobleem dat dan ontstaat, kan ook tot miscommunicatie leiden. **Een** ander probleem op het gebied van verschillende culturen binnen de hulpverlening, is de doelstelling van de hulpverlening. **Deze** doelstelling is in Nederland dat een persoon geëmancipeerd moet zijn en moet beschikken over een individuele beslissingsvrijheid. **Deze** doelstelling past binnen onze liberale samenleving en dit maakt de doelstelling cultuurgebonden. **Hier** bedoel ik mee dat een reclasseringswerker bij een intercultureel contact bewust moet zijn van zijn eigen cultuur. **Een** reclasseringswerker moet zich ook bewust zijn van de verscheidenheid binnen andere culturen.

Je ziet nu de lengte van de zinnen: die is steeds iets meer dan een regel. Daar zou je dus iets meer variatie in kunnen aanbrengen.

In onderstaand fragment is erg weinig variatie in zinsopbouw en woordkeus en dat maakt de tekst nogal droog. De zinnen zijn steeds ongeveer op dezelfde manier opgebouwd (*In dit hoofdstuk zal ..., Vervolgens zal ..., Daarna zal ..., Uiteindelijk zal ...*). Ook zie je veel woordherhaling (vetgedrukt):

> Deze scriptie gaat over wat persoonlijke **bestuurdersaansprakelijkheid** inhoudt. In dit hoofdstuk worden de regels met betrekking tot **bestuurdersaansprakelijkheid** beschreven. In dit hoofdstuk zal eerst de aanleiding worden uitgelegd waarom men tot het fenomeen **bestuurdersaansprakelijkheid** is gekomen. Vervolgens zal aandacht worden besteed

aan waar **bestuurdersaansprakelijkheid** op is gebaseerd. Daarna zal het onderscheid dat er te maken is bij **bestuurdersaansprakelijkheid** aan bod komen. Uiteindelijk zal dan de vraag worden beantwoord wat persoonlijke **bestuurdersaansprakelijkheid** precies inhoudt.

Als je bang bent dat je een bepaald woord te veel gebruikt, kun je in Word dat woord opzoeken en zo zien hoe de spreiding is. Wat kun je doen tegen woordherhaling? Woordkeus variëren? Dat is een uitstekende optie voor 'gewone' woorden, maar gaat het over het onderwerp van je tekst (zoals in het voorbeeld hierboven) of een ander centraal begrip, dan moet je daar voorzichtig mee zijn. Bij exactheid zagen we hoe verwarrend het kan zijn als er steeds andere woorden worden gebruikt en de lezer daardoor niet weet of hetzelfde begrip bedoeld wordt. Trucjes hiervoor zijn:

- Als er toch een synoniem is, kun je dat de eerste keer opvoeren in combinatie met het andere woord: dan weet de lezer dat ze hetzelfde betekenen. Dat kan in het voorbeeld hierboven waarschijnlijk niet, maar waarschijnlijk wel bij iets als: *onderwijsstrategieën en -methodes, ofwel de onderwijsstijl, van de leerkracht.*
- Het woord vervangen door een verwijzing ernaar. Bijvoorbeeld: *waarom men tot **dat** fenomeen* ~~bestuurdersaansprakelijkheid~~ *is gekomen.*

Een vooruitblik op de structuur is een aardige oefening in taalvariatie. In feite vertel je namelijk in elke zin hetzelfde. Bekijk maar eens wat er in onderstaand fragment is gevarieerd op het thema *In hoofdstuk X geef ik ...*

> Hoofdstuk 2 geeft een schets van de communicatieve situatie, vooral van de kanalen waarlangs de voorlichting verloopt. In hoofdstuk 3 analyseer ik de kenmerken van ontvangers en boodschap, voor zover relevant in deze probleemsituatie. Met deze gegevens en een communicatiemodel kom ik in hoofdstuk 4 tot een soort normatieve beschrijving van de situatie: ik geef een beschrijving van wat een voorlichter zou moeten overwegen als hij een boodschap over minderhedenbeleid gaat opstellen. Een belangrijke overweging is dat de informatiestroom via de pers verloopt. Wat doen de Haagse dagbladen met de gemeentelijke persberichten? Het antwoord op die vraag is te vinden in hoofdstuk 5.
> In hoofdstuk 6 wordt bekeken in hoeverre de gemeenteberichten voldoen aan de in hoofdstuk 4 beschreven normen. De aanbevelingen die daar uit voortkomen alsmede de samenvatting van het geheel, vindt u in het laatste hoofdstuk.

Op de website bij dit boek (onder de knop 'Voorbeelden') staat precies beschreven welke varieertrucjes hier zijn toegepast ten opzichte van de basiszin *In hoofdstuk X geef ik ...*

De vraag (*Wat doen de Haagse dagbladen met de gemeentelijke persberichten?*) in bovenstaand fragment is een voorbeeld van variatie van zinstype. Ook een zogenoemde ellips, een onvolledige zin, is een variatie op de standaardzin, maar er zijn lezers die een onvolledige zin per definitie fout vinden. En dus afkeurenswaardig. Zoals de vorige en deze zin.

Naast variatie heb je voor verlevendiging van de stijl de optie om het verhaal 'tot leven te brengen'. Dat betekent verhalen vertellen over levende wezens, waardoor lezers zich beter kunnen **inleven** in een verschijnsel of probleem dat je beschrijft. Je kunt bijvoorbeeld in een scriptie over persoonlijke bestuurdersaansprakelijkheid het verhaal beschrijven van de welwillende voorzitter van de tekenclub die, nadat een van de leden er met de kas vandoor is gegaan, zijn huis uitgezet wordt omdat hij persoonlijk verantwoordelijk blijkt te zijn voor de financiën van de club. Deze optie is wel wat riskant in academische teksten; hij wordt door lang niet iedereen en in elk vakgebied op prijs gesteld (vergelijk paragraaf 9.1.5).

9.3.6 Afstandelijkheid

De toon formeler maken	De toon informeler maken
Ouderwetse woorden en zinsconstructies gebruiken.	Hedendaagse taal gebruiken.
Weinig persoonlijks opvoeren.	Personen opvoeren of aanspreken.
Veel passieve zinnen gebruiken.	Veel actieve zinnen gebruiken.
Moeilijk schrijven.	Gemakkelijk schrijven.

Als mensen schrijven, gebruiken ze over het algemeen formelere taal dan wanneer ze spreken. Dit onderscheid is in de loop der jaren wel minder scherp geworden. Tegenwoordig wordt er veel meer in informele settings geschreven, bijvoorbeeld via e-mail, sms, chat of Twitter. Bij academische teksten wordt echter een andere, meer afstandelijke, toon verwacht dan die van een berichtje op een blog. En wat is die schrijftaal dan? Die is iets ouderwetser, iets moeilijker vaak ook, dan de taal die we met elkaar spreken. Bijvoorbeeld:

> Institutionalisering **verwijst naar** een proces waarin waarden, normen en sociale handelingen **neerslaan** in instituties. Instituties **vormen** een vast, collectief patroon van regels en hulpbronnen **volgens welke** actoren bepaald **gedrag vertonen en handelingen verrichten** omdat het zo hoort. Deze collectieve patronen **oefenen een zekere dwang uit op de actoren** in het instituut.

Het is bij academische schrijfopdrachten vaak de kunst om precies de goede toon te treffen; om het juiste register te gebruiken. Er zijn lezers die de alinea hierboven te formeel vinden. Het kan inderdaad minder formeel (en dan wordt de alinea bijna vanzelf korter):

> Institutionalisering is een proces waarin waarden, normen en sociale handelingen neerslaan in instituties. Instituties hebben een vast patroon van regels en hulpbronnen en iedereen in die institutie voelt zich gedwongen daarnaar te handelen.

Deze versie zal echter ook niet iedereen bevallen. Sommige lezers zullen de formulering te informeel vinden.

Zoals gezegd levert deze dimensie de meest felle reacties op. Wel kun je ervan uitgaan dat de meeste docenten niet graag 'populaire taal' zien in essays en scripties. Controleer je tekst daarom altijd op:

- Heel uitgesproken oordelen of zogenaamd gekleurd taalgebruik, bijvoorbeeld: *Kunnen we nu zonder boete of schadevergoeding de lucht blijven vervuilen en vuile stoffen blijven lozen? Er moet een manier komen om te voorkomen dat niet zomaar olie in zee gestort wordt, want ...*
- Persoonlijke (subjectieve) uitspraken, bijvoorbeeld: *Ik vind die hele rechtbank niks.*
- Modieuze (trendy) taal, bijvoorbeeld: *Taal is zeg maar echt mijn ding* (naar de titel van het lezenswaardige boekje van Paulien Cornelisse over hedendaags taalgebruik).
- Spreektaal, bijvoorbeeld: *Enfin, dat doet er niet echt toe.*

9.3.7 En soms komt alles samen

In onderstaand fragment zien we hoe de stijldimensies op elkaar ingrijpen. De taal is afstandelijk, abstract (vaag) en daardoor breedvoerig: het lijken vooral woorden en weinig inhoud. Herken je die tekstkenmerken inmiddels?

> Veranderingen in landgebruik in droge gebieden lopen van een traditioneel patroon naar een gedeeltelijke modernisering. Hierbij zijn twee invalshoeken te onderscheiden. Op de eerste plaats moet er gewezen worden op de grote diversiteit van plattelandseconomieën waarin bepaalde vormen van landgebruik plaatsvinden. Ten tweede kunnen processen van veranderingen in landgebruik vanuit verschillende vragen worden beschreven.

9.4 Algemene herschrijftips

Herschrijven wordt echt leuk als je je steeds kunt concentreren op specifieke fragmentjes of dimensies. Herschrijven op stijl kan ook weer in verschillende rondes. Bijvoorbeeld een ronde overbodige woordjes schrappen, een ronde zinslengte variëren (splitsen en samenvoegen) of een ronde 'upgraden' met dure woorden. Voordeel van zo'n werkwijze: het is heel overzichtelijk, je kunt je optimaal concentreren op dat ene aspect en dat werkt altijd bijzonder efficiënt!

Ten slotte nog een aantal tips en wetenswaardigheden over het verbeteren van de stijl:
- Wat je wilt zeggen kan altijd op duizend en één manieren verwoord worden. Als je niet tevreden bent met een zin of alinea: gewoon herschrijven!
- Gewoon herschrijven is: de tekst wegleggen en voor jezelf (al dan niet hardop) formuleren wat je nu eigenlijk wilt zeggen. Dit wordt wel de **wiebi**strategie genoemd: **w**at **i**k **e**igenlijk **b**edoel, **is** ...
- Gewoon herschrijven kan ook zijn: een willekeurig zinsdeel uit de zin pakken en daarmee de zin beginnen. Dan kom je gegarandeerd op andere formuleringen.

Een voorbeeld met een zin die uit dit boek zou kunnen komen: *Daarom heb ik ervoor gekozen deze stijldimensies hieronder summier te bespreken.* Als je een ander woord uit de zin pakt en daarmee begint, krijg je andere (betere en minder goede) zinnen om uit te kiezen:

> **Ik** ... heb er daarom voor gekozen deze stijldimensies hieronder summier te bespreken.
> **Er** is **voor** gekozen deze stijldimensies hieronder summier te bespreken.
> **Gekozen** is om deze stijldimensies hieronder summier te bespreken.
> **Deze stijldimensies** ... worden daarom hieronder summier besproken.
> **Hieronder** ... bespreek ik daarom deze stijldimensies summier.
> **Summier** worden daarom deze stijldimensies hieronder besproken.
> **Bespreking** van deze stijldimensies is daarom hieronder slechts summier.

En dan is hier alleen nog maar met zinsdelen geschoven. Je kunt natuurlijk ook overal andere woorden voor kiezen.
- Oefening baart kunst; hoe meer je herschrijft, hoe handiger je ermee wordt.
- Vraag feedback op je schrijfstijl! Soms komt je tekst heel anders over dan je denkt. Ook kunnen meelezers je helpen om grenzen te bepalen.

Voorbeelden van hulp bij begrenzingen zijn opmerkingen als:

> Dit vind ik toch wel heel spreektalig.
> Nu ben je volgens mij vooral gewichtig aan het doen.
> Ik heb het gevoel dat ik me de hele tijd door een woordenbrij heen moet worstelen.
> Ik moet bijna al je zinnen twee keer lezen voordat ik ze begrijp.
> Ik vind je tekst een beetje 'hakkerig', want alle zinnen zijn even lang.
> Al die herhalingen maken je tekst een beetje saai.
> Er mag wel wat meer 'lucht' in.
> Je schrijft nu wel heel erg bondig.

Positieve feedback kan je natuurlijk ook heel erg helpen. Bijvoorbeeld als iemand zegt of schrijft: helemaal helder, dit leest vlot, prettig geschreven, enzovoort.
- Maak er geen strijd van als je feedback krijgt. Wees blij met de spiegel die je voorgehouden wordt en neem die mening serieus. Dan nog kun je beslissen dat je blijft bij de stijl die je gekozen hebt, maar dat is dan een statement: je gaat in tegen de wens van die lezer.

9.5 Afwerking van de tekst

Als je de voorgaande stappen allemaal doorlopen hebt, zijn inhoud, structuur en stijl hopelijk geworden zoals je denkt dat ze moeten worden. Wat er ter afronding nog moet gebeuren, is de tekst afwerken. Daarbij zijn vier aspecten te onderscheiden: taalgebruik, lay-out, literatuurverwijzingen en titelbeschrijvingen en de laatste onderdelen.

9.5.1 Taalgebruik

Natuurlijk draait de hele stijlrevisie ook om taalgebruik, maar we hebben het nog niet gehad over correct taalgebruik: een tekst zonder fouten. Dat is natuurlijk geen specifiek aspect van academisch schrijven (daarom komt het ook nu pas aan de orde), maar een tekst vol fouten is storend voor een lezer. Bovendien is het erg slecht voor je imago als schrijver. Onderschat niet hoe belangrijk verzorgde taal en verzorgde vormgeving is voor het oordeel. Of de docent wil of niet, hij zal ongemerkt de inhoud lager inschatten als de tekst vol fouten staat en er slordig uitziet. Dus voordat je een tekst inlevert:
- Lees hem altijd goed door; bij voorkeur (ook) vanaf een print en niet (alleen) vanaf je computerscherm.
- Als je regelmatig fouten maakt in je zinnen, lees de tekst dan een keer hardop voor. Iedere keer weer blijken schrijvers dan feilloos te horen en te zien waar de zinnen spaak lopen of waar iets 'gek' geformuleerd is.

- Twijfel je aan de juiste schrijfwijze, zoek het dan op. Schrijf je in het Nederlands, dan kun je daarvoor terecht in de onvolprezen *Schrijfwijzer* van Jan Renkema of in de *Vraagbaak Nederlands* van Eric Tiggeler (2005). Er zijn ook veel goede websites waar je gemakkelijk antwoord vindt op je vragen. Meer informatie vind je in de literatuurlijst en op de website bij dit boek (onder de knop 'Verder lezen').
- Kom je er niet helemaal achter hoe het moet: formuleer de tekst dan anders. Probeer eens andere woorden of zinsconstructies.
- Als je echt moeite hebt met grammatica en spelling, laat dan je tekst altijd nalezen door iemand die daar wel goed in is. In elke universiteitsstad zijn mensen die dat tegen betaling doen, maar je kunt natuurlijk ook in je eigen vrienden- en kennissenkring kijken.

9.5.2 Lay-out

Het belangrijkste van de lay-out is dat deze de conventies volgt die gelden voor jouw vakgebied en voor jouw soort schrijfopdracht. Kijk dus hoe de lay-out van een voorbeeldtekst is. Daarnaast moet de lay-out consequent worden toegepast. Om dit te controleren is het vaak nodig om een printje te maken. Let vooral op:
- consequent gebruik van cursief, vet, aanhalingstekens (enkel/dubbel, recht/gekruld) en dergelijke;
- de lay-out van kopjes;
- de lay-out van figuren en tabellen: moet dat volgens een bepaald systeem, bijvoorbeeld APA?;
- de nummering van hoofdstukken en paragrafen;
- het gebruik van witregels en inspringen;
- de opsommingen (pas op: Word doet veel uit zichzelf).

9.5.3 Literatuurverwijzingen en titelbeschrijvingen

In academische teksten is het van groot belang om titels en literatuurverwijzingen strikt volgens de regels weer te geven. Dat is vooral een kwestie van:
- weten welk systeem je moet gebruiken: APA, MLA, Chicago, Vancouver, Leidraad voor juridische auteurs, eigen regels van de opleiding of regels van een tijdschrift?
- de regels nauwkeurig bestuderen; let er bijvoorbeeld op dat een bronvermelding in een noot anders kan zijn dan die in de tekst en de literatuurlijst;
- heel precies doen wat in de aanwijzingen staat;
- je werk vergelijken met dat van een medestudent;
- advies inwinnen bij een medewerker van de universiteitsbibliotheek of een docent als je er niet uitkomt.

9.5.4 Laatste onderdelen

Bekijk tot slot goed wat er nog meer nodig is (zie daarvoor de richtlijnen van je opleiding en voorbeeldteksten). Denk dan bijvoorbeeld aan:
- inhoudsopgave;
- voorblad (Wat hoort daarop te staan? Mooie afbeelding nodig?);
- voorwoord;
- paginanummers;
- register;
- literatuurlijst/bibliografie/referenties;
- bijlagen.

Ter afsluiting van fase 4

Inleiding

De belangrijkste stappen onderweg naar een essay of scriptie zijn in de voorgaande hoofdstukken beschreven, uitgelegd en geïllustreerd. Als je de stappen volgt, heb je grote kans een goed stuk te schrijven. Maar zoals al in de inleiding van dit boek staat: de praktijk is soms onvoorspelbaar en weerbarstig en academische schrijfprocessen verlopen niet altijd netjes volgens de beschreven stappen. De bedoeling van dit boek is om handreikingen en inzichten te bieden die je ook kunt gebruiken wanneer het schrijfproces anders loopt dan verwacht. In dit slot daarom nog een aantal voorbeelden van wat je kunt doen bij tegenslag of negatieve feedback.

Terugkijken

Als er iets niet goed verloopt of is verlopen bij het werken aan een academische schrijfopdracht, moet je proberen te verklaren waardoor het mis is gegaan. Daarvoor kijk je terug naar de dingen die je gedaan hebt. Dat kan in kleine stappen gaan of juist in grote stappen. Een paar voorbeelden.

1 Lukt het niet om een hoofdvraag op te splitsen in deelvragen (vergelijk hoofdstuk 3 en paragraaf 5.4), dan is natuurlijk de eerste vraag: heb je nauwkeurig de instructies van de relevante paragrafen in dit boek bestudeerd en uitgevoerd? Heb je dat gedaan, dan kijk je in eerste instantie terug naar het onderwerp en de hoofdvraag. Bijvoorbeeld:
   - Is het onderwerp voldoende afgebakend?
   - Is het onderwerp helder geformuleerd?
   - Is er sprake van slechts één hoofdvraag?
   - Is duidelijk wat voor soort vraag de hoofdvraag is?

Hierbij gaat het om relatief kleine stappen.

2 Lukt het niet om te bepalen hoe groot of klein het onderwerp kan zijn, dan kijk je iets verder terug, namelijk naar de oriëntatiefase. Is duidelijk hoeveel tijd je kunt besteden aan de opdracht?
   Vervolgens kijk je weer vooruit: wat moet je allemaal doen om de beoogde vraag over dat onderwerp te beantwoorden en hoeveel tijd heb je daarvoor nodig? Dit vergelijk je met de tijd die er staat voor de opdracht.

3 Loop je tijdens het schrijven vast op de structuur van de tekst (paragraaf 8.3), dan kom je uiteindelijk misschien ook wel uit bij het begin van het proces. Terugkijken kan je weer door het hele boek voeren:
- Heb je een tekstplan gemaakt (hoofdstuk 7)?
- Heb je alle gegevens voldoende geanalyseerd (hoofdstuk 6)?
- Heb je een kloppende inhoudsopgave (hoofdstuk 4)?
- Heb je een heldere hoofdvraag en bijpassende deelvragen (hoofdstuk 2, 3 en 5)?
- Heb je een goed beeld van het soort tekst dat je moet schrijven (hoofdstuk 1)?

Kortom: als je ergens vastloopt, kijk dan terug, controleer of alle voorgaande stappen goed zijn uitgevoerd en probeer vervolgens het mankement te verhelpen. Je kunt daarbij steeds weer gebruikmaken van de informatie in dit boek en op de bijbehorende website.

Feedback verwerken

Ook feedback kan je hoofdbrekens bezorgen: wat bedoelen de meelezers, docenten of begeleiders, en hoe kun je gesignaleerde problemen oplossen? In principe probeer je ook hier eerst verklaringen te zoeken. Ook hiervan een aantal voorbeelden.

1 'Er zitten "losse flodders" in je tekst.'
   a Hangt iets er los bij doordat het er niet bij hoort, dan is er een inhoudsprobleem. Oplossingen voor inhoudsproblemen zijn: inhoud veranderen, toevoegen of weglaten (vergelijk paragraaf 8.2). Als de stukken informatie inhoudelijk niet thuishoren in het verhaal: de losse flodder schrappen (kill your darlings).
   b Hangt iets er los bij doordat het verband met de rest niet is aangegeven, dan heb je een probleem met de uiterlijke structuur. Oplossingen kun je zoeken in de middelen om uiterlijke structuur zichtbaar te maken (paragraaf 8.4). In dit geval bijvoorbeeld een toelichting op de structuur of een overkoepelende kernzin inlassen.

2 'Je spreekt jezelf tegen.'
   a Spreek je jezelf tegen doordat je niet weet wat je ervan vindt, dan heb je een inhoudelijk probleem. De oplossing is: denk nog eens na over het punt of zoek extra informatie: wat vind je er eigenlijk van (paragraaf 8.2.2, stap 6)?
   b Spreek je jezelf tegen doordat je niet precies beschrijft wat je bedoelt, dan heb je een formuleringsprobleem. Scherp dan je formulering aan;

waarschijnlijk is het een kwestie van de stijldimensie exactheid (paragraaf 9.1.2).

3 'Je onderbouwt je standpunten niet goed' (paragraaf 8.2.2).
   a   Zijn je standpunten onvoldoende onderbouwd doordat je geen argumenten geeft? Voeg dan argumenten toe.
   b   Zijn je standpunten onvoldoende onderbouwd doordat de argumenten niet precies passen bij de conclusie? Bedenk dan een beter argument.
   c   Zijn je standpunten onvoldoende onderbouwd doordat de argumenten zelf weer onderbouwd moeten worden? Geef dan nog een argument of voorbeeld bij de argumenten.

4 'Ik raakte halverwege de tweede bladzijde de draad kwijt.'
   a   Misschien verandert het onderwerp of thema van de tekst opeens? Controleer dat: wat is het thema van de eerste anderhalve bladzijde, wat is het thema van het stukje waar de lezer struikelde? Is dat niet hetzelfde, dan is het goed om het nieuwe thema even aan te kondigen voor de lezer (paragraaf 8.3.1).
   b   De verwarring kan ook zijn veroorzaakt doordat je een stukje tekst uit de literatuur hebt ingevoegd zonder het echt goed in je verhaal in te passen. Dan moet je dat even introduceren. Of schrappen als je ontdekt dat het er eigenlijk niet in thuishoort (paragraaf 8.2.1, stap 4).
   c   Er kan ook iets totaal anders aan de hand zijn, bijvoorbeeld dat de zin te lang is. Dan kun je het lezersprobleem oplossen door de zin in tweeën te knippen (paragraaf 9.3.3).

Tot slot nog twee soorten negatieve feedback van docenten die niet altijd gemakkelijk te begrijpen zijn: *onvoldoende academisch (niveau)* en *te beschrijvend* of *te oppervlakkig*.

5 'De tekst is niet academisch genoeg / heeft te weinig academisch niveau.'
   Feedback van dit type kan verwijzen naar verschillende aspecten van de opdracht: de inhoud, structuur, stijl en/of afwerking van de tekst. Dergelijke kritiek kan dus verwijzen naar alles wat in dit boek aan de orde is geweest. Voorbeelden daarvan zijn:
   a   Inhoud:
       - onvoldoende gerelateerd aan de theorieën van je vakgebied (paragraaf 2.5 en 5.2.2);
       - te weinig gebaseerd op wetenschappelijke artikelen (bronnen van 'onvoldoende niveau') (paragraaf 1.3.4, 6.1.1 en 6.2.2);
       - te weinig kritische verwerking van bronnen (onvoldoende ter discussie gesteld, klakkeloos overgenomen) (paragraaf 6.1.2 en 6.2.2);

- aanvechtbare redeneringen (uitspraken onvoldoende onderbouwd met argumenten) (paragraaf 8.2.2);
- te weinig aandacht voor verschillende gezichtspunten (eenzijdige behandeling van onderwerpen) (paragraaf 2.4.2, 2.9 en 8.2.2).

b Structuur:
- niet volgens de conventies van het vakgebied (paragraaf 1.4.3 en 4.1);
- rommelig (meerdere thema's per alinea, thema's verspreid over de tekst besproken) (paragraaf 8.3.1);
- onduidelijke structuur (te veel irrelevante uitweidingen, te weinig structuuraanduidende inleidingen, kernzinnen, enzovoort) (paragraaf 8.4).

c Stijl:
- te veel spreektaal (paragraaf 9.1.6);
- te vage formuleringen (paragraaf 9.1.2).

d Afwerking:
- verwijzing naar bronnen en dergelijke niet volgens de in het vakgebied geldende conventies (paragraaf 9.5.3).

Als je een opmerking krijgt over het academisch niveau, kun je dit overzichtje gebruiken om na te gaan welk aspect bedoeld kan zijn. Je kunt aan de docent vragen waar zijn kritiek betrekking op heeft. Ligt dat wat moeilijk, zoek dan iemand anders, bijvoorbeeld een medestudent of een tutor op een schrijfcentrum met wie je kunt uitzoeken wat er mis is met je tekst. En tot slot: als je de aanwijzingen in dit boek volgt, verhoog je de kans dat je werk van voldoende niveau zal zijn.

6 Andere negatieve kwalificaties die je in feedback kunt tegenkomen, zijn: *te beschrijvend, te weinig analyse, te oppervlakkig* of *te weinig diepgang*. Dit wordt vaak gezegd als de tekst een aaneenschakeling van citaten is (de omgevallen boekenkast). Anders gezegd: bij teksten die niet veel meer doen dan teksten van anderen samenvatten. De belangrijkste tip om dit te voorkomen, is: bedenk een goede vraag (probleemstelling) waarop de informatie uit de teksten een antwoord moet geven en beschrijf dan in welke mate de informatie bijdraagt aan beantwoording van die vraag. Zie daarvoor de aanwijzingen in paragraaf 2.6, 3.1, 5.1, 6.1 en 6.2.2.

Motto

Dit boek is natuurlijk bedoeld om je te behoeden voor 'fouten', maar er kan altijd iets misgaan: waar gehakt wordt, vallen immers spaanders. Hopelijk heeft het boek je dan geholpen aan genoeg inzicht in de deelprocessen bij academisch schrijven om te beredeneren waar en waardoor het fout is gegaan en hoe je het op kunt lossen.

Kom je er met dit boek alleen niet uit, denk dan aan het motto van het schrijfcentrum van de Universiteit van Tilburg: *Schrijven doe je niet alleen*. Vrijwel niemand vindt academisch schrijven eenvoudig en iedereen heeft wel eens hulp of meelezers nodig. Geneer je dus niet om je vragen voor te leggen aan docenten, begeleiders, meelezers of meedenkers.

Verder lezen

Hieronder vind je nog een aantal titels van boeken die aanvullende informatie geven. Het is een zeer beperkte selectie uit een enorme verzameling goede en minder goede handboeken over schrijven. De hier genoemde werken kunnen nuttig zijn voor aspecten van het schrijven die in dit boek minder uitgebreid aan de orde komen. Op de website bij dit boek vind je onder de knop 'Verder lezen' ook sites die nuttige tips en informatie geven. Ook vind je daar websites in en voor het Engels.

Algemeen

Er zijn goede handboeken over mondeling en/of schriftelijk communiceren in het algemeen, bijvoorbeeld:

- Jansen, C., Steehouder, M. & Gijsen, M. (red.) (2004). *Professioneel communiceren. Taal- en communicatiegids.* Groningen/Houten: Martinus Nijhoff.
- Nederhoed, P. (1985). *Helder rapporteren. Een handleiding voor het schrijven van rapporten, scripties, nota's en artikelen in wetenschap en techniek* (2e druk) Deventer: Van Loghum Slaterus.
- Steehouder, M. e.a. (1999). *Leren communiceren. Handboek voor mondelinge en schriftelijke communicatie* (4e geheel herziene druk) Groningen: Wolters-Noordhoff.

Algemene scriptieboeken

Daarnaast zijn er scriptiehandboeken die voor specifieke vakgebieden bedoeld zijn, zoals:

- Gerritsen, S. (2006). *Schrijfgids voor economen.* Bussum: Coutinho.
- Soudijn, K. (1991). *Scripties schrijven in de sociale wetenschappen.* Houten/Antwerpen: Bohn Stafleu Van Loghum.

Over fase 1: Oriënteren op de opdracht

Over deze fase is verder niet zo veel geschreven. Misschien is het boek van Miranda & Wardenaar verhelderend als je je afvraagt wat voor soort problemen er kunnen zijn bij het schrijven van scripties. Dit boek gaat ook in op bijvoorbeeld psychologische struikelblokken en omgaan met een begeleider.

- Miranda, M.J.A. & Wardenaar, E. (1983). *Scriptieproblemen.* Utrecht: Het Spectrum.

Over fase 2: Een plan maken
Er zijn meer boeken over het maken van een onderzoeksplan. Let op dat daarin termen net even anders gebruikt kunnen worden als in dit boek.

- Kuypers, G. (1986). *ABC van een onderzoeksopzet*. Muiderberg: Coutinho.
- Oost, H. & Markenhof, A. (2002). *Een onderzoek voorbereiden*. Baarn: HBUitgevers.
- Transcript (1993). *Een onderzoeksplan schrijven*. Bussum: Coutinho.
- Verschuren, P.J.M. (1988). *De probleemstelling voor een onderzoek*. Utrecht: Het Spectrum.

Over fase 3: Het onderzoek uitvoeren
Zoals ook is aangegeven in hoofdstuk 6 is het uitvoeren van het onderzoek vooral een vakinhoudelijke kwestie. Voor meer informatie hierover kun je het beste je eigen docenten raadplegen. Zij kunnen je vast adviseren over boeken die goed bruikbaar zijn als gids bij de uitvoering van onderzoek. Zo wordt in de sociale wetenschappen veel gewerkt met de boeken van Baarda (met of zonder De Goede) en wordt 'De Buck' veel gebruikt bij geschiedenis.

Over fase 4: De tekst schrijven
Schrijf je in het Engels in de sociaalwetenschappelijke traditie, dan kan het nieuwe boek van Glasman-Deal heel handig voor je zijn. Elk hoofdstuk gaat over een bepaalde sectie van een onderzoeksartikel: inleiding, methode, resultaten, discussie en abstract. Het boek gaat daarbij in op het doel en de functie(s) van zo'n sectie en de structuur (vrij gedetailleerd: per zin wordt de functie beschreven). Verder bevat het boek grammaticale lessen en – erg handig – een lijst met typische woorden per onderdeel van de sectie:

- Glasman-Deal, H. (2009). *Science Research Writing for non-native speakers of English*. Londen: Imperial College Press.

De boeken die hierboven onder 'algemeen' staan, gaan alle in op het schrijven van de tekst maar er zijn ook boeken die specifiek gaan over stijl- en taalkwesties. De *Schrijfwijzer* van Renkema wordt algemeen beschouwd als de bijbel voor taalkwesties. Het boek van Hermans bevat veel oefeningen om alinea's en zinnen eenvoudiger, actiever en bondiger te maken. Het 'leukste' boek is dat van Burger en De Jong over aantrekkelijk schrijven; het is een heerlijk leesboek met enorm veel spannende en aantrekkelijke voorbeelden. In Van Steen vind je het structuursysteem van thema's en vragen uitgelegd. En de boekjes van Tiggelaar zijn, zoals de titel al duidelijk maakt, een vraagbaak voor allerlei kwesties op het gebied van de Nederlandse taal. Op de website vind je ook links naar websites waar je antwoorden kunt vinden op taalvragen.

- Burger, P. & Jong, J. de (1997). *Handboek Stijl. Adviezen voor aantrekkelijk schrijven*. Groningen: Martinus Nijhoff.
- Hermans, M. (2000). *Schrijven met effect. Stijlcursus doeltreffend formuleren*. Bussum: Coutinho.
- Renkema, J. (1997). *Schrijfwijzer*. Den Haag: Sdu Uitgevers.
- Steen, P. van (1987). *Rapporteren in organisaties. Leer- en oefenboek voor het schrijven en begrijpen van rapporten*. Groningen: Wolters-Noordhoff.
- Tiggeler, E. (2005). *Vraagbaak Nederlands. Van spelling tot stijl: snel een helder antwoord op praktijkvragen over taal*. Den Haag: Sdu Uitgevers.

Literatuur

Burger, P. & Jong, J. de (1997). *Handboek Stijl. Adviezen voor aantrekkelijk schrijven.* Groningen: Martinus Nijhoff.

Draaisma, D. (2006). *Ontregelde geesten. Ziektegeschiedenissen.* Groningen: Historische Uitgeverij.

Jansen, H.P.H. (1978). *Geschiedenis van de Middeleeuwen.* Utrecht/Antwerpen: Uitgeverij Het Spectrum.

Nederhoed, P. (1985). *Helder rapporteren. Een handleiding voor het schrijven van rapporten, scripties, nota's en artikelen in wetenschap en techniek* (2e druk). Deventer: Van Loghum Slaterus.

Oost, H. (1999). *De kwaliteit van probleemstellingen in dissertaties. Een evaluatie van de wijze waarop de vormtechnische aspecten van probleemstellingen worden uitgewerkt* (Proefschrift). Utrecht: Universiteit Utrecht.

Oost, H. & Jong, J. de (1997). *Scripties en verslagen ontwerpen. Syllabus tweede versie.* Utrecht: Universiteit Utrecht (IVLOS).

Oost, H. & Markenhof, A. (2002). *Een onderzoek voorbereiden.* Baarn: HBUitgevers.

Renkema, J. (1997). *Schrijfwijzer.* Den Haag: Sdu Uitgevers.

Steehouder, M. e.a. (1999). *Leren communiceren. Handboek voor mondelinge en schriftelijke communicatie.* (4e geheel herziene druk) Groningen: Wolters-Noordhoff.

Steen, P. van (1987). *Rapporteren in organisaties. Leer- en oefenboek voor het schrijven en begrijpen van rapporten.* Groningen: Wolters-Noordhoff.

Tiggeler, E. (2005). *Vraagbaak Nederlands. Van spelling tot stijl: snel een helder antwoord op praktijkvragen over taal.* Den Haag: Sdu Uitgevers.

Transcript (1993). *Een onderzoeksplan schrijven.* Bussum: Coutinho.

Universiteit van Amsterdam (2008). *Scriptiehandleiding Communicatiewetenschap.* Amsterdam: Universiteit van Amsterdam. (Te vinden via: www.uva.nl.)

Verschuren, P.J.M. (1988). *De probleemstelling voor een onderzoek.* Utrecht: Het Spectrum.

Welters, R. (2005). *Volmondig pogen en analytisch associëren. Over het schrijven van een essay.* Nijmegen: Radboud Universiteit Nijmegen. (Te vinden via: www.ru.nl.)

Websites

www.educatie-en-school.infonu.nl (geraadpleegd: november 2009)
www.ru.nl (geraadpleegd: oktober 2009)
www.rug.nl/noordster (geraadpleegd: oktober 2009)
www.schrijvenonline.org/forum-onderwerp/3036 (geraadpleegd: november 2009)
www.uva.nl (geraadpleegd: november 2009)
www.wikipedia.nl (geraadpleegd: oktober 2009)

Register

aanlevering teksten 26-27
aansluiting open/gesloten vraag en antwoord 64-65
aansluiting vraag-aanbod 61
aantrekkelijkheid 208-209, 211, 221-224
aanvechtbare uitspraken 181
aanvullende bronnen 132
academische schrijfopdracht 39
academische smaakverschillen 204-205
academische teksten 23-24, 205-210
- aantrekkelijkheid 208-209, 211, 221-224
- afstandelijkheid 209-210, 211, 224-225
- exactheid 205-206, 210, 213-216
- functie 24
- informatiedichtheid 207-208, 210, 219-221
- inhoud 23
- kenmerken 23-24
- moeilijkheid 206-207, 210, 216-219
- publiek 24
- tekstkenmerken 24

adviseren 56
afbakenen onderwerp 47-50, 106, 107-112
afkoelen 176
afstandelijkheid 209-210, 211, 224-225
afwerking tekst 227-229
alarmwoorden 214
algemene schrijftips 226-227
analyseren 84
antwoord 59-65, 166
- formuleren 59-65
- formuleren (stappenplan) 60-65
- beschrijven 166
- uitwerken 166

argumentatie 135, 180-184
- beoordelen 181-183
- beschrijven 135, 181
- reviseren 180-184
- reviseren (stappenplan) 180-184
- verbeteren 183-184

bachelorscriptie 14, 28
begeleiding 26, 29, 30
begin van de vraag formuleren 59, 114-115
begrippen concretiseren 86-87
begrippen markeren 86
belangrijkste vragen 164-165
beoordeling 26-27
beschrijving 55, 57-58, 73, 113, 115, 116-117
betoog 14, 105
bronnen 86, 87, 131-132, 232-233

competentie 27
complexe vragen uiteenrafelen 120-121
conceptversie 33-34
conclusie 61, 157-158
consensus 204-205
controlevragen 65, 135, 178, 181-182, 185, 187, 191, 195, 199
- aanvechtbare uitspraken 181
- argumenten 182
- beoordeling inhoud 178
- beoordeling samenhang 185
- rangorde 187
- totaalbeeld 181

cyclisch proces 41-42

deelverzameling kiezen 47-48, 52, 108
deelvragen 71-91, 97-98
- criteria 72
- voor een vergelijking 88
- concretiseren 85-90
- concretiseren (stappenplan) 86-90

239

definiëring 55-56, 74-75, 89, 113, 115, 118
domein en variabelen 62-64
doorschrijven 168-171
- stappenplan 170-171

eerste revisie 173-200
eerste versie 102, 151-171
empirisch onderzoek 30, 141-142
empirisch vooronderzoek 137-138
empirische gegevens analyseren en interpreteren 142
empirische gegevens verzamelen, ordenen en vastleggen 142
essay 14, 21-23, 105
- definitie 21-22
evaluatie 56, 75-76, 89, 114, 115, 119
exactheid 205-206, 210, 213-216

factor 84
feedback 102, 180, 200, 231-233
functie van de theorie 97

globale beoordeling 176
grote schrijfopdracht 14, 28, 39, 112
- plan 39
- proceseisen 28

hoofdonderzoek 137-138
hoofdstukindeling 41, 95-98
- stappenplan 96-98
hoofdthema 164
hoofdvraag 72-73
- formuleren 106, 112-116
- formuleren (stappenplan) 54-59, 113-116

IMRD-model 96-97
inconsistente terminologie 215
informatie 131-135, 177-180
- analyseren en interpreteren 133-135
- analyseren en interpreteren (stappenplan) 133-135

- beoordelen 177-178
- beschrijven 177
- reviseren 177-180
- reviseren (stappenplan) 177-180
- verbeteren 179-180
- verzamelen en ordenen 131-133
- verzamelen en ordenen (stappenplan) 131-133
informatiedichtheid 207-208, 210, 219-221
ingeperkt onderwerp invullen 59, 115-116
ingevuld schema 101
inhoud reviseren 177-184
inhoudelijke aansluiting controleren 62-64
inhoudelijke controle 101
inhoudsopgave 95, 152-155
inleiding 190-192
inperken onderwerp 41, 50, 108
invalshoek zoeken 108-109
inventariseren 131-132, 152
invloed 84

kernen op voorkeursplaatsen 193-195
kleine schrijfopdracht 14, 27-28, 39, 104-124, 131-136
- literatuuronderzoek 131-136
- plan 39, 104-124
- proceseisen 27-28
knowledge telling 105
knowledge transforming 106

lay-out 228
levendigheid 208-209, 211, 221-224
literatuur 97, 109, 110, 139-141
- analyseren en interpreteren 140-141
- vastleggen 139-140
- verzamelen en ordenen 139-140
literatuuronderzoek 30, 131-136, 137, 138-141
- kleine schrijfopdracht 131-136
- scriptie 138-141

literatuurverwijzingen 228
logische aansluiting 61-62
logische deelvragen 71-85, 106, 116-124
- bepalen 71-85, 116-124
- bepalen (stappenplan) 72-85, 116-124
lopende tekst 101-103

masterscriptie 14, 28
moeilijkheid 206-207, 210, 216-219

nota 14, 105

onderwerp 41, 42-45, 47-53, 106, 107-112
- afbakenen 47-50, 106, 107-112
- afbakenen (stappenplan) 47-50
- inperken 41, 50, 108
- plaatsen in vakgebied 50-53
- plaatsen in vakgebied (stappenplan) 51-53
- vinden 41, 42-45
onderzoek uitvoeren 30, 127-130, 131-145
onderzoeksmethodes bepalen 90-93
- stappenplan 90-93
onderzoeksplan 33, 41, 45-47
onderzoeksschema 98
ontwerpen 56, 81-83
ontwikkelingen 83
onverwachte wendingen 143-144
oordelen verklaren 179, 183, 185-186
opsommingen 199
opwarmen/plannen 156-157
oriëntatie 19-36, 151-161
- op opdracht 19-36
- op procedure 25-27
- op proces 27-31
- op product 31-34
- op schrijven 151-161
- op schrijven (stappenplan) 151-161
oriëntatiefase 15-16, 19-36

oriëntatievragen 26-27, 29-31, 33-34
- procedure 26-27
- proces 29-31
- product 33-34
overkoepelende zinnen 193

paper 14, 105
parallelle deelvragen concretiseren 87-89
plagiaat 33
plan 15-16, 37-39, 101-103
- academische schrijfopdracht 39
- grote schrijfopdracht 39
- kleine schrijfopdracht 39
- uitschrijven in tekst 101-103
planfase 15-16, 37-125
plannen 37-39
plannen/opwarmen 156-157
planplaatje 45-47, 65-66, 143-144
probleemstelling 53
- zie ook *hoofdvraag formuleren* en *vraag formuleren*
procedure 25-27
- informatie vinden 25
- oriëntatie 25-27
- oriëntatievragen 26-27
proces 27-31
- informatie vinden 29
- oriëntatie 27-31
- oriëntatievragen 29-31
proceseisen 27-28
- grote schrijfopdracht 28
- kleine schrijfopdracht 27-28
product 31-34
- informatie vinden 32-33
- oriëntatie 31-34
- oriëntatievragen 33-34
prullenbakversie 159-160
puntsgewijze opsommingen 199

rangorde reviseren 187
reconstructie 50-51, 52
redering beoordelen 135

redundantie 207
relationele vragen 165, 195-197
relevantie beschrijven 66-69
- stappenplan 67-69
review 14, 105
revisie 173-200, 203-233
- argumentatie 180-184
- eerste revisie 173-200
- eerste versie 173-176
- inhoud 177-184
- rangorde 187
- structuur 184-188
- tweede revisie 203-233
- uiterlijke structuur 188-200
- volgorde 187-188
- voorbereiding 176
revisieproces 173-175
- onderdelen 173-174
revisiestappen 175

samenhang 167-168, 184-187
- beoordelen 184-185
- controleren 167-168
- reviseren 184-187
- reviseren (stappenplan) 184-187
- verbeteren 186-187
schema's 199
schrijffase 15-16, 147-233
schrijfplan 161
schrijftips algemeen 226-227
scriptie 137-144
- literatuuronderzoek 138-141
- onderzoek uitvoeren 137-144
scriptieonderwerp 43-44
- kant-en-klaar 43
- uit de praktijk 44
- uit de studie 43-44
scriptieplan 41-42, 70-93, 95-103
- antwoord vinden 70-93
- cyclisch proces 41-42
- hoofdstukindeling 95-98
- tekst uitschrijven 101-103
- tijdsplan maken 98-101

signaalwoorden 195-199
standpunt 134-135
- beschrijven 135
- onderbouwen 134-135
stappenplan 46 e.v.
- antwoord formuleren 60-65
- argumentatie reviseren 180-184
- deelvragen concretiseren 86-90
- doorschrijven 170-171
- hoofdvraag formuleren 54-59, 113-116
- informatie analyseren en interpreteren 133-135
- informatie reviseren 177-180
- informatie verzamelen en ordenen 131-133
- logische deelvragen 72-85, 116-124
- onderwerp afbakenen 47-50, 107-112
- onderwerp plaatsen 51-53
- onderzoeksmethodes bepalen 90-93
- oriënteren op het schrijven 151-161
- relevantie beschrijven 67-69
- samenhang reviseren 184-187
- tekstplan maken 162-168
- tijdsplan 99-101
- voorlopige hoofdstukindeling 96-98
stijl 203-227
- beoordelen 212-225
- breedvoeriger/bondiger maken 219-221
- moeilijker/gemakkelijker maken 216-219
- verbeteren 212-225
- verlevendigen/droger maken 221-224
stijldimensies 203-204, 206, 207, 208, 209, 210-211
stijlschema 203-204, 210-211
structuur 98, 152-158, 184-200
- toelichting 192
- en stijl 188-200

- kantelen 98, 152-155
- reviseren 184-188
- zichtbaar maken 190

taalgebruik 227-228
tekst 26-27, 30-31, 41, 101-103, 147-149, 227-229
- aanleveren 26-27
- afwerken 227-229
- (uit)schrijven 30-31, 41, 101-103, 147-149

tekstdeel kiezen 155-156
tekstindeling 190-192
tekstkenmerken 24
tekstplan maken 161-168
- stappenplan 164-168

tekstschema 98, 156-157, 161, 173
tekststructuur 95
terugkijken 230-231
theoretisch kader 28, 31, 50, 96
tijdsplan 26, 41, 98-101
- stappenplan 99-101

titelbeschrijvingen 228
titels 190-192
toelichting op de structuur 192
toon (in)formeler maken 224-225
totaalbeeld 178
tussenrapportage 33
tweede revisie 203-233
typefouten 200
typografische ondersteuning 199

uiterlijke structuur 188-200, 210
- reviseren 188-200

uitvoeringsfase 15-16, 127-145

vage woorden 213-215
variabelen en domein 62-64
verbanden 84, 165, 195-197
verdelingen in literatuur controleren 89
vergelijking 55, 74, 83, 113, 115, 117-118
verklaring 56, 76-79, 98
- op basis van empirie 77-79
- op basis van theorie 77, 98
- uit de literatuur 76-77

vertaalslag maken 83-84, 121-124
verwijzingen 198-199
volgorde reviseren 187-188
volgorde revisiestappen 175
voorbeeldteksten 32
voorkennis activeren 191
voorlopige hoofdstukindeling 95-98
- stappenplan 96-98

vooronderzoek 89-90, 137-138
- ontwerpen 89-90

voorspelling 56, 79-81, 89
- op basis van empirie 80-81
- op basis van theorie 80, 89
- uit de literatuur 80

vraag formuleren 53-59, 106
vraagtype 61-62, 72-83
vraagtype kiezen 55-58

werkstuk 14, 105
wetenschap 23, 34-35

243

Over de auteur

Joy de Jong (1960) studeerde Nederlandse taal- en letterkunde aan de Universiteit Utrecht. Ze studeerde af in de specialisatie taalbeheersing met een scriptie over de presentatie van het minderhedenbeleid in de gemeente Den Haag. Haar eerstegraads onderwijsbevoegdheid behaalde ze in 1984. Van 1986 tot 1990 werkte zij als toegevoegd docent op de afdeling Taalbeheersing van de Universiteit Utrecht. Ze gaf (en ontwikkelde) met name colleges 'schrijven van probleemstellingen' en 'schriftelijke beleidscommunicatie'. Daarnaast begeleidde ze studenten bij hun scripties. In die periode gaf ze ook schrijfcursussen voor juristen via Wolters-Noordhoff en het Juridisch PAO. Van 1991-1992 doceerde ze taalbeheersing aan de faculteit drama van de Christelijke Hogeschool voor de Kunsten Zwolle/Kampen. In 1993 kreeg ze een aanstelling bij het IVLOS als docent studievaardigheden. Als zodanig ontwikkelde en verzorgde ze cursussen en individuele begeleidingen voor uiteenlopende groepen studenten, promovendi en docenten. Onderwerpen waren het ontwikkelen van een onderzoeksopzet, het rapporteren van onderzoek en het begeleiden van scriptieschrijvers. Ook adviseerde ze diverse opleidingen over hun schrijfonderwijs. Joy promoveerde in 2006 op een proefschrift over scriptiegesprekken (*Uitgesproken complex. Interactie tussen scriptieschrijvers en begeleiders*). Sinds 2007 is ze coördinator van het Academisch Schrijfcentrum Nijmegen (ASN) van de Radboud Universiteit. Een belangrijke taak is het trainen en coachen van de tutoren (schrijfcoaches) die op het schrijfcentrum begeleidingsgesprekken voeren met schrijvende studenten. Daarnaast verzorgt ze nog steeds workshops academisch schrijven en workshops over het begeleiden van studenten en promovendi.

Joy geeft regelmatig presentaties op congressen en bijeenkomsten over (het begeleiden van) academisch schrijven (bijvoorbeeld die van de European Association of the Teaching and Tutoring of Academic Writing – EATAW) en is medeoprichter en lid van het landelijke Netwerk Academische Communicatieve Vaardigheden (NACV).